PLANEJE
MELHOR
SEU NEGÓCIO

NOVAS FERRAMENTAS, HABILIDADES E
MENTALIDADE PARA ESTRATÉGIA E INOVAÇÃO

PLANEJE
MELHOR
SEU NEGÓCIO

Escrito por Patrick Van der Pijl, Justin Lokitz e Lisa Kay Solomon
Projetado por Erik Van der Pluijm e Maarten Van Lieshout

ALTA BOOKS
EDITORA
Rio de Janeiro, 2018

Planeje Melhor Seu Negócio — Novas Ferramentas, Habilidades e Mentalidade para Estratégia e Inovação
Copyright © 2018 da Starlin Alta Editora e Consultoria Eireli. ISBN: 978-85-508-0177-3

Translated from original Design a Better Business. Copyright © 2016 by John Wiley & Sons, Inc. ISBN 9781119272113. This translation is published and sold by permission of John Wiley & Sons, Inc., the owner of all rights to publish and sell the same. PORTUGUESE language edition published by Starlin Alta Editora e Consultoria Eireli, Copyright © 2018 by Starlin Alta Editora e Consultoria Eireli.

Todos os direitos estão reservados e protegidos por Lei. Nenhuma parte deste livro, sem autorização prévia por escrito da editora, poderá ser reproduzida ou transmitida. A violação dos Direitos Autorais é crime estabelecido na Lei nº 9.610/98 e com punição de acordo com o artigo 184 do Código Penal.

A editora não se responsabiliza pelo conteúdo da obra, formulada exclusivamente pelo(s) autor(es).

Marcas Registradas: Todos os termos mencionados e reconhecidos como Marca Registrada e/ou Comercial são de responsabilidade de seus proprietários. A editora informa não estar associada a nenhum produto e/ou fornecedor apresentado no livro.

Impresso no Brasil — 2018 — Edição revisada conforme o Acordo Ortográfico da Língua Portuguesa de 2009.

Publique seu livro com a Alta Books. Para mais informações envie um e-mail para autoria@altabooks.com.br
Obra disponível para venda corporativa e/ou personalizada. Para mais informações, fale com projetos@altabooks.com.br

Produção Editorial Editora Alta Books **Produtor Editorial** Thiê Alves **Assistente Editorial** Christian Danniel	**Gerência Editorial** Anderson Vieira **Supervisão de Qualidade Editorial** Sergio de Souza	**Produtor Editorial (Design)** Aurélio Corrêa **Editor de Aquisição** José Rugeri j.rugeri@altabooks.com.br	**Marketing Editorial** Silas Amaro marketing@altabooks.com.br **Vendas Corporativas** Sandro Souza sandro@altabooks.com.br	**Vendas Atacado e Varejo** Daniele Fonseca Viviane Paiva comercial@altabooks.com.br **Ouvidoria** ouvidoria@altabooks.com.br
Equipe Editorial	Bianca Teodoro Ian Verçosa	Illysabelle Trajano Juliana de Oliveira	Renan Castro	
Tradução Samantha Batista	**Copidesque** Marina Boscato	**Revisão Gramatical** Priscila Gurgel Carolina Gaio	**Revisão Técnica** Érico Fileno Designer e head de inovação da Visa Vitor Perez Sócio e service designer da Kyvo	**Diagramação** Lucia Quaresma

Dados Internacionais de Catalogação na Publicação (CIP)
Vagner Rodolfo CRB-8/9410

V217p van der Pijl, Patrick
  Planeje melhor seu negócio: novas ferramentas, habilidades e mentalidade para estratégia e inovação / Patrick van der Pijl, Justin Lokitz, Lisa Kay Solomon ; traduzido por Samantha Batista. - Rio de Janeiro : Alta Books, 2018.
  272 p. : il. ; 24cm x 17cm.

  Tradução de: Design a better business: new tools, skills, and mindset for strategy and innovation
  Inclui índice.
  ISBN: 978-85-508-0177-3

  1. Administração de empresas. 2. Negócios. 3. Inovação. 4. Estratégia. 5. Planejamento. I. Lokitz, Justin. II. Solomon, Lisa Kay. III. Batista, Samantha. IV. Título.

CDD 658.4063
CDU 658.012.2

Erratas e arquivos de apoio: No site da editora relatamos, com a devida correção, qualquer erro encontrado em nossos livros, bem como disponibilizamos arquivos de apoio se aplicáveis à obra em questão.

Acesse o site www.altabooks.com.br e procure pelo título do livro desejado para ter acesso às erratas, aos arquivos de apoio e/ou a outros conteúdos aplicáveis à obra.

Suporte Técnico: A obra é comercializada na forma em que está, sem direito a suporte técnico ou orientação pessoal/exclusiva ao leitor.

A editora não se responsabiliza pela manutenção, atualização e idioma dos sites referidos pelos autores nesta obra.

Rua Viúva Cláudio, 291 — Bairro Industrial do Jacaré
CEP: 20970-031 — Rio de Janeiro - RJ
Tels.: (21) 3278-8069 / 3278-8419
www.altabooks.com.br — altabooks@altabooks.com.br
www.facebook.com/altabooks

Esta página faz você se sentir inseguro ou assustado?   ☐ SIM   ☐ NÃO

PREFÁCIO DA **EDIÇÃO BRASILEIRA**

Érico Fileno, designer e head de inovação da Visa
Vitor Perez, sócio e service designer da Kyvo

Não se faz mais negócio como antigamente. A velocidade e a incerteza do mercado não permitem que as empresas se coloquem como entidades imutáveis. A complexidade de projetar novos serviços e lidar com um público consumidor cada vez mais exigente faz com que os gestores das empresas sintam-se perdidos e sem amparo em seus negócios.

Por conta disso não há mais espaço para decisões unilaterais por parte das organizações e entender o consumidor se tornou regra básica para projetar soluções que sejam relevantes para o público. Juntar todas essas peças é condição de sobrevivência para as empresas e o design, através de uma lente estratégica, tem sido a principal ferramenta para desenvolver negócios mais aderentes ao mercado e relevantes para os consumidores.

Um estudo realizado pela Motiv Strategies em parceria com o Design Management Institute e publicado pela Harvard Business Review em 2014 mostra que empresas que utilizam o design como estratégia possuem retorno financeiro e de marca superior às que não utilizam. Outro fator que permite que as organizações possam acompanhar o ritmo acelerado das mudanças de mercado é o aprendizado por meio da experimentação. Esse modelo mental exige que os líderes estejam mais abertos ao erro, mas também faz com que as empresas possam testar soluções com menor custo.

Não é um caminho simples de ser percorrido e sem o apoio adequado, pode ser ainda mais difícil. Neste livro, você encontrará algumas ferramentas para auxiliar no entendimento das motivações, ambições e desejos dos clientes e como utilizar essas informações para aprimorar ou desenvolver um novo negócio. A jornada do design apresentada no livro, que possui forte inspiração na abordagem do design thinking, através do loop duplo, é um caminho prático da conexão entre inovação, negócio e estratégia e vem recheada com mais de 40 exemplos práticos de empresas globais que vem utilizando o design como caminho para inovar nos seus negócios.

SUMÁRIO

INTRODUÇÃO	P10	Planeje melhor seu negócio e o loop duplo
PREPARE	P26	Prepare sua equipe, ambiente e como você trabalha
PONTO DE VISTA	P48	Seja um rebelde, desenvolva sua visão, crie critérios de design
ENTENDA	P84	Entenda seu cliente, contexto e negócio
IDEALIZE	P126	Aprenda a idear, expanda e selecione suas ideias
PROTOTIPE	P154	Dê vida às ideias, esboce e faça protótipos
VALIDE	P182	Encontre a suposição mais arriscada, experimente e faça um pivô
ESCALE	P216	Quando e como escalar; Nível de Prontidão de Investimento
APÊNDICE	P262	Índice, a equipe e agradecimentos

COMO

- **8** CAPÍTULOS
- **48** ESTUDOS DE CASO
- **20** FERRAMENTAS
- **7** HABILIDADES CENTRAIS
- **29** DESIGNERS
- **36** DICAS
- **> 150** ILUSTRAÇÕES

USAR ESTE LIVRO

CHEIO DE **HISTÓRIAS E EXPERIÊNCIAS PESSOAIS** DE **29 PROFISSIONAIS DE DESIGN E LÍDERES** DE INOVAÇÃO COMO...

STEVE BLANK
EMPREENDEDOR SERIAL,
AUTOR E PALESTRANTE
P245

DOROTHY HILL
VP DE ESTRATÉGIA, ING BANK
P65

ROB FITZPATRICK
AUTOR, *THE MOM TEST*
P91

LEGENDA DE ÍCONES DE FERRAMENTAS

PESSOAL
Esta ferramenta requer personalidade.

TANGÍVEL
Esta ferramenta ensina a construir algo.

GERAR OPÇÕES
Esta ferramenta o ajuda a criar opções.

CRIAR FOCO
Esta ferramenta o auxilia a decidir e selecionar.

SESSÃO NORMAL
Sessão normal de trabalho.

PANELA DE PRESSÃO
Sessão de alta intensidade.

TAMANHO DA EQUIPE
Tamanhos de equipe pequena ou grande.

REVISITAR
Com que frequência você precisa revisitar isto?

Nós projetamos este livro pensando em você! Diferente da maioria dos livros, este pode ser lido de diversas maneiras.

Primeiro, você pode ler do início ao fim. Os capítulos se complementam. Você também pode buscar coisas que lhe interessam, como novas ferramentas e habilidades. Além disso, incluímos passadas rápidas neste capítulo (página 24), no caso de haver algo específico que você queira aprender imediatamente.

COMECE A LER! »

INCERTEZA: SUA ARMA SECRETA

INTRODUÇÃO >> **INCERTEZA**

O mundo a seu redor — e seu negócio — está repleto de incertezas. Mas dentro dessas incertezas existem inúmeras oportunidades de projetar (ou reprojetar) negócios que podem virar o jogo. Essas oportunidades estão lá para serem aproveitadas, se você souber como procurar por elas.

O mundo mudou. Hábitos de consumidores, tecnologias e outras tendências não estão só desenraizando negócios um dia prósperos, mas mercados inteiros estão mudando e saindo da incerteza e da natureza imprevisível que é a rede econômica atual. Interessantemente (e de maneira irritante para alguns), muitas das empresas conduzindo a carga — e a mudança — não existiam duas décadas atrás. Não é que esses novos players sejam apenas sortudos ou empreguem pessoas mais capazes e inteligentes. Então, como encontraram ouro em alguns dos lugares mais improváveis? Em uma palavra: design.

O design trata, fundamentalmente, de melhorar a maneira que você vê o mundo. É um processo disciplinado aprendível e repetível que qualquer um pode usar para criar valor único e qualificado. O design não trata de jogar fora processos e ferramentas que você tem. Na verdade, o oposto é verdadeiro. Assim como o design permitiu a incontáveis iniciantes criar novos modelos de negócios e mercados, também ajudará você a decidir quando usar quais ferramentas para aprender algo novo, persuadir outros a seguir um caminho diferente e, no fim do dia, tomar melhores decisões (de negócios).

Acima de tudo, o design trata de criar as condições pelas quais negócios prosperam, crescem e evoluem em face da incerteza e mudança. Como tal, os melhores negócios são aqueles que abordam problemas de uma maneira nova e sistemática, focando mais fazer do que planejar e prever. Os melhores negócios unem design e estratégia para aproveitar a oportunidade de conduzir crescimento e mudança em um mundo que é incerto e imprevisível.

==Este livro fornecerá a você ferramentas, habilidades e mentalidade para aproveitar oportunidades== nascidas da incerteza, com o objetivo de criar um negócio melhor. Incluímos diversos exemplos reais de pessoas que dominaram os fundamentos do design, bem como estudos de caso de empresas que inovaram usando o design como a base subjacente da tomada de decisão. E, assim como o design é um processo que se repete, este livro é destinado não só a guiá-lo em sua jornada de design, mas também a fornecer uma referência contínua para ajudá-lo a mensurar o design além de um projeto ou produto para uma empresa inteira. ■

VOCÊ TEM TUDO A GANHAR

TORNE-SE DESIGNER

O QUE É TODA ESSA AGITAÇÃO (SOBRE O DESIGN)
Design está se tornando rapidamente uma daquelas palavras como "inovação". Tem diferentes significados para pessoas diversas. Em inglês, pode ser um substantivo, um adjetivo ou um verbo. Design é, basicamente, uma abordagem empoderadora de olhar o mundo e criar novas possibilidades para torná-lo melhor.

Design é um processo e uma mentalidade. É um conjunto intencional de práticas para destravar valores novos e sustentáveis de mudança e incerteza. Ele permite que indivíduos e organizações sejam mais flexíveis e resilientes em face à mudança constante. Infelizmente, o outro lado do design é onde normalmente estamos: lutando quando mudanças imprevistas acontecem conosco.

COM GRANDES PODERES...

A boa notícia é que você já é um designer, pelo menos em parte do tempo. Toda vez que você desenvolve estratégias intencionalmente ou toma uma decisão baseada em ideias, age como um designer. A notícia não tão boa é que muitas das ferramentas que você provavelmente tem usado para tomar essas decisões não são tão úteis quanto já foram, pelo menos não sozinhas. Então, o que os designers fazem e quais ferramentas usam para ajudá-los a tomar decisões melhores?

ITERAÇÃO

O segredo do design — e ferramentas de design — é que ele é um processo iterativo através do qual designers, como você, começam com um ponto de vista, saem e observam o mundo para informar desse ponto de vista, criam opções que podem lidar com as oportunidades que veem, validam-nas e executam as que melhor lidam com as oportunidades. Mais importante, designers nunca focam simplesmente escalar a execução da opção escolhida. O design é contínuo e iterativo; é construído para lidar com ambiguidade e mudança em longo prazo. ∎

DESIGN É UMA ABORDAGEM DISCIPLINADA PARA BUSCAR, IDENTIFICAR E CAPTURAR VALOR.

DESIGNER: UM REBELDE COM CAUSA
AS 7 HABILIDADES ESSENCIAIS

TUDO COMEÇA COM O CLIENTE.

PENSE E TRABALHE VISUALMENTE!

NÃO VÁ SOZINHO. VOCÊ NÃO É MAIS INTELIGENTE QUE TODO MUNDO.

CONTE HISTÓRIAS E COMPARTILHE A EXPERIÊNCIA.

Observar clientes para entendê-los lhe dará novos insights sobre suas necessidades. Você deve fazer as perguntas certas para ter as respostas por que procura.

Trabalhar visualmente o ajuda a ver o quadro geral, ganhar clareza sobre tópicos complexos, criar uma âncora visual para suas conversas estratégicas e engajar-se com seu público.

Reúna diferentes ideias trabalhando juntas. Conectar os cérebros na sala e no seu mercado permitirá que você descubra oportunidades escondidas.

Histórias têm um começo e um fim claros, e muito provavelmente têm heróis com quem seu público se conecta. Histórias legais ficam. Histórias legais serão contadas por outros. Histórias legais se propagam.

INTRODUÇÃO >> **DESIGNER: UM REBELDE COM CAUSA**

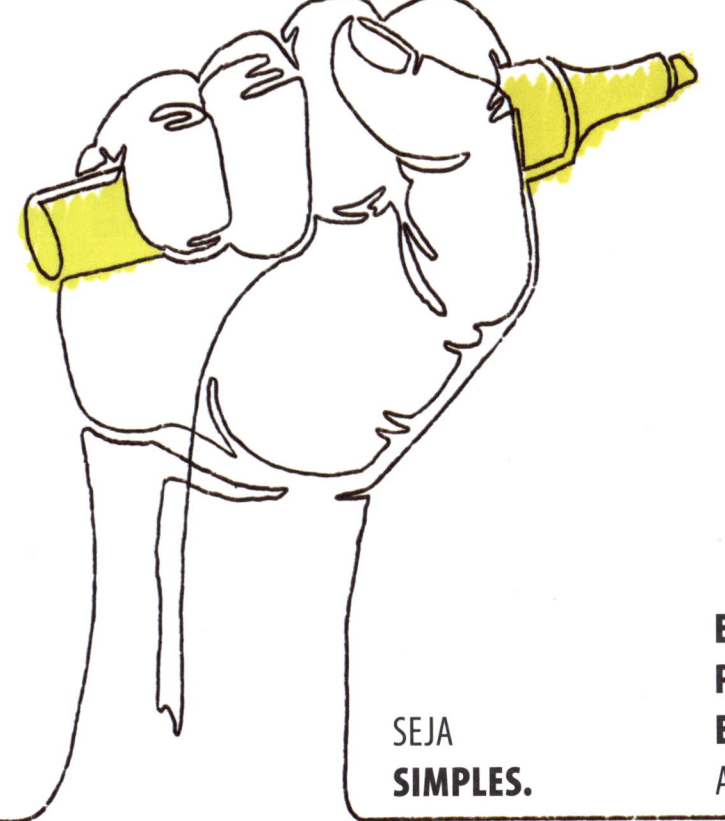

15

SEJA SIMPLES.

ESTABELEÇA PEQUENOS EXPERIMENTOS E **APRENDA COISAS.**

ADOTE A INCERTEZA. É ÓTIMO PARA O CÉREBRO.

Só comece. Não tente construir o produto final. Não adicione características que não resolvem problemas reais.

Cada pequena iteração e teste produzirão toneladas de novos insights úteis — coisas que você não aprenderia se só começasse a construir. A realidade é diferente do que você supõe.

Exceto pela mudança, não há certeza nos negócios. Aceite isto e aproveite as oportunidades da incerteza.

PLANEJE MELHOR

CONECTANDO INOVAÇÃO, NEGÓCIO E ESTRATÉGIA

Então, agora você é um designer que foi imbuído de criar um negócio melhor. Como é um negócio melhor? E como se pode criá-lo?

Muitos negócios estabelecidos existentes, especialmente os que não são startups, focam somente obter produtos para comercializar enquanto reduzem custos e aumentam lucros. Nesses negócios, a estratégia é executada de maneira linear: preparar; aplicar. O que costuma faltar nesta história é o cliente do outro lado da transação, bem como a pessoa que projeta e desenvolve produtos e serviços para satisfazer alguma necessidade do cliente.

PONTO DE VISTA P48

Designers, por outro lado, sempre pensam no cliente. Eles abordam pessoas e problemas a partir de uma perspectiva própria, informada por recursos específicos do design, como ideação, prototipagem e validação. Eles usam ferramentas centradas em pessoas, habilidades e uma mentalidade de buscar pelo design e executar novas propostas de valor e modelos de negócios baseados no que aprenderam. Designers fazem isso continuamente, iterando constantemente para descobrir oportunidades dentro da névoa da incerteza.

INTRODUÇÃO >> **PLANEJE MELHOR SEU NEGÓCIO**

SEU NEGÓCIO

17

Neste livro, você encontrará a jornada de um designer representada de uma nova maneira. Seu ponto de vista está no centro do processo do design, que é sempre influenciado e informado através de compreensão, ideação, prototipagem e validação. Este processo é iterativo e cíclico.

Então, o que é um negócio melhor? Um negócio melhor é aquele que coloca a pessoa no centro e conecta ferramentas de design, práticas e processos.

Para fazer isso você deve empregar um rigor de design — usando suas novas ferramentas, habilidades e mentalidade — para orientar decisões de negócios e resultados em vez de somente conduzir a execução do negócio como de costume dia após dia.

Ao fazer isso, suas opções para o futuro se tornarão muito mais claras; como designer, você inequivocamente começará a ver oportunidades dentro da nebulosidade da dúvida. >>

ENTENDA P84 ···· **IDEALIZE** P126 ···· **PROTOTIPE** P154 ···· **VALIDE** P182

Há uma busca contínua por novos clientes, propostas de valor e modelos de negócios — com execução de negócios e escala. Como designer, é seu trabalho fazer essa conexão. É seu trabalho considerar e testar novas opções para a sustentabilidade e o crescimento do negócio (pelo design). É seu trabalho considerar a pessoa para quem você está projetando, que o informará sobre seu ponto de vista único.

O LOOP DUPLO

UMA JORNADA DE DESIGN

O loop duplo é fundado sobre uma simples observação: cada projeto, produto, empresa, mudança ou ideia começa com um ponto de vista. Ele pode ser baseado em um fato. Pode ser baseado em suposições. Qualquer que seja seu ponto de vista, usá-lo para criar mudanças duradouras requer trabalho e um movimento em direção à linha de chegada.

O loop duplo leva seu ponto de vista em consideração, enquanto adiciona rigor e continuidade ao processo de design. Isso significa que seu ponto de vista é sempre informado pela compreensão, e que ela fará surgir novas ideias, melhorando ainda mais seu ponto de vista. Essas ideias são prototipadas e validadas para testar e medir sua eficácia. Isso, por sua vez, defende ainda mais seu ponto de vista e permite que você execute suas ideias com sucesso.

Toda jornada de design também tem um início... e um objetivo. No caso dessa jornada de design, o início começa com a preparação, à esquerda do loop do design. Preparar você, sua equipe, seu ambiente e as ferramentas que usará é essencial para uma jornada de sucesso. À direita do loop está o objetivo: escalar. Neste livro, escalar refere-se a duas coisas. Primeiro, falamos sobre escalar a execução de sua ideia ou mudança; isso começa com seu ponto de vista. Segundo, falamos sobre escalar o processo de design. Este é, afinal de contas, um livro sobre criar um negócio melhor. O design está no centro. E é o design que deve ser escalado. ■

INTRODUÇÃO >> O LOOP DUPLO

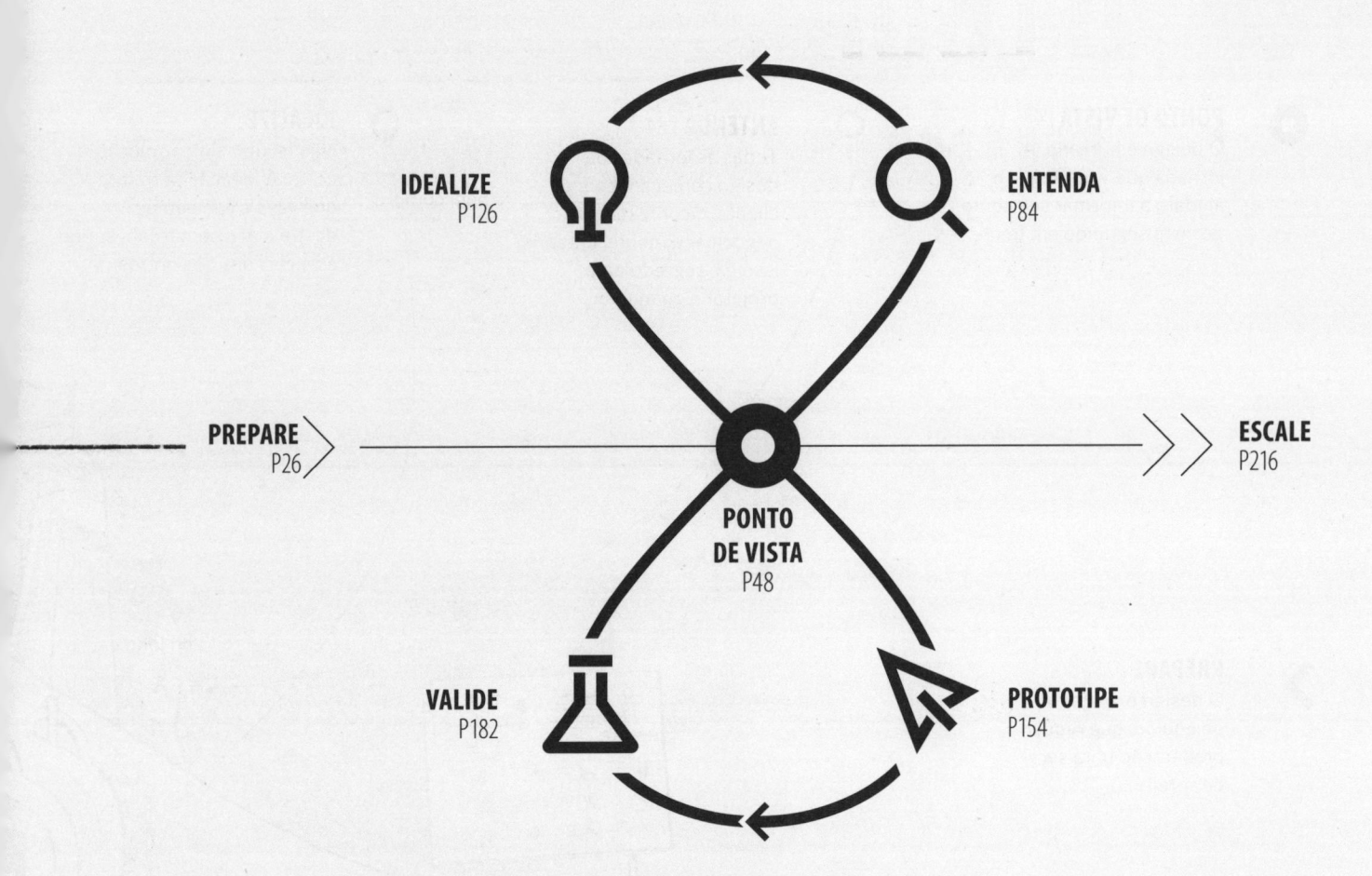

IDEALIZE
P126

ENTENDA
P84

PREPARE
P26

ESCALE
P216

PONTO DE VISTA
P48

VALIDE
P182

PROTOTIPE
P154

A PAISAGEM **DO LOOP DUPLO**

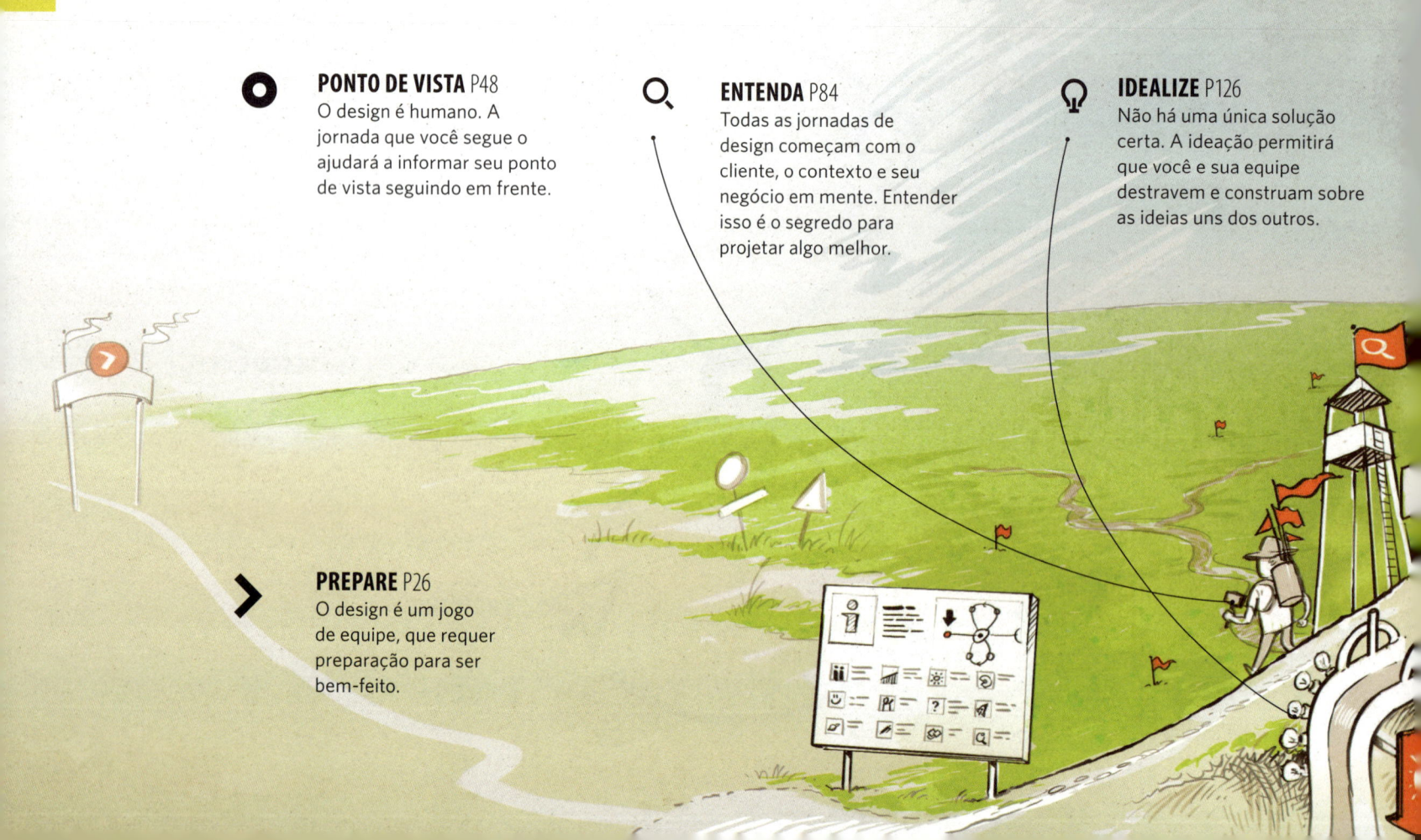

PONTO DE VISTA P48
O design é humano. A jornada que você segue o ajudará a informar seu ponto de vista seguindo em frente.

ENTENDA P84
Todas as jornadas de design começam com o cliente, o contexto e seu negócio em mente. Entender isso é o segredo para projetar algo melhor.

IDEALIZE P126
Não há uma única solução certa. A ideação permitirá que você e sua equipe destravem e construam sobre as ideias uns dos outros.

PREPARE P26
O design é um jogo de equipe, que requer preparação para ser bem-feito.

INTRODUÇÃO >> O LOOP DUPLO

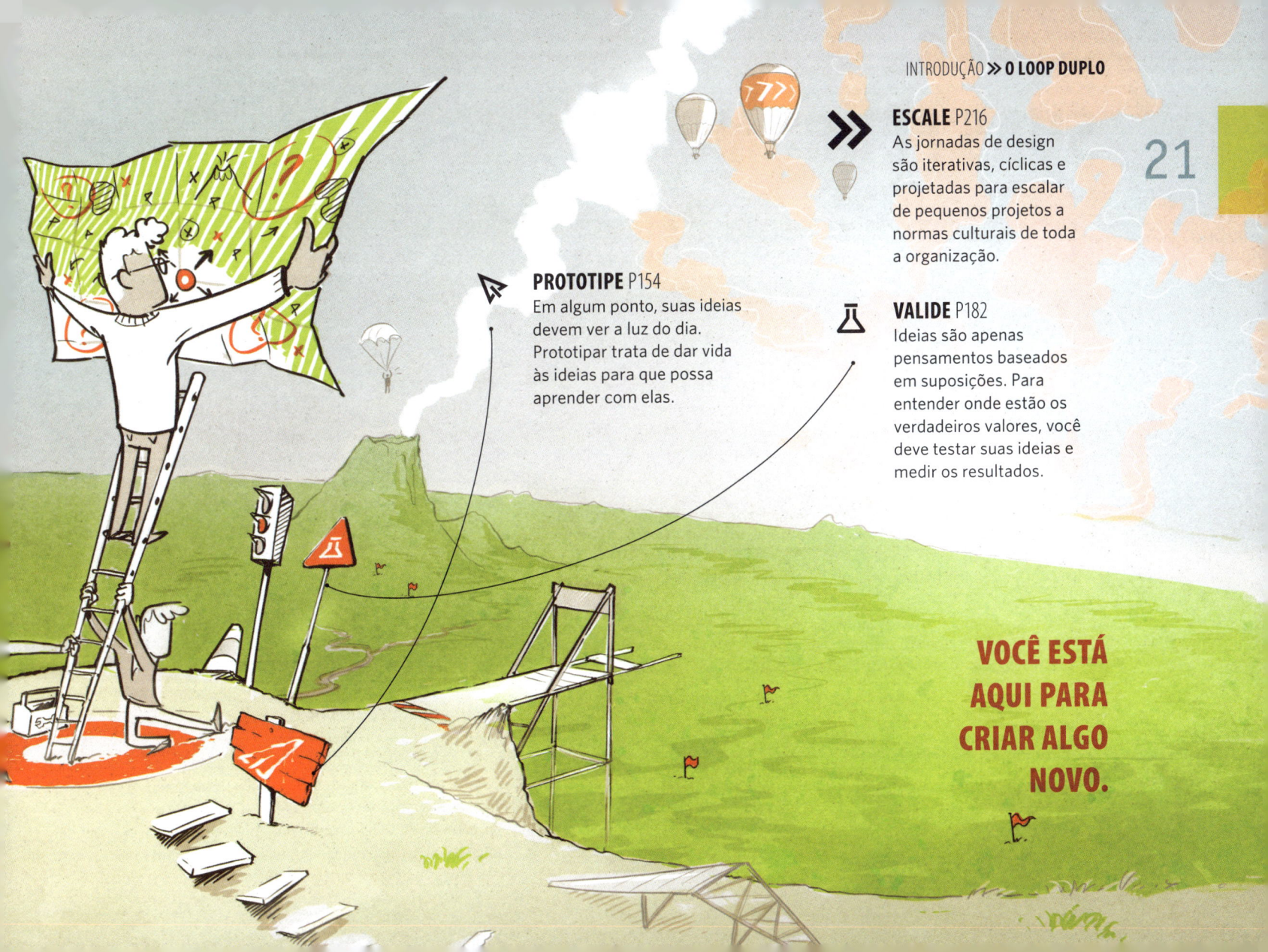

>> **ESCALE** P216
As jornadas de design são iterativas, cíclicas e projetadas para escalar de pequenos projetos a normas culturais de toda a organização.

PROTOTIPE P154
Em algum ponto, suas ideias devem ver a luz do dia. Prototipar trata de dar vida às ideias para que possa aprender com elas.

VALIDE P182
Ideias são apenas pensamentos baseados em suposições. Para entender onde estão os verdadeiros valores, você deve testar suas ideias e medir os resultados.

21

VOCÊ ESTÁ AQUI PARA CRIAR ALGO NOVO.

SUAS FERRAMENTAS

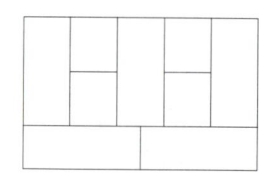

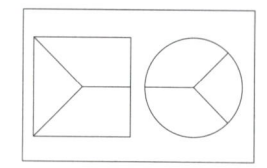

Como designer, sua primeira missão é simplesmente sair da caixa em que está e observar o mundo e seus clientes em seus estados naturais. Não venha com noções preconcebidas sobre o que seus clientes estão tentando alcançar ou como o mundo é ordenado. Apenas observe e escute.

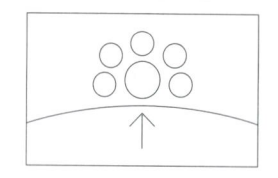

A primeira ferramenta vem de uma habilidade que já possuímos — observação. Quando foi a última vez que você se afastou e só observou e escutou seus clientes? Tente. Temos certeza que você aprenderá algo novo.

CRIANDO IMPACTO
Enquanto observa e escuta, comece a procurar padrões, bem como ações, eventos ou ocorrências interessantes e inesperadas. Eles criam base para trocadilhos que você pode usar para atrair seu gerente ou outros membros da equipe para as histórias humanas por trás de seus produtos. Se você nunca usou piadas e histórias de clientes reais em uma apresentação, garantimos que terá uma grande surpresa.

Todas as pessoas gostam de histórias, e ficarão mais interessadas e envolvidas do que ficariam se lhes apresentassem somente dados. Na verdade, no próximo capítulo, você encontrará uma ferramenta especificamente destinada a ajudá-lo a projetar histórias para causar o impacto que deseja.

NÃO OBSOLETO
À medida que você fica confortável apenas observando e escutando seus clientes, é hora de começar a usar algumas ferramentas novas — de design. Tenha certeza, você não precisa parar, nem deve parar de usar as ferramentas com as quais já está confortável. Na verdade, assim como você não deve esperar mudar sua empresa da noite para o dia, é muito improvável que faça com que todo mundo acredite que suas ferramentas atuais são obsoletas; e provavelmente não o são. Em vez disso, assim como pode empregar um novo conjunto de ferramentas para trabalhar em um projeto em casa, comece a adicionar algumas novas ferramentas de design à caixa (você não usaria uma chave de fenda para medir uma parede, usaria?!).

FERRAMENTAS ÚTEIS DE DESIGN
Primeiro, empregue ferramentas observacionais. Elas incluem ferramentas que o ajudam a capturar desejos, necessidades, dores e ambições das pessoas. Você pode também querer adicionar à caixa ferramentas para questionar e enquadrar problemas. Afinal de contas, você não pode esperar aprender tudo sobre seus clientes simplesmente os observando. Além das observacionais, outras ferramentas de design incluem as

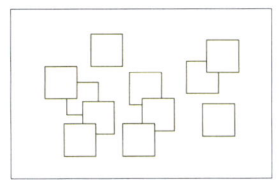

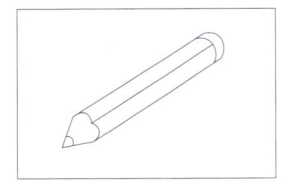

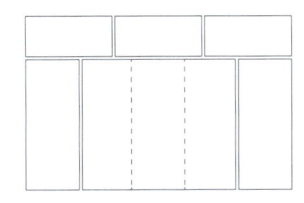

de ideação, prototipagem e validação, bem como ferramentas de tomada de decisão. Esses conceitos podem ser bastante familiares para outras pessoas em sua equipe que já projetam há algum tempo. Mas não importa. Incluímos uma variedade de ferramentas incrivelmente úteis para ajudá-lo a levar o design de negócios para o próximo nível.

FIQUE CONFORTÁVEL

À medida que fica mais confortável usando algumas dessas ferramentas, você, sem dúvida, notará que suas ferramentas antigas estão se tornando auxiliares ou reservas. Você pode até combiná-las com as novas para uma complementar a outra. Por exemplo, você pode usar dados de mercado para reforçar as anedotas que reúne no campo. Imagine as possibilidades! Aqui, o segredo é você começar aos poucos e lentamente desenvolver o domínio das novas ferramentas e práticas que, no primeiro momento, podem parecer desconfortáveis de manejar. Não se preocupe, depois de usá-las algumas vezes, elas se tornarão mais simples e intuitivas. E, através dos seus novos óculos coloridos de design, estamos confiantes de que começará a ver o mundo sob uma luz totalmente nova. ■

INTRODUÇÃO >> **SUAS FERRAMENTAS**

NÃO HÁ **CULTURA DA FERRAMENTA** (AINDA)

Como contadores, médicos e cirurgiões são preparados para usar ferramentas, pessoas de negócios são treinadas para operações. Elas acham que podem inovar, mas não têm habilidades e recursos certos para isso.

Enquanto a Apple e a Amazon reinventam continuamente seus modelos de negócio e são bem-sucedidas, outras empresas estão perdidas. Suas estruturas corporativas tradicionais entram em conflito com processos de design e inovação. Não está no demonstrativo de perdas e lucros de ninguém, então, simplesmente não ligam. Claro, empresas inovam seus produtos. Mas têm grandes dificuldades em ir além da inovação de produto e de pesquisa e do desenvolvimento tradicional.

Atualmente, um número cada vez maior de escolas de negócios ensina inovação de modelo de negócios, bem como ferramentas para design e inovação. Mas nós ainda estamos muito no começo.

Estou animado em aprender mais sobre como outros desenvolvem e usam ferramentas para design, inovação e estratégia como os novos condutores de negócios.

Alexander Osterwalder
Cofundador da Strategyzer, autor principal de *Business Model Generation* e *Value Proposition Design*

PASSES RÁPIDOS

QUER RESPOSTAS RÁPIDAS?

Fornecemos a você alguns atalhos para que não precise ficar na fila esperando pelo seu futuro. Esses atalhos o guiarão para recursos, habilidades ou estudos de caso relevantes. Aprenda com a experiência dos outros e aplique agora.

EU QUERO PROJETAR UMA ESTRATÉGIA

Eu preciso de um plano de ação para levar minha equipe para nosso estado futuro desejado.

ETAPAS: **PÁGINAS:**

» Entenda seu(s) modelo(s) de negócios atual(is) e entenda seus clientes observando e fazendo perguntas — 88
» Desenvolva um ponto de vista criando sua 5 Bold Steps Vision®, transformando sua visão em uma história e vendo se ela ressoa — 60
» Idealize novas opções de modelo de negócios — 144
» Faça protótipos de novas propostas de valor — 154

QUERO FAZER PLANEJAMENTO DE NEGÓCIOS

Quero ir além das planilhas e explorar planejamento de negócios com minha equipe.

ETAPAS: **PÁGINAS:**

» Mapeie o contexto atual no qual você opera — 112
» Entenda seu modelo de negócios atual — 116
» Entenda seus (futuros) clientes — 100
» Revisite a visão de sua empresa — 58
» Projete opções de modelo de negócios futuros — 144
» Proponha ideias para prototipar — 154

INTRODUÇÃO >> **PASSES RÁPIDOS**

QUERO UMA VISÃO FORTE E COMPARTILHÁVEL

Eu quero desenvolver uma estrela-guia com minha equipe para que saibamos para onde estamos indo.

ETAPAS: **PÁGINAS:**
» Desenvolva seu ponto de vista e faça uma Cover Story Vision® com sua equipe — 66
» Valide sua matéria de capa dentro e fora de sua empresa — 182

QUERO CRIAR UM SWOT DO MEU NEGÓCIO

Quais são os pontos fortes, as fraquezas, as oportunidades e as ameaças para o meu negócio?

ETAPAS: **PÁGINAS:**
» Entenda o contexto do seu negócio — 112
» Entenda seu(s) modelo(s) de negócio — 88
» Determine pontos fortes e fraquezas — 118

— OFERTA ÚNICA! -PASSAGEM RÁPIDA-

QUERO INOVAR/AMPLIAR MEU NEGÓCIO

Não há atalhos, mas podemos fornecer algumas vias rápidas para que você não precise ficar na fila esperando seu futuro.

ETAPAS: **PÁGINAS:**
» Faça o Loop Duplo — 18

PEGUE SUA PASSAGEM!

QUERO TRABALHAR COMO UMA STARTUP

Eis como você pode ter um trabalho enxuto quando quiser levar sua ideia para o mercado. Aprenda com as startups.

ETAPAS: **PÁGINAS:**
» Prepare seu ponto de vista — 50
» Entenda: observe e faça perguntas(!) — 88
» Idealize suas opções de modelos de negócios — 144
» Esboce um protótipo de baixa e de alta fidelidade — 174
» Valide, valide, valide — 182
» Conte histórias durante sua jornada — 74

USE UM PASSE RÁPIDO OU PREPARE-SE PARA UMA JORNADA COMPLETA »

25

PREPARE

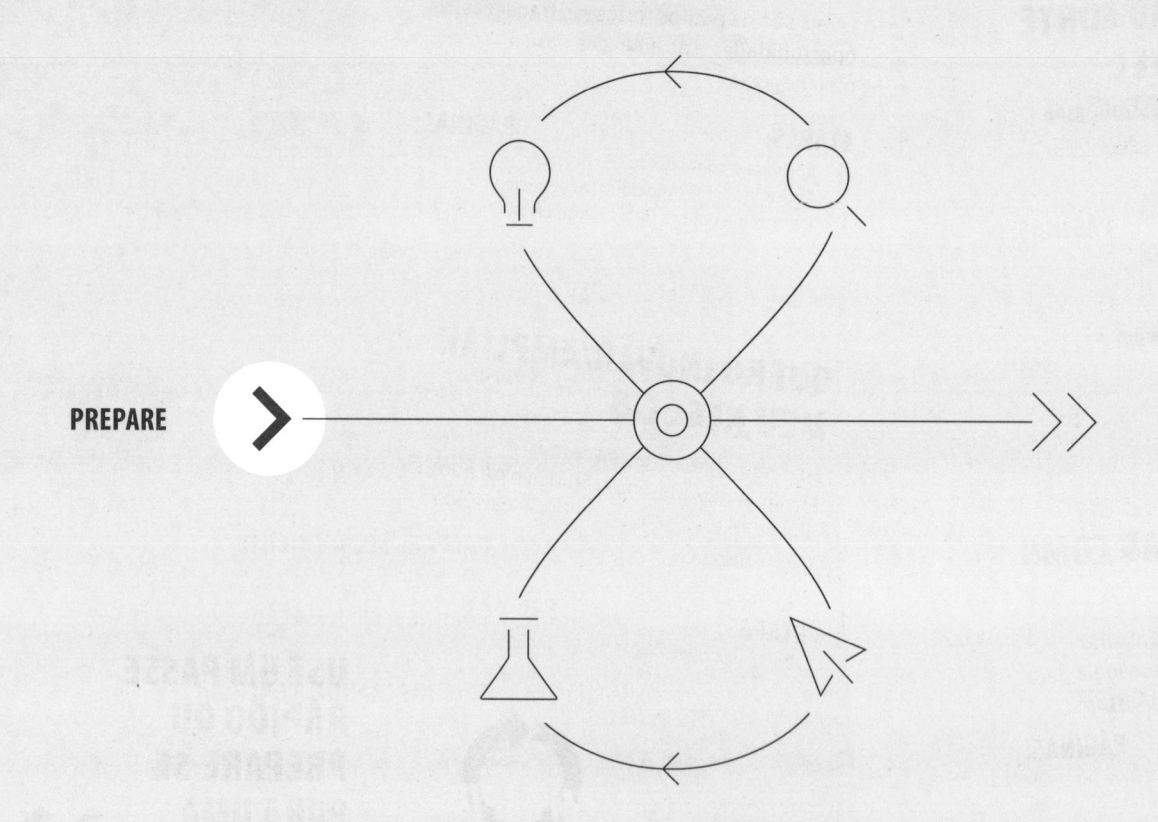

A JORNADA DO DESIGN **PREPARE**

PREPARE SUA **EQUIPE**

PREPARE SEU **AMBIENTE**

PREPARE **COMO VOCÊ TRABALHA**

INTRODUÇÃO	**TODA JORNADA COMEÇA COM PREPARAÇÃO**	P28
	PREPARE SUA EQUIPE	P32
	PREPARE SEU AMBIENTE	P34
HABILIDADE	**DOMINE A FACILITAÇÃO**	P36
HABILIDADE	**ADMINISTRANDO A ENERGIA**	P38
FERRAMENTA	**PREPARE COMO VOCÊS TRABALHAM (JUNTOS)**	P40
FERRAMENTA	**ROTEIROS**	P42
FERRAMENTA	**ESTATUTO DA EQUIPE**	P44

TODA JORNADA COMEÇA COM **PREPARAÇÃO**

Esteja você prestes a partir em uma jornada de exploração para entender seu cliente ou projetar novos modelos de negócio para seu futuro, a preparação é o segredo. Você não iria para a guerra sem se preparar antes. Da mesma forma, você deve se preparar para lançar uma iniciativa de design (ou redesign).

O DESIGN TRATA DA PREPARAÇÃO

O processo de design requer preparação para que corra bem. Você deve se preparar para observar e entender seus clientes, negócio e contexto. Você deve se preparar para ter ideias, prototipar e validá-las. O mais importante disto tudo é que para capacitar a si mesmo e sua equipe para o sucesso, você deve preparar sua equipe para a jornada adiante, preparar seu ambiente para o trabalho que acontecerá e suas ferramentas para obter os melhores resultados de todos os indivíduos.

PREPARE-SE PARA O SUCESSO

O processo de design pode ser diferente de muitos outros com os quais você está acostumado. Por um lado, ele não é realmente linear; é cíclico e iterativo. Trata de aceitar a incerteza. Nem tudo pode ser planejado ou controlado. Também é um jogo de equipe. As equipes que reservam um tempo para se preparar frequentemente aproveitam resultados muito melhores. O design também requer espaço físico para ser trabalhado. E não só pessoas curvadas sobre computadores. As pessoas projetando o melhor negócio precisarão de espaço para idear, prototipar e validar. Isto também exige que você empregue novas ferramentas, que também necessitam de preparação para alcançar os melhores resultados. Por último, mas não menos importante, o design requer que você se acostume a uma nova maneira de trabalhar e a uma nova estrutura de projeto. Não se trata de planejamento. Trata-se de maximizar as chances de um resultado positivo e de empoderar outros a fazerem uma mudança real. Há coisas que você pode controlar e coisas que não pode. ==Prepare a si mesmo e sua equipe para o sucesso controlando o que você pode;== não deixe as coisas ao acaso.

PREPARE SUA EQUIPE

Babe Ruth, o famoso jogador norte-americano de beisebol, um dia disse: "O jeito que um time joga como um todo determina seu sucesso. Você pode ter as melhores estrelas do mundo, mas se não jogam juntas, o clube não valerá um centavo." O mesmo pode ser dito sobre planejar melhor um negócio: os melhores são o produto de ótimas equipes.

Dito isto, não é qualquer equipe que servirá. Uma equipe que gerará as ideias mais úteis de suas descobertas-chave,

> **DICA!** Nem toda equipe servirá. As pessoas em sua equipe de design devem querer estar lá. Caso contrário, encararão o trabalho como algo trivial.

fará os protótipos mais completos e validará essas ideias é formada por um grupo diverso de pessoas incomuns (pense no *Esquadrão Classe A* e não em *Friends*). Eles encontrarão diamantes brutos onde ninguém mais o fará. Desafiarão um ao outro. E, por virtude de sua diversidade, levarão consigo uma rede de pessoas e recursos que será útil quando for hora de colocar a mão na massa.

PROCURE PELO REBELDE

Quando se trata de grandes perguntas ou iniciativas cabeludas, a maioria de nós não está disposta a dar um salto e tentar algo novo para alcançar o resultado que sonhamos. Para isto, precisamos de um rebelde. Um rebelde é alguém que está disposto a se levantar e anunciar que chegou a hora de usar uma nova abordagem para resolver um problema ou responder a uma pergunta. Essa pessoa tem a habilidade de otimizar o tempo e angariar recursos para a jornada de design. O rebelde é aquele que persistirá e garantirá que você seja capaz de tentar algo novo antes de voltar à velha maneira de fazer as coisas.

PREPARE SEU AMBIENTE, SEU ESPAÇO

Agora você está ciente de que o design não é linear. É um processo iterativo em que precisará constantemente consultar materiais que foram desenvolvidos pelo caminho. Organizá-los pelo escritório e colocá-los em paredes diferentes em dias alternados não é só uma dor de cabeça, mas também reduz o tempo que você tem para realmente planejar. Isto reduz a produtividade geral. Ter uma "sala de guerra", em que a equipe possa se reunir e ver o progresso, impulsionará tremendamente a produtividade e a eficiência.

PREPARE COMO VOCÊS TRABALHAM (JUNTOS)

Ferramentas como o roteiro — introduzido posteriormente neste capítulo — ajudarão você a planejar suas reuniões (ou corridas de design) para maximizar seu tempo juntos. Artefatos visuais como a jornada do cliente e o Canvas de Modelo de Negócios ajudarão sua equipe a ter conversas mais estrategicamente focadas. Reservar um tempo para pensar em como você usará essas ferramentas o ajudará a maximizar seu valor. Não é um trabalho árduo —, mas é essencial.

TODA JORNADA COMEÇA COM **PREPARAÇÃO**

ENTÃO, POR ONDE VOCÊ DEVE COMEÇAR?
Pense grande, mas esteja disposto a começar devagar!
A maioria das pessoas aborda grandes projetos e novos processos buscando comprometimento do conselho ou de um comitê executivo. Isto não tem problema e pode funcionar em alguns casos. O design não requer determinado resultado. Trata-se da jornada, das descobertas que você obtém pelo caminho e das opções que gera e valida. Com isso em mente, aqui estão algumas maneiras como outros começaram suas jornadas de design.

> **COM ISSO EM MENTE, AQUI ESTÃO ALGUMAS MANEIRAS COMO OUTROS COMEÇARAM SUAS JORNADAS DE DESIGN.**

É claro, você também poderia começar com tudo e ir direto ao conselho. Se decidir tomar esse caminho, peça um orçamento para treinar sua equipe em design thinking para estratégia e inovação. Se há ou não um desejo por design em sua organização, seus colegas certamente desenvolverão habilidades e farão jornadas que entregam melhores resultados de negócios, ainda que pequenos ou complementares.

1 ENCONTRE SUA FAÍSCA
A mudança começa com uma faísca. Algo no mundo muda e alguém reage a essa mudança. Seja para você mesmo ou para sua empresa, para começar sua jornada de design, precisará de uma razão para construir o caminho em primeiro lugar.

2 ENCONTRE EMBAIXADORES
Os negócios como de costume não dão muito espaço para o processo de design se você não tiver embaixadores a seu lado. Compartilhe suas ideias com alguns embaixadores em potencial. Se eles estiverem do seu lado, a jornada será muito mais tranquila.

3 RECRUTE A EQUIPE CERTA
O design não é um caminho solitário. O sucesso no design vem quando uma equipe de pessoas se junta e está coletivamente compelida a ver o processo andar. Você precisará de pontos de vista variados, habilidades e uma boa rede para usar. Construa sua equipe com isto em mente e não errará.

4 MELHORE TODA A EQUIPE
Organize um curso de treinamento específico (não genérico) ou leve um líder de inovação para aumentar o interesse na inovação do modelo de negócios ou no design da estratégia.

Cursos e master classes são ótimas formas de aprender novas maneiras de trabalhar e se familiarizar com um novo conjunto de ferramentas, habilidades e mentalidades. Muitas vezes você aprenderá sobre outras organizações que empregaram o design com sucesso. Use este insight para avaliar onde e como você pode introduzir ainda mais o design em sua organização.

5 WORKSHOP DE DESIGN
Organize um workshop de design focado em inovação ou estratégia de modelo de negócios para mergulhar no processo de design e determinar onde está o objetivo para você e sua equipe de cocriar algo concreto. Isto poderia ser o design de uma visão, um modelo de negócios ou uma proposta de valor para um novo conceito.

6 ENCONTRE OS RETARDATÁRIOS
Escolha um de seus produtos ou serviços existentes que esteja com dificuldades para gerar renda (ou lucro). Faça um workshop com uma equipe diversificada para gerar novas ideias de modelos de negócios.

7 SAIA DO ESCRITÓRIO
Saia do escritório e converse com os clientes para entender o que importa para eles. O que eles dizem? O que pensam? Apresente suas descobertas para os outros em sua organização. ■

ENCONTRE SEUS **EMBAIXADORES**

Preparar-se para uma equipe pequena é uma coisa. Preparar-se para uma empresa grande é outra bem diferente.

Então, como você se prepara melhor para uma jornada de inovação como uma empresa estabelecida? Perguntamos a empresas como 3M, Lufthansa, SAP, ING Bank, MasterCard, GE, Philips e Toyota como têm nutrido e apoiado culturas de inovação e design thinking. Elas compartilharam suas descobertas durante uma reunião em Nova York, em fevereiro de 2015.

Sua melhor conclusão: para se preparar para a inovação e o design thinking é absolutamente necessário que as empresas identifiquem usuários treinados de ferramentas de design, como o Canvas de Modelo de Negócios, e outras centradas no ser humano. Os campeões, ou embaixadores, devem ser proficientes na abordagem "escassa" ao design e ao desenvolvimento, e ter uma mentalidade de designer o tempo todo. Nenhum problema é grande ou pequeno demais para esses embaixadores.

Quando seu objetivo é escalar o design pela organização, é essencial encontrar e treinar mais de um embaixador. Na verdade, você precisará criar um exército de embaixadores que sejam familiarizados e apaixonados por novas maneiras de trabalhar. Eles precisam adotar e ajudar a espalhar abordagens de design fazendo mais do que falam. ■

PREPARE SUA **EQUIPE**

Você não ganhará uma partida de futebol com 11 atacantes ou uma de futebol americano só com os quarterbacks. O mesmo vale para os negócios. Esteja você tentando vencer nos esportes ou nos negócios, é crucial empregar jogadores com habilidades variadas (e superpoderes) — a equipe precisa ser multidisciplinar.

Não se esqueça de se divertir! Ei! Quem trouxe um drone para a festa?!

Pessoas incomuns: aquele recém-formado que você acabou de contratar; um ambicioso com muita energia ou alguém jovem, com ideias interessantes, que você vê como um idealista.

Gurus de vendas e marketing que conhecem o cliente.

MONTE UMA EQUIPE MULTIDISCIPLINAR

A equipe ideal conseguirá realizar uma ampla gama de tarefas. Precisa de alguém para escrever uma proposta? Adicione essa pessoa à equipe. Que tal alguém para projetar um pitch deck? E talvez precisemos de um programador… Você entendeu a ideia.

Quanto mais pontos de vista a equipe trouxer, mais opções será capaz de gerar. Não há uma solução única em qualquer design, negócio ou em similares.

ENCONTRE PESSOAS INCOMUNS

Se todo membro da equipe tem exatamente as mesmas experiências, habilidades, conhecimentos e pontos de vista, a variedade de opções em que se concentrarão será incrivelmente restrita. Para evitar isso, projete sua equipe para intencionalmente incluir pessoas de departamentos diferentes — e com habilidades, experiências, culturas e mentalidades diversificadas.

FUNÇÕES: NÃO ESTÁ NO SEU CARTÃO DE VISITA

Quando você olha um cartão de visita, o que vê abaixo do nome da pessoa? Certamente um título, e esse título provavelmente não é a função dessa pessoa.

Funções descrevem as responsabilidades que alguém assume, seja formal ou informalmente, como parte da equipe. Elas desempenham um papel central na execução de tarefas. Funções, não títulos, são essenciais para seu sucesso. É importante que cada membro da equipe se apodere do design, enquanto trabalha no design e quando se trata de dar ideias

PREPARE >> INTRODUÇÃO >> **PREPARE SUA EQUIPE**

33

Um estrategista ou gerente de produto que sempre tem a estrela-guia em mente.

Facilitadores visuais motivadores para impulsionar o projeto, aproveitando toda a energia.

Pensadores laterais, independentes e rebeldes, hackers, desenvolvedores e designers.

Um patrocinador executivo assume a responsabilidade quando as coisas ficam difíceis.

Embaixadores e fãs para aumentar o engajamento.

a outras partes interessadas. Designar as funções certas ajuda os membros da equipe a entender como e quando podem contribuir melhor com o resultado final. As funções que as pessoas desempenham em sua equipe de design variarão de embaixadores a vendedores, e de pensadores visuais a engenheiros.

Assim como você projetará intencionalmente quem está na equipe, também precisará projetar as funções que as pessoas terão nela. Quando sua equipe não conhece as funções, você não consegue fazer um touchdown.

QUANDO REUNIR UMA EQUIPE

Ao considerar sua equipe de design, é essencial que você reúna as pessoas certas, com as atitudes certas, no momento certo. Você precisará dessa equipe para workshops de design, brainstorming e trabalho de campo: quando precisa sair do escritório para entender o que seus clientes querem, necessitam e fazem. Você terá que reunir uma equipe para projetar e produzir protótipos.

Diferentemente da maioria das configurações corporativas, não reúna uma equipe para um projeto ou simplesmente para reuniões ou discussões. Não reúna uma equipe para fazer o planejamento se essa mesma equipe não estará envolvida no processo de design. Não reúna uma equipe para comunicação de projeto; é para isso que serve o facilitador. O objetivo de sua equipe de design é fazer, aprender e entregar resultados. ∎

PREPARE SEU **AMBIENTE**

O design não é o negócio de costume. Os espaços em que sua equipe projeta devem ser capazes de lidar com uma nova maneira de trabalhar.

UM ESPAÇO PARA PESSOAS

Se o design é um esporte de contato, então, os ambientes em que você atua devem ser capazes de lidar com as frequentes interações da equipe. O design não se limita a reuniões, sentar, falar, sair da reunião e voltar aos e-mails. Ele trata de ficar em pé, interagir e escrever em notas adesivas, sair, juntar números e reunir-se para atualizar uns aos outros antes de fazer tudo de novo.

Os melhores ambientes de design levam em conta como as pessoas interagem — não só enquanto estão sentadas, mas também enquanto estão em pé, avaliando um canvas na parede. Esses ambientes dão espaço para trabalhar junto e apresentar conceitos. Os melhores ambientes de design são dedicados a um projeto específico; então, todos esses materiais de design podem ser deixados como estão, permitindo que a equipe mantenha o controle de seu progresso.

SEDE

Independentemente de como preparar seu ambiente, seu objetivo é criar uma sede em que sua equipe possa ser criativa, absorva as informações e tenha discussões relevantes sobre elas. Sempre que possível, projete uma sala de guerra: um

PARA SE AGRUPAR
Deve haver lugares para se reunir, pensar e discutir novas ideias.

TENHA ESPAÇO SUFICIENTE
A sala tem capacidade de conter sua equipe inteira confortavelmente tanto sentada quanto em movimento?

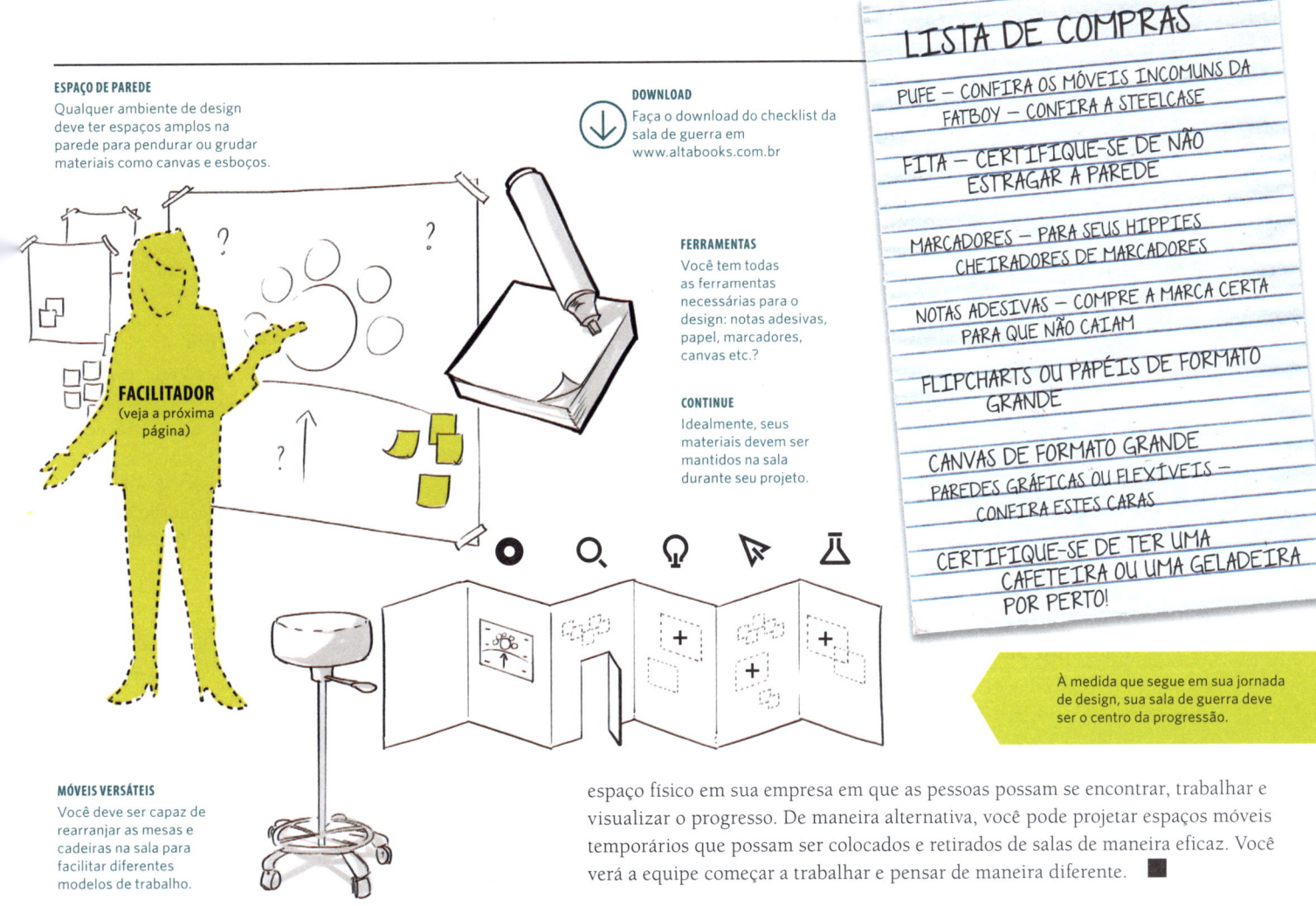

PREPARE >> INTRODUÇÃO >> **PREPARE SEU AMBIENTE**

35

ESPAÇO DE PAREDE
Qualquer ambiente de design deve ter espaços amplos na parede para pendurar ou grudar materiais como canvas e esboços.

DOWNLOAD
Faça o download do checklist da sala de guerra em www.altabooks.com.br

FERRAMENTAS
Você tem todas as ferramentas necessárias para o design: notas adesivas, papel, marcadores, canvas etc.?

CONTINUE
Idealmente, seus materiais devem ser mantidos na sala durante seu projeto.

FACILITADOR
(veja a próxima página)

MÓVEIS VERSÁTEIS
Você deve ser capaz de rearranjar as mesas e cadeiras na sala para facilitar diferentes modelos de trabalho.

LISTA DE COMPRAS

- PUFE – CONFIRA OS MÓVEIS INCOMUNS DA FATBOY – CONFIRA A STEELCASE
- FITA – CERTIFIQUE-SE DE NÃO ESTRAGAR A PAREDE
- MARCADORES – PARA SEUS HIPPIES CHEIRADORES DE MARCADORES
- NOTAS ADESIVAS – COMPRE A MARCA CERTA PARA QUE NÃO CAIAM
- FLIPCHARTS OU PAPÉIS DE FORMATO GRANDE
- CANVAS DE FORMATO GRANDE
- PAREDES GRÁFICAS OU FLEXÍVEIS – CONFIRA ESTES CARAS
- CERTIFIQUE-SE DE TER UMA CAFETEIRA OU UMA GELADEIRA POR PERTO!

À medida que segue em sua jornada de design, sua sala de guerra deve ser o centro da progressão.

espaço físico em sua empresa em que as pessoas possam se encontrar, trabalhar e visualizar o progresso. De maneira alternativa, você pode projetar espaços móveis temporários que possam ser colocados e retirados de salas de maneira eficaz. Você verá a equipe começar a trabalhar e pensar de maneira diferente.

DOMINE A **FACILITAÇÃO**

A jornada do design se refere à preparação, e é trabalho do facilitador fazê-la e simplificá-la para todos os envolvidos. Um facilitador habilidoso é o mestre de cerimônias bem como o guardião da luz — a energia e a intencionalidade na sala. É trabalho do facilitador ajudar a equipe a alcançar os resultados esperados de forma eficiente e eficaz.

— Emmauel Buttin, CFO de Linha de Negócios, BNP Paribas

MESTRE DE CERIMÔNIAS

Um facilitador (você ou outra pessoa) deve conduzir reuniões seguindo um roteiro enquanto também fornece espaço para a equipe discutir e tomar decisões ao longo do caminho, estando sempre consciente do tempo (e da necessidade de intervalos, café e comida). O facilitador também deve capturar (ou eleger alguém para fazê-lo) pontos de vista salientes, ideias e pontos de decisão.

Obviamente, há muitas maneiras de fazer isso. Usando uma lousa branca, quadro-negro ou grandes flipcharts, você pode listar tópicos sobre o que está sendo dito.

TORNANDO-SE UM FACILITADOR

Se quiser conduzir suavemente um processo de design em inovação e estratégia, envolver-se com os membros de sua equipe e desenvolver oportunidades de liderança, você precisa de habilidades de facilitação. Quanto mais você sabe sobre como projetar e conduzir um bom processo de aprendizado, mais os membros da equipe se sentirão empoderados sobre as próprias ideias e participação. Eles assumirão a propriedade e a responsabilidade, produzindo resultados melhores.

1 APRENDA A ADMINISTRAR A ENERGIA

A facilitação é, em primeiro lugar, a gestão da energia. Para maximizar o resultado, a equipe deve sentir-se energizada. "Energia", neste caso, descreve o quão dispostas e capazes as pessoas estão para contribuir. Energia "boa" ajuda o processo. Uma discussão na hora certa faz exatamente isso. Mas tenha uma discussão na hora errada e a exaustão se estabelecerá rapidamente. A habilidade central do facilitador é administrar o equilíbrio entre sobrecarregar e gerar energia.

2 É MAIS DO QUE UMA REUNIÃO

A facilitação não é simplesmente facilitar uma discussão ou uma reunião; é possibilitar todo o processo. Você precisará se tornar o cérebro da operação. Não é estar certo; é ser eficaz em como você ajuda as equipes ao planejar e administrar o processo. A facilitação trata do ambiente, da informação, da rede, da equipe e da energia. Isto inclui comunicar cada passo que a equipe dá, bem como as promessas feitas.

3. USE O CHAPÉU CERTO NA HORA CERTA

Há momentos para ser totalmente otimista e há momentos para ser crítico. Por exemplo, como a ideação 90% das vezes trata de criar e expandir ideias, e 10% de avaliar e selecioná-las, é vital que todos na equipe estejam usando seus chapéus otimistas, pelo menos, 90% do tempo durante a concepção das ideias.

Mas quando é hora de avaliar e selecionar, não tem problema que todos coloquem seus chapéus críticos. E, em ambos os casos, é trabalho do facilitador garantir que o otimismo e a crítica sejam empregados no lugar e na hora certa durante a jornada.

4. FACILITAÇÃO VISUAL

A fala é intangível. O que foi dito cinco minutos atrás só existe na memória. Isto incita os participantes a repetir seus argumentos várias vezes.

David Sibbet, o pioneiro da facilitação visual, descobriu que, ao capturar os argumentos em um amplo flipchart, grande o suficiente para que todos os participantes lessem, a necessidade para repetição desaparecia. Pegue um marcador e escreva o que foi dito para permitir que a discussão continue.

PREPARE >> HABILIDADE >> **DOMINE A FACILITAÇÃO**

LAVANDO **A LOUÇA**

Em uma reunião você tem dois tipos de pessoas: aquelas com "olhos focados" e as com "olhos ausentes"; pessoas de negócios versus designers. Elas exercem diferentes papéis em uma reunião, mas ambas são indispensáveis em uma equipe.

As primeiras são frequentemente mal julgadas como sendo míopes e críticas, quando, na verdade, encaram as coisas como são (por natureza). Elas dão suas opiniões livremente e têm respostas rápidas para tudo. Os olhares vidrados das últimas certamente não são sinais de desinteresse. Em suas cabeças, estão construindo ideias e visualizando oportunidades antes de falar.

Para quem vê de fora, é difícil perceber como essas pessoas podem trabalhar eficazmente juntas. Na verdade, você precisa de ambos os tipos de pessoas em uma equipe: pessoas rápidas e pensadores. É meu trabalho fazer uma ponte entre estes dois mundos: Fazê-los combinar sua capacidade intelectual e compartilhar a mesma visão. Quando vejo essas situações surgindo, ofereço uma faísca (ou um acendedor) para ajudar a guiá-los na direção certa. Depois, saio e vou lavar a louça enquanto eles fazem milagres juntos.

Markus Auerbach
Diretor, Audi Innovation Research

ADMINISTRANDO A **ENERGIA**

GESTÃO DE TEMPO

Como ocorre em qualquer processo, o de design é deliberadamente projetado levando o tempo em consideração. Quando visa um objetivo, você o faz com o olho em uma data e tempo específicos; não o idealizaria ou validaria para sempre. Como facilitador, é seu trabalho administrar o tempo do processo.

Para manter todos na mesma página enquanto trabalham juntos, crie um cronograma usando um flipchart e marcadores permanentes grandes, e grude-o na parede. Obedeça a esse cronograma e não pule nenhuma etapa. Você descobrirá que, à medida que as pessoas ficam mais acostumadas com esta estrutura, entregarão resultados melhores juntas.

DETALHE VS. VISÃO GERAL

Embora sempre haja grandes pensadores estratégicos em grupos, mais frequentemente, as mesmas pessoas que têm pensamentos grandes e táticos também estão presas ao atual mecanismo de execução operacional. Claro, é importante ter pessoas assim a bordo. Mas, muitas vezes, torna-se um desafio para o facilitador fazer a equipe avançar em águas vastas de opções estratégicas.

Isto é especialmente verdadeiro em grandes empresas, em que há um equilíbrio constante entre "vamos agir" e "vamos garantir que estamos fazendo a coisa certa". Isto requer que o facilitador e os participantes sejam capazes de se movimentar rapidamente entre a visão geral e o detalhe. Esta é uma razão

DICA! USE "EMPURRE E PUXE" PARA ADMINISTRAR A ENERGIA

GESTÃO DE TEMPO
O melhor truque para gestão de tempo é tornar os participantes responsáveis por administrá-lo. Eles começarão a trabalhar para ser eficientes.

EMPURRE
Ações que empurram: mudar-se para dentro do grupo, sugerir ideias para outras pessoas, fazer o grupo saltar por estruturas formais e discuti-las.

PUXE
Ações que puxam: afastar-se, não ter uma resposta imediata, ficar em silêncio e fazer perguntas honestas e abertas.

SEGURANDO O MARCADOR
Segurar o marcador significa que você tem o poder de estruturar a discussão e seguir em frente — os argumentos são registrados e não precisam ser repetidos.

por que garantir uma equipe centralizada, em concordância e ser transparente ao longo do processo de design é tão importante. É aqui que a verdadeira facilitação acontece!

TORNE VISUAL

Nós, seres humanos, somos criaturas visuais e espaciais. Para realmente ter um impacto e resumir discussões e pontos de decisão que serão lembrados para sempre, faça o que David Sibbet diz e capture o que for dito (pelo menos parte disso) visualmente.

O ditado "uma imagem vale mais que mil palavras" nunca foi mais verdadeiro do que quando você tenta lembrar e repassar contextos importantes de uma reunião ou design sprint. Um bônus de segurar a caneta é que isso o ajudará a manter o centro da atenção no quadro branco, flipchart ou parede.

Além do mais, simplesmente rever imagens permite que você repasse conversas inteiras com apenas uma palavra escrita na página. O que quer que decida, o importante aqui é que capture momentos e decisões que levam a resultados. ■

Para mais informações sobre facilitação visual, leia: *Reuniões Visuais*, de David Sibbet.

PREPARE » HABILIDADE » **ADMINISTRANDO A ENERGIA**

É COMO O **JAZZ**

David Sibbet diz que a facilitação visual é como o jazz, tocando com ritmo constante e estruturas formais que empoderam a espontaneidade e a vitalidade.

Como o jazz ao vivo, as palavras faladas fluem. Em reuniões isso normalmente incita repetição e expectativas de escuta real. Sibbet acha que capturar essas palavras em grandes tabelas valida a escuta. A necessidade de repetir diminui. E uma memória de grupo é criada. Isso liberta a discussão para que ela avance para novos níveis.

Sibbet é um dos pioneiros da facilitação visual, praticou e ensinou neste espaço na década de 1970, quando começou The Grove. A facilitação visual é o segredo para inspirar e engajar os grupos, apoiando o pensamento amplo e a representação que vem de ter uma memória de grupo.

Algumas de suas ferramentas, como o Cover Story Vision Graphic Guide® e o Context Map Graphic Guide®, são citadas neste livro.

David Sibbet
Autor, fundador e presidente de The Grove Consultants International.

PREPARE **COMO VOCÊS TRABALHAM** (JUNTOS)

Você reuniu uma equipe e garantiu um ambiente para trabalharem juntos. Agora, é hora de realmente fazerem acontecer, eficiente e eficazmente. Para alcançar os melhores resultados como equipe enquanto ficam continuamente na mesma página, você precisará de algumas ferramentas de design.

O ESSENCIAL PARA O DESIGNER

Há uma ótima razão para que designers e tipos criativos carreguem consigo notas adesivas e grandes marcadores permanentes. Notas adesivas são descartáveis, cumulativas, grudam em qualquer coisa e têm o valor adicional de ser pequenas, enquanto marcadores permanentes são, bem, permanentes, e deixam mais legível o que é representado em cada nota. Entregue pilhas de cada uma dessas ferramentas para todos e deixe as ideias fluírem. No final do dia você deve ter uma parede de ideias e um chão cheio de meias ideias. Você ganha pontos por fazer todos colocarem suas percepções (visualmente) em notas adesivas. Para algumas dicas de esboço, confira o perfil de Dan Roam, no capítulo de protótipos.

Mais sobre esboço e pensamento visual na **PÁGINA 174**

ESTRUTURE DISCUSSÕES USANDO UM CANVAS

Em praticamente todos os capítulos deste livro você encontrará canvas, como o Canvas de Modelo de Negócios, o Canvas de Proposição de Valor, bem como outros que podem ser usados para imaginar, storytelling, validar etc. Estes artefatos visuais ajudarão a iniciar conversas interessantes enquanto estruturam as discussões seguintes.

Essas não são ferramentas para ser preenchidas e arquivadas. Como ferramentas essenciais de design, os canvas fornecidos aqui também são registros vivos que documentam sua jornada de design. Quando você combina pessoas, notas adesivas, marcadores e esboços, o processo de design não só fica mais rápido e fácil, mas você terá resultados muito melhores e aprenderá a falar em uma nova linguagem compartilhada.

REUNIÕES MELHORES VIA ROTEIROS

As reuniões se tornaram um hábito (ruim) para a maioria das grandes organizações. Na verdade, esta prática se estende para a maneira que trabalhamos: sentamos em nossa mesa e trabalhamos independentemente dos outros. Enviamos vários e-mails. Fazemos algumas ligações. E quando não estamos sentados em nossas mesas, estamos em reuniões.

Reuniões não são necessariamente ruins, mas, com frequência, são simplesmente planejadas — não projetadas. Por sua vez, nada realmente acontece nas reuniões em que comparecemos. Não há uma estrutura clara. Qual é o propósito desta reunião? Quem está na sala? Como podemos garantir que coisas sejam feitas neste intervalo de tempo? Como sabemos o que é esperado de nós nesta reunião? Estas perguntas raramente são feitas — e, ao mesmo tempo, temos salas cheias de pessoas perdendo tempo, recursos e energia.

> **DICA!** Faça uma reunião ambulante. Ao caminhar ou ficar de pé, não só o corpo tem mais liberdade, a mente também. É muito mais difícil ficar preso em um argumento quando você tem mobilidade.

Além disso, usar reuniões para compartilhar informação também é uma perda de tempo. Reuniões costumam ser mais sociais e políticas. Nós nos sentimos mal se excluímos colegas ao enviar convites para uma reunião. Em vez de pensar sobre quem são as pessoas certas para estar presentes, pensamos sobre quem não queremos excluir. Não ter as pessoas certas na sala — ou ter pessoas demais — leva a um progresso lento. Isso desperdiça o tempo de todo mundo.

O segredo para boas reuniões — e até workshops melhores — é criar um roteiro. Não confunda com um cronograma, um roteiro determina quem trabalhará em quê e quando. Mais notavelmente, ele o ajudará a planejar uma reunião baseada nos resultados que deseja alcançar.

PREPARE » FERRAMENTA » PREPARE COMO VOCÊS TRABALHAM (JUNTOS)

IMPROVISE COMO UM **CAMPEÃO**

Depois de falar no palco ou aparecer em programas de televisão e rádio, as pessoas costumam me abordar e dizer: "Você faz tudo parecer tão fácil, como se improvisasse na hora! Como faz isso?"

A resposta é simples. Leva tempo. Eu invisto muito tempo em meu roteiro. Por quê? Você é responsável pelo planejamento do fluxo de um evento. Quando você passa por ele passo a passo, sente onde precisa dar mais energia, onde precisa ir mais devagar ou mais rápido, e onde pode se aprofundar mais.

Assim que tiver um caminho e um objetivo claros, você pode pegar atalhos. Em outras palavras, assim que tiver o básico, você encontrará lacunas em que pode improvisar. Um roteiro o força a pensar sobre como cortar sua mensagem em pedaços palatáveis e como planejar para extrair energia e interação do público.

Uma mensagem bem enviada é uma mensagem bem recebida. Facilite o receptor e trabalhe com um roteiro!

Rens de Jong
Moderador, âncora de rádio & TV e empreendedor.

FERRAMENTA **ROTEIROS**

FOCO
defina o roteiro

± 45 MIN
sessão de trabalho

1–2
pessoas

Assim como nos filmes, um roteiro fornece uma maneira eficaz e efetiva de projetar uma reunião. Quanto mais completo o roteiro, melhor é a reunião.

ESTA É SUA FERRAMENTA DE FACILITAÇÃO DE DESIGN

Roteiros ajudam você a projetar uma reunião ou workshop e compartilhar isso com os principais interessados e facilitadores. Roteiros bem projetados permitem que você obtenha clareza sobre o que pode ser feito durante um workshop para tomar decisões sobre tempo, atividades e tópicos a serem tratados. Mais importante, um roteiro é uma ferramenta visual que ajuda você a projetar resultados enquanto administra toda a informação em um documento simples.

PLANEJE FLEXIBILIDADE

Um mal-entendido é sobre a suposta estaticidade do roteiro e, portanto, que ele não é flexível. Isto não é verdade. O roteiro deve ser cocriado com a equipe central para ajudar todos a planejarem uma reunião ou workshop conduzido por resultados. Desta forma, o roteiro o ajudará a ser flexível.

Além disso, quando você cria seus roteiros em blocos de tempo/atividades, pode mudar para novos blocos caso algo esperado ou inesperado ocorra, como atrasos devido a engarrafamentos etc.

> **EU ADORO QUANDO O PLANO DÁ CERTO.**
> // Hannibal, Esquadrão Classe A

CHEGUE CEDO
Chegue pelo menos uma hora antes do começo do workshop para ter certeza de que tudo funciona, que há café e água disponíveis e para testar o Wi-Fi e o projetor.

CRONOGRAMA, FUNÇÕES, REGRAS
Sempre comece com cronograma, funções, regras e resultados. Acorde isto com a equipe.

PERÍODOS DE TEMPO
O menor período para agendar é 15 minutos, mas trabalhe, preferencialmente, em incrementos de 30 minutos.

VISÃO ESTRATÉGICA
Você pode projetar a visão tática. Para mais informações, consulte a seção de visão em Ponto de Vista, página 60.

INTERVALOS
Nunca pule os intervalos. E, sim, eles realmente duram 30 minutos. As pessoas precisam de um descanso!

ENCERRAMENTO
No encerramento, retome os objetivos e certifique-se de que tudo tenha sido abordado.

PARTICIPAN[TES]

Quem
Marc McLaughlin
Maarten van Lieshout
Eefje Jonker
Sr. Wolf
Josephine Green

ROTEIRO   Workshop

Local: Amsterdã
Hora: 9h–12h30

Hora	Assunto
9h / 15 min	Planejamento e introdu[ção]
9h15 / 90 min	Exercício de Equipe de Estratégica — Qual é a nossa visão de long[o] prazo e o nível de ambição? [Que] impacto isto tem em nosso [modelo] de negócios? Quais são as implicações do nosso nível [de] ambição para nosso mode[lo] de negócios?
10h45 / 30 min	Intervalo
11h15 / 60 min	Compartilhe sua pers[pectiva] — Equipes apresentarão sua[s] visões e receberão feedba[ck]
12h15 / 15 min	Encerramento

PREPARE » FERRAMENTA » **ROTEIROS**

DOWNLOAD
Faça o download de exemplos de roteiros e listas de participantes em www.altabooks.com.br

PARTICIPANTES
Faça uma lista com as pessoas mais importantes necessárias durante o dia. Tenha um cuidado especial em fazer amizade com o pessoal técnico do local — eles podem salvar o seu dia.

VERIFICAÇÃO DO LOCAL
Sempre confira o local antes de fazer um workshop. Surpresas desagradáveis arruinarão o resultado de sua sessão.

Workshop Visão ESTRATÉGICA para <Cliente> em <Data>

Responsabilidade	Detalhes de Contato
Inspirar & guiar ao longo do dia	<Telefone> <...>
Facilitação visual	

...CA para <Cliente> em <Data>

...vidade	Quem?
...ntexto breve — Por que estamos aqui? ...nograma (esboço) ...ções e regras ...sultado do workshop	Workshop STR
...ercício de explicação ...que é visão? (5 minutos) ...plicar o mapa de visão, 5 Bold Steps Vision® ...0 minutos)	Na tela, designer de estratégia
...ercício de equipe ...orme grupos de 4-6 pessoas ...oloque notas adesivas sobre visão, temas de ...isão e como isso aparece (60 minutos) ...Determine os 5 passos ousados (15 minutos)	Com auxílio do facilitador
Capture Colete flipcharts e faça fotos — marque os flipcharts capturados	Designer de estratégia
Apresentações de plenária Apresentações de plenárias pelas equipes (30 minutos) Identifique os 3 principais conectores & disjuntores (15 minutos) Determine os critérios de design (15 minutos)	Equipes presentes Designer de estratégia conecta
Encerramento Encerramento do aprendizado desta manhã Próximas etapas Fim do workshop	Designer de estratégia

CHECKLIST DO LOCAL

- [ ] MUITO ESPAÇO DE PAREDE
- [ ] É POSSÍVEL GRUDAR MODELOS NA PAREDE
- [ ] ESPAÇO PARA CAMINHAR
- [ ] LUZ DO DIA E AR FRESCO
- [ ] NENHUMA DISTRAÇÃO
- [ ] LANCHE E BEBIDAS
- [ ] MESAS, NÃO COMO PARA CONFERÊNCIAS, MAS MESAS DE GRUPOS
- [ ] É POSSÍVEL TOCAR MÚSICA DURANTE OS EXERCÍCIOS

CHECKLIST

- [ ] Confira os períodos de tempo e os intervalos.
- [ ] Ações claras por períodos de tempo.
- [ ] Lista de participantes.

PRÓXIMO PASSO

> Faça seu workshop, reunião ou atividade fora da empresa.

FERRAMENTA **ESTATUTO DA EQUIPE**

Agora que você reuniu todas as pessoas incomuns e diversos personagens em uma única sala, como vocês concordarão sobre suas metas, expectativas e valores? E como você lidará com situações desafiadoras? Desenhem um estatuto de equipe juntos!

PESSOAL
conheça sua equipe

± 30 MIN
sessão

3–5
pessoas por grupo

É BOM SABER COM QUEM VOCÊ ESTÁ VIAJANDO!

ASSINE O ESTATUTO

Você nem sempre decide com quem trabalha. Mesmo quando o faz, não há garantia de que terá sucesso. Conflitos de interesse e valores ou metas divergentes atrapalham o progresso de uma equipe.

Um estatuto de equipe ajudará você a criar um esquema para o motor por trás de um projeto: uma equipe equilibrada. Como um documento cocriado, um estatuto de equipe ajudará a esclarecer a direção da equipe enquanto define os limites.

O estatuto da equipe serve a dois propósitos. Primeiro, usando o estatuto como um documento interno, membros da equipe podem apontar por que a equipe foi criada, qual é o foco principal e qual direção a equipe tomará para alcançar suas metas estabelecidas. Segundo, como um documento externo, o estatuto pode ajudar a instruir administradores e outros líderes organizacionais com relação ao foco e à orientação da equipe.

VALORES DA EQUIPE

Juntos, vocês precisam decidir sobre os valores que sua equipe manterá como parte da colaboração. Estes valores formarão a base de uma equipe bem-sucedida, o que facilitará alcançar a meta ao mesmo tempo que reduz a confusão sobre os objetivos da equipe. Além disto, o estatuto fornecerá orientações claras sobre como os membros da equipe trabalharão juntos e qual é a contribuição de cada um, garantindo que a equipe ande para frente e não para trás.

Algumas coisas que você vai querer incluir em seu estatuto de equipe são as seguintes: membros da equipe; metas, expectativas e propósito para a existência da equipe; valores da equipe; como a equipe lida com problemas e obstáculos; quem são os líderes da equipe. Não tenha medo de adicionar coisas como "divirta-se!" e fontes de energia, como "jantar da equipe uma vez por semana". Isso ajudará muito a conexão da equipe.

Qualquer que seja a forma do estatuto da equipe, garanta que estejam todos na mesma página. No fim você quer ter uma equipe de pessoas que constroem umas com as outras, não um grupo de pessoas apenas fazendo um trabalho.

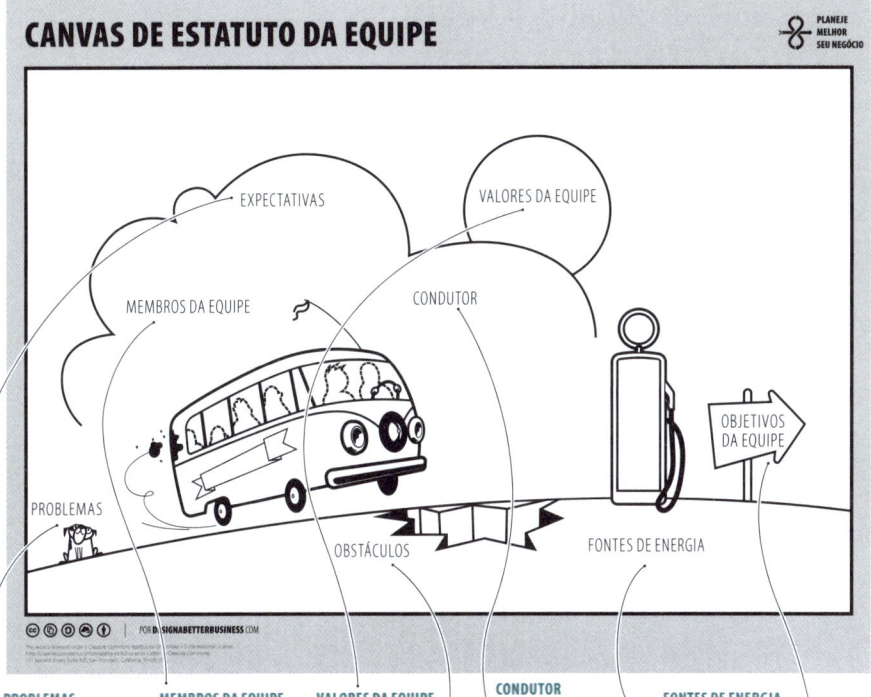

PREPARE >> FERRAMENTA >> **ESTATUTO DA EQUIPE**

CANVAS DE ESTATUTO DA EQUIPE

- **EXPECTATIVAS**
- **VALORES DA EQUIPE**
- **MEMBROS DA EQUIPE**
- **CONDUTOR**
- **PROBLEMAS**
- **OBSTÁCULOS**
- **FONTES DE ENERGIA**
- **OBJETIVOS DA EQUIPE**

PROBLEMAS
O que você fará quando a sujeira atingir a "van"?

EXPECTATIVAS
O que os membros da equipe esperam uns dos outros para ser bem-sucedidos?

MEMBROS DA EQUIPE
Quem está no ônibus e qual será a contribuição de cada um para a equipe: por exemplo, papel, valor central pessoal, habilidades, slogan pessoal, caráter?

VALORES DA EQUIPE
Quais são os valores que guiam a equipe? Estes valores são reconhecidos por todos seus membros?

CONDUTOR
Quem está atrás do volante? Quem está guiando?

OBSTÁCULOS
O que poderia impedir a equipe de trabalhar junta de maneira produtiva e alcançar seu objetivo?

FONTES DE ENERGIA
O que gera energia no grupo? O que faz todo mundo buscar os melhores resultados?

OBJETIVOS DA EQUIPE
Qual é o objetivo que a equipe quer alcançar? Quando todos os esforços da equipe são bem-sucedidos?

DOWNLOAD
Faça o download do modelo de estatuto de equipe em www.altabooks.com.br

45

CHECKLIST

☐ Você definiu o objetivo da equipe.

☐ Você definiu o condutor, os membros e os valores da equipe.

☐ Você definiu os obstáculos e as fontes de energia.

☐ Você fez todos assinarem o estatuto.

PRÓXIMO PASSO

❯ Comece com o Ponto de Vista!

AGORA VOCÊ...

> PREPAROU **SUA EQUIPE** — P32

> PREPAROU **SEU AMBIENTE** — P34

> CONSTRUIU **SEU ESTATUTO DE EQUIPE** — P44

PRÓXIMOS PASSOS

> **DESENVOLVA UM PONTO DE VISTA** — P48
> Ele ajudará você a decidir como abordar sua jornada de design.

> **PROJETE UMA VISÃO** — P60
> Formule uma visão acionável com sua equipe.

> **APLIQUE OS CRITÉRIOS DE DESIGN** — P70
> Quais são os princípios e as referências da mudança que você busca?

RECAPITULAÇÃO

NÃO VOE SOZINHO. **O GÊNIO SOLITÁRIO ESTÁ MORTO.**

PREPARE-SE PARA O **SUCESSO.**

MONTE UMA EQUIPE MULTIDISCIPLINAR.
DIVERSIDADE É O SEGREDO.

ENCONTRE UM PATROCINADOR EXECUTIVO.
CRIE EMBAIXADORES.

TRABALHE VISUALMENTE.
SEU CÉREBRO AGRADECERÁ.

ADMINISTRE A ENERGIA.

PREPARE >> **RECAPITULAÇÃO**

47

AGORA, VAMOS COMEÇAR!

«

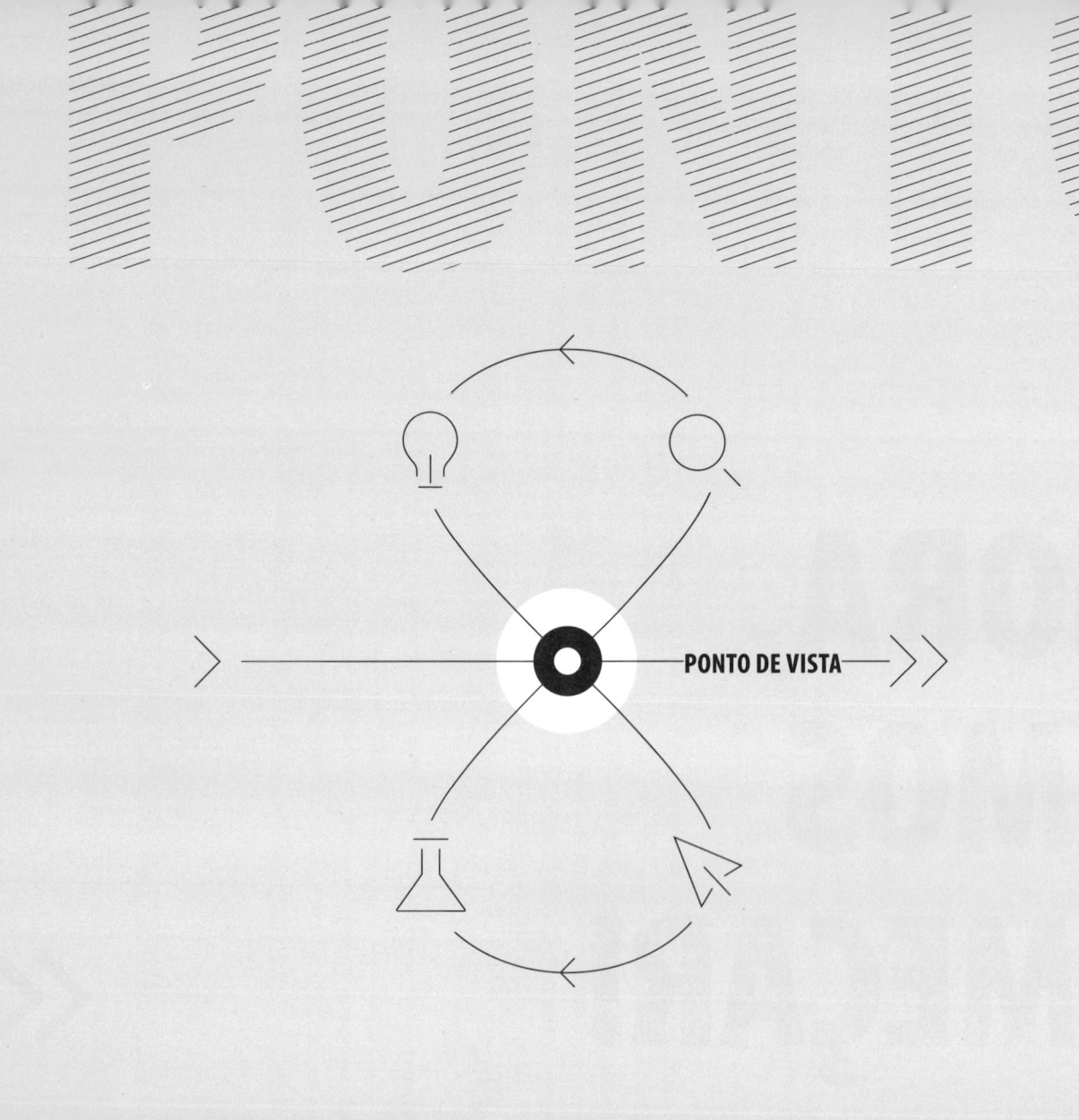

PONTO DE VISTA

A JORNADA DE DESIGN PONTO DE VISTA

SEJA UM **REBELDE**

DESENVOLVA **SUA VISÃO**

DESENHE **SUA HISTÓRIA**

CRIE **CRITÉRIOS DE DESIGN**

INTRODUÇÃO	**SEU PONTO DE VISTA**	P50
HABILIDADE	**OUSE DAR UM PASSO À FRENTE**	P52
FERRAMENTA	**SUA VISÃO DO FUTURO**	P58
FERRAMENTA	**CANVAS 5 BOLD STEPS VISION®**	P60
CASO	**COMPARTILHANDO A VISÃO DO ING BANK**	P62
FERRAMENTA	**CANVAS COVER STORY VISION®**	P66
FERRAMENTA	**CRITÉRIOS DE DESIGN**	P70
FERRAMENTA	**CANVAS DE STORYTELLING**	P76
CASO	**CONTANDO A HISTÓRIA DA AUDI**	P78

SEU **PONTO DE VISTA**

Toda jornada de design começa em algum lugar. Talvez este lugar seja uma empresa nova buscando seu modelo de negócios sustentável (lucrativo). Ou talvez a jornada seja de um negócio existente procurando direções improváveis para que possa continuar competitivo e crescer. Em todos os casos, a jornada que você faz começa com um ponto de vista.

Seja sobre um mercado, um cliente, um produto, um serviço ou até mesmo um concorrente, todos temos uma opinião. Estando no centro de uma jornada de design, seu ponto de vista é seu bem mais precioso. Ele fornece o teste decisivo para o que é real e o que é apenas uma miragem. Como designer, você é responsável por moldar ativamente seu ponto de vista com base no que aprendeu ao longo do caminho.

O PRIMEIRO PASSO É SEMPRE O MAIS DIFÍCIL

Desenvolver novas ideias de negócio do zero pode parecer uma tarefa assustadora. Quando você é uma startup, tem esperança de que sua empresa se torne um sucesso. Você trabalha pesado para desenvolver e vender seu produto —, mas, frequentemente, quanto mais trabalha, mais longe seus sonhos parecem ficar. Quando você é um negócio estabelecido, tem mantido a mesma estratégia de execução por muitos, muitos anos. Seus investidores aproveitam os frutos do seu trabalho na forma de preços de ações e dividendos cada vez maiores, e seu conselho observa o crescimento passado para a estratégia futura. Entretanto, estes sucessos passados podem ser um fardo enquanto você tenta conduzir sua empresa para novas águas.

Para criar mudança, você deve começar com seu ponto de vista, mesmo quando as probabilidades parecem estar contra você. Talvez você esteja pensando: "Mas é só minha opinião! Que mudanças eu poderia fazer com base no que penso?!" Você não estaria errado — ou seria a primeira pessoa — em pensar assim. Entretanto, quando associa seu ponto de vista a ferramentas específicas, habilidades e uma mentalidade que combinem, você pode criar a mudança que deseja.

SEJA UM REBELDE

Se quiser influenciar alguém, especialmente alguém de que precise em sua equipe para transformar seu ponto de vista em uma estratégia de sucesso, pode parecer contraditório dizer que você deve ser um rebelde. Mas é precisamente o rebelde, e as perspectivas que ele leva consigo, que servirá como catalisador da mudança. Ser um rebelde não significa ir contra tudo o que sua empresa ou liderança acredita. Em vez disto, ser um rebelde trata de apresentar um forte ponto de vista em direção ao futuro. Você não tem que se opor à empresa —, mas precisa questionar e expor essas grandes ideias que sente que vale a pena explorar.

Para saber como usar um ponto de vista forte para planejar um negócio melhor, leia *De Zero a Um*, de Peter Thiel.

DEIXE QUE SUA VISÃO SEJA SEU MAPA

Um ponto de vista forte servirá como catalisador de mudança. É sua visão do futuro que servirá como guia o conduzindo para a transformação que busca. As pessoas discutem seus pontos de vista bebendo cerveja. Visões estabelecem direção (talvez para que você possa comprar ainda mais cerveja com o dinheiro que ganhará no futuro!).

Nossa definição de "visão" é diferente do que você encontra em outros livros ou artigos. Não é só uma afirmação: é um grito de guerra. O conceito de visão é abrangente; ele inclui os fatores de suporte que a tornam real, as etapas que você precisa seguir para conceber a visão e os desafios e oportunidades que encontrará em seu caminho para torná-la real. E para torná-la tangível e útil, este capítulo dispõe de ferramentas cocriativas que você pode — e deve — usar com sua equipe.

DESENHE SUA HISTÓRIA

Quando você entrar em uma sala de reuniões ou em apresentações de CR, o que dirá? Como influenciará as pessoas a aderirem a seu ponto de vista ou, pelo menos, as convencerá a explorá-lo com você? É aqui que as histórias fazem uma grande diferença. Já notou como os melhores palestrantes, estejam eles dando um TED talk, apresentando-se em uma sala de conferências ou conversando em um bar, usam anedotas e histórias para transmitir suas opiniões?

Embora palestrantes naturalmente talentosos possam fazer isto quase instintivamente, qualquer um que o faça bem é cuidadoso com as histórias que conta, como, quando e para quem: para deixar sua marca e obter a adesão de que precisa, você deve explorar seu ponto de vista. Em outras palavras, você precisará desenhar sua história.

Mas não deixe que isto o preocupe. Assim como estamos lhe dando novas ferramentas para criar sua visão, também compartilhamos ótimas ferramentas para ajudá-lo a desenhar sua história.

CRITÉRIOS DE DESIGN

Sua visão aponta para um estado futuro. Ainda assim, não é qualquer estado futuro. As mudanças que busca fazer ao longo de sua jornada de design também deverão atender a um conjunto de critérios sobre o que você deve, pode, deveria ou absolutamente não fará enquanto explora e avalia as opções para o futuro. Esses são os critérios de design. Eles fornecem base e limites claros para ajudar a guiar suas decisões ao longo do caminho. Seu critério de design será informado pela visão que você cria, assim como o contexto de sua organização. Similarmente, as opções que você explora serão informadas pelos mesmos critérios de design. ■

Canvas 5 Bold Steps Vision® (neste capítulo), página 60

Canvas Critérios de Design (neste capítulo), página 70

Canvas Cover Story Vision® (neste capítulo), página 66

Canvas Storytelling (neste capítulo), página 76

OUSE **DAR UM PASSO À FRENTE**

Todo mundo tem um ponto de vista. Poucos ousam dar um passo à frente. Eles acreditam que não são a pessoa certa para fazê-lo, já que não é parte de seu trabalho. Não era parte do meu também: sou o CFO. Ainda assim, decidi sair da minha zona de conforto — a única maneira de fazer a diferença.

ESTAMOS SEDENTOS POR VISÃO

Nossa organização passou por tempos bem difíceis no passado recente. Você podia sentir isso na energia da empresa. A crise financeira cobrou seu preço, e uma fusão entre duas empresas (BNP Paribas e Fortis Bank) criou uma desconexão cultural — e percebi que nossas discussões estavam muito focadas no que aconteceu no passado. As pessoas questionavam a identidade da nossa empresa. Eu, claro, concordei com meus colegas de trabalho, mas até essas conversas eram difíceis e até perturbadoras.

Como um grande navio seguindo em frente, nós não costumamos pensar que temos muito tempo para autorreflexão. Mas eu senti que precisávamos dar um passo para trás, descrever nossa situação e, então, superá-la e continuar. Isto não significa varrer nossos problemas para baixo do tapete — precisamos falar sobre eles e aprender com eles. E, então, seguimos em frente.

REMODELE O FOCO PARA O FUTURO

Com todos os nossos medos, incertezas e dúvidas, eu senti que era hora de remodelar o foco e começar a olhar para frente. Embora como CFO esse não fosse necessariamente o meu papel, decidi dar um passo à frente e fazer acontecer. Na verdade, eu acho que qualquer um e todos na nossa organização deveriam ser capazes de dar um passo à frente e assumir conjuntos de responsabilidades novos e mais amplos do que os que foram contratados para fazer. Mas, como CFO, fiquei um pouco perplexo: como poderia me concentrar no futuro e não só naquele previsto pelos números? Como seria o futuro? Com as mudanças acontecendo rapidamente em nosso mundo (o mundo bancário), eu tinha certeza de uma coisa: os números não contariam a história de que precisávamos. Nem fariam as pessoas acreditarem em nosso futuro.

DICA 1

SEJA FIEL ÀS SUAS CRENÇAS. SE VOCÊ NÃO FOR, COMO PODE CONFIAR QUE OS OUTROS SEJAM?

DICA 2
OUSE SER VOCÊ MESMO: APAREÇA NO SEU TRABALHO DO MESMO JEITO QUE APARECERIA EM SUA VIDA PRIVADA.

Para mim, ficou claro que nosso futuro não reflete tanto números quanto nossa história. E para reconstruí-la, eu não precisava só de um QI orientado por números, precisava também de um QI conduzido pela emoção. As pessoas deveriam deixar suas emoções negativas de lado e traçar nosso futuro com base nas positivas. Precisávamos nos alicerçar em nossas origens, no que nos tornamos, quem somos e no que está em nosso DNA.

DÊ UM PASSO À FRENTE

Fui eu quem deu o passo à frente. Isto é bem extraordinário se você considerar que eu era CFO — um cara dos números. Na verdade, foi a primeira vez em minha carreira que senti necessidade de fazer isto. Claro, eu tive posições de liderança por muito tempo. Mas este banco está em meu DNA e eu queria traçar um futuro duradouro. »

PONTO DE VISTA » HABILIDADE » **OUSE DAR UM PASSO À FRENTE**

SOU O MESTRE DO MEU DESTINO

Nunca me imaginei sendo anfitrião de nossa atividade administrativa fora da empresa. Mas lá estava eu, vestido de preto, em um palco de 360 graus, apresentando meus colegas que compartilhavam suas histórias de visão com um público inspirado. Esta era uma visão projetada e contada por nós. Não um plano estratégico sem graça traçado por consultores. Nós criamos essa experiência para influenciar outros 250 colegas a contribuir. Nosso banco nunca tinha feito isso antes. Empoderamos pessoas a dar um passo em direção ao futuro. Músicas e cenas do filme *Invictus* embasaram nossa visão, empoderando pessoas a serem os mestres de nosso destino.

Era uma jornada animadora e muitas pessoas aderiram, explorando o inexplorado. Não era fácil. Mas o plano tomou forma. Pratiquei o que preguei. Sou o mestre do meu destino e futuro.

Emmanuel Buttin
CFO de Linha de Negócios, BNP Paribas.

OUSE **DAR UM PASSO À FRENTE**

DICA 3

SUPERE-SE DIARIAMENTE. SÓ ASSIM NOS COMPROMETEMOS COM O CRESCIMENTO.

Na medida em que sinto que as pessoas precisam sair de suas zonas de conforto e ajudar a guiar o navio, também acredito que você deve sentir-se um pouco confortável em dar um passo à frente e conduzi-lo. Isto não quer dizer que não ficará ansioso da primeira vez que der o passo à frente. Eu fiquei. Mas acredito que a ansiedade permite que você fique mais aberto a novos ambientes. Você se torna sensível aos estímulos externos. É aí que encontrará sua visão. Eu a encontrei.

NÃO SEI COMO FAZER ISSO

Tendo uma mentalidade operacional, eu não sabia como mudar nosso foco para o futuro próximo. Na verdade, ninguém em nossa equipe sabia. Mas eu sentia que se eu desse o primeiro passo à frente, descobriríamos como dar o passo seguinte juntos. Nesse momento, percebi que eu estava criando um movimento. À medida que as pessoas se juntavam a nós, criavam a energia que precisávamos para dar mais passos. Mais pessoas eram atraídas por essa energia e juntavam-se a nós. Não tínhamos um caminho claro quando dávamos aqueles primeiros passos, mas foi bom criar nosso caminho otimista.

Eu também sabia que a maioria das pessoas em grandes empresas como a nossa teriam dificuldades de se juntar a movimentos como o que começamos. Não que elas não queiram. É que, na maior parte do tempo, executar a estratégia de hoje usando informação atual é o caminho mais confortável. É isso o que todos nós aprendemos a fazer na escola. Mas usar a informação de ontem para executar a estratégia de ontem é uma péssima desculpa para não seguir em frente. Toda a informação do mundo não garantirá sucesso se for baseada no passado. Você pode terceirizar o projeto de sua visão e estratégia. Mas, assim, você não assume a responsabilidade de fazer disso um sucesso.

FAÇAM JUNTOS

Quando dei um passo à frente, outras pessoas também o fizeram para ajudar a planejar nosso futuro. À medida que todos demos esses primeiros passos juntos, reconheci que as ideias mais interessantes vinham de ter pessoas de departamentos diferentes, com sacadas variadas, compartilhando uns com os outros. Tínhamos o desejo de criar algo diferente do que fizemos no passado. Não queríamos simplesmente escrever nossas ideias em um pedaço de papel, para que fossem esquecidas em alguns dias. Acreditávamos que, para viver a visão, precisávamos cocriá-la juntos e não esperar pelo Comitê Executivo. O objetivo era que pessoas de todos os níveis da organização explorassem e contassem a história.

CRIANDO UMA VISÃO COM 250 PESSOAS

Com várias pessoas da organização, cada qual com outras responsabilidades diárias, começamos a traçar nosso caminho. Coletamos informações, conversamos com clientes e sincronizamos nossas histórias em um mapa. Para mim, parecia que tínhamos o começo de uma visão forte.

Naquele ano, recebemos um evento de dois dias de "Universidade de Gestão": um momento oportuno para compartilhar nossas ideias coletivas. Este não era um evento pequeno. A Universidade de Gestão reuniu 250 pessoas de toda a organização e de todo o mundo para conversar sobre o futuro do banco. Julguei que era o momento perfeito para compartilhar e validar a visão em que eu e minha (agora) equipe central de 35 pessoas havíamos trabalhado no último ano. Todos demos um passo à frente para elevar os padrões.

Cada indivíduo, como parte de nosso movimento, tinha que contar um pedaço de nossa história para as 250 pessoas no público. E, para tornar tudo mais inclusivo, decidimos não usar um palco comum. Em vez disso, optamos por um palco de 360 graus com os apresentadores em pé bem no meio — no centro da conversa. Para ficar ainda mais emocionante, decidimos não usar nenhum slide. Teríamos ideias básicas no estilo TED que serviam para inspirar nossas equipes.

EXERCÍCIO: QUEM SOMOS NÓS COMO BANCO?
Nossa história de visão correu muito bem. Mas para que todos se envolvessem — e não só as 35 pessoas que cocriaram as bases da visão — começamos o dia com um exercício popular focado em "quem somos nós como banco". Relembrando nossos dias mais criativos, usamos tesouras, fotos de partes de carros, marcadores e fita para construir o banco que sentíamos que éramos no presente. Dado o quão incomum este exercício deve ter parecido (talvez até pareça para você agora), ficamos surpresos com a rapidez com que as pessoas pegaram suas ferramentas e montaram um carro juntas — levou apenas 20 minutos. Nós nos divertimos e compartilhamos histórias sobre o DNA de nossa empresa. Todos sentiram-se orgulhosos de termos dado esse passo.

IMPACTO DURADOURO PARA O BANCO
Eu posso dizer, sem dúvida, que o banco e a liderança do banco aprenderam muito. Sinto que demos o primeiro grande passo em adotar uma nova maneira de trabalharmos juntos. Esta nova maneira de trabalhar trata de confiar nos outros para conduzir o navio. Não se trata de contratar consultores para desenhar o mapa para você. Nós o fizemos sozinhos. Vimos os novos talentos em nossa empresa que deram um passo à frente e inspiraram os outros a fazer o mesmo. E, agora, estamos confiantes de que podemos pensar e trabalhar de maneira diferente. ■

Um exemplo do modelo que as equipes usaram para cortar e colar a própria interpretação do que é o banco com a metáfora do carro.

HISTÓRIAS DE PONTO DE VISTA

ESTRATÉGIA TANGÍVEL

Houve um momento que "caiu a ficha", em que nós coletivamente percebemos que uma das coisas que fazíamos com frequência era organizar e planejar excessivamente as próximas etapas — então, os 5 passos ousados eram uma maneira realmente fácil de registrar próximas etapas tangíveis que eram audaciosas e atrativas. Em vez de uma tática abstrata, estávamos todos ansiosos para a ação!

// Vicky Seeley — COO — Sheppard Moscow LLC

Mantenha-se fiel à sua visão — não mude para caber na agenda dos outros.

// Sue Black, Universidade de Dundee

Siemens Healthcare, Turquia

Como Conselho de Vendas e Marketing da Siemens Healthcare, Turquia, discutimos nossa visão e estratégias de negócios durante o resultado de uma reestruturação e reposicionamento recentes. Todas as discussões sobre nosso modelo de negócios e contexto estavam fortemente relacionadas com nossa visão. O Canvas 5 Bold Steps Vision® tornou-se a fonte da maioria das ações com as quais concordamos.

// Enis Sonemel — Siemens Healthcare, Turquia — País Líder, Diagnóstico de Imagem

Uma Visão Conectada

SallyAnn Kelly entrou como CEO da Aberlour Childcare Trust com uma ordem clara: incorporar uma estratégia distinta. Enquanto buscava alcançar uma mudança duradoura real, ficou evidente que ela teria que engajar toda a organização.

JUN DE 2014: SALLYANN KELLY ASSUME O CARGO DE CEO E ENCONTRA UMA ORGANIZAÇÃO QUE NECESSITA DE UMA DIREÇÃO CLARA.

JUL-AGO DE 2014: SALLYANN FAZ UM SAFÁRI INTERNO PELA EMPRESA PARA CRIAR UM PONTO DE VISTA.

DEZ DE 2014: O 5 BOLD STEPS VISION® E A ESTRATÉGIA FUNCIONAM COM SLT E DIRETORES.

JAN DE 2015: CONECTA OS 5 PASSOS OUSADOS PARA ESBOÇAR A ESTRATÉGIA E APRESENTÁ-LA AO CONSELHO.

JAN-FEV DE 2015: CONSULTA MAIS DE 300 FUNCIONÁRIOS (13% DA ORG) PARA FEEDBACK, PARA TORNAR PRÁTICO.

FEV DE 2015: IMPLEMENTA REVISÕES NO ESBOÇO FINAL DA ESTRATÉGIA + PLANO DE NEGÓCIO CORPORATIVO PARA O 1º ANO DA ESTRATÉGIA DE 3 ANOS.

Mindpearl

Na Mindpearl precisávamos remodelar a maneira como promovíamos e falávamos sobre nós mesmos. Nossa linguagem havia se tornado muito complicada e distante. Definimos uma visão clara baseada em nossa origem, quem somos e quem queremos ser. Agora, nosso pessoal é capaz de se reconectar com nossa identidade global. Realinhamos nossas ações e narrativa.

// Karin Dale, Diretora-Geral, Mindpearl

Agora, posso compartilhar minha estratégia em uma página!

// Craig Mohan, Diretor Administrativo, Tecnologia de Mercado e Serviços de Dados, CME Group Chicago

VISÃO À PROVA DE BALAS

Enquanto trabalhava em uma matéria de capa, uma equipe de uma produtora de fibra de aramida, unidade balística, surgiu com: "Obama compra um vestido Dolce & Gabbana à prova de balas para sua esposa de Natal." A equipe inteira riu. No primeiro momento, ninguém entendeu o que isto poderia significar. Mas, então, enquanto voltávamos à realidade, percebemos que já era hora de existir roupas da moda à prova de balas. Não aquelas jaquetas e coletes feios. Há uma necessidade para isto, especialmente entre os ricos e famosos em certos países.

UMA VISÃO POR DIVISÃO

Nossos departamentos de Ortopedia, Dermatologia, Oncologia e Mães e Filhos assumiram a responsabilidade de mapear uma visão separadamente. Logo aprendemos que é mais interessante/produtivo/melhor usar um processo de design cocriativo. A visão trata do alinhamento. Para nós, era crucial criarmos uma visão com o cliente em mente.

Foi um grande passo para nosso hospital; anteriormente, tínhamos uma perspectiva que priorizava a especialidade e os tratamentos excelentes, em vez de uma perspectiva centrada no cliente. Depois de traçar nossa nova visão, queríamos nos comunicar dentro e fora do hospital. Usamos o visual e um movimento para criar uma história clara.

// Frits van Merode, Membro, Conselho Executivo do Centro Médico Universitário Maastricht

---

NÃO SERIA ÓTIMO CRIAR UM LIVRETO DE ESTRATÉGIA PARA OS FUNCIONÁRIOS?

MAR DE 2015: APRESENTA A ESTRATÉGIA PARA O CONSELHO.

ABR-JUL DE 2015: WORKSHOP PARA ENGAJAR EQUIPE/FUNCIONÁRIOS COM A ESTRATÉGIA (O QUE ISTO SIGNIFICA PARA VOCÊ? QUAIS AÇÕES TOMARÁ?).

ABR DE 2015: CRIA LIVRETOS DE ESTRATÉGIA VISUAL E ENVIA UMA CÓPIA PESSOAL + CARTA DE AGRADECIMENTO PELO CORREIO PARA CADA FUNCIONÁRIO.

MAI-DEZ DE 2015: IMPLEMENTA O 1º ANO DA ESTRATÉGIA. NOVAS INICIATIVAS LANÇADAS EM APOIO AOS ELEMENTOS DA VISÃO.

JAN DE 2016: DIA DE REVISÃO DA ESTRATÉGIA. LOOP DE CONSTRUÇÃO/MEDIDA/APRENDIZADO ALOCADO.

SUA VISÃO DO FUTURO

A primeira coisa que a maioria das pessoas faz quando escuta a palavra "visão" em um contexto empresarial é bocejar. Isto porque a maioria das visões é vaga, incerta e, francamente, não tem nada de empolgante. Visões bem projetadas devem ser gritos de guerra para ação, invenção e inovação.

A VISÃO COMO SUA BÚSSOLA

Quando formular seu ponto de vista com um olho no futuro, é a visão que guiará você e sua equipe em direção à estrela-guia. Uma visão clara traz foco e fornece um ponto de ancoragem para fazer escolhas estratégicas audaciosas. Conduz a busca por novos modelos de negócios. Como um grito de guerra, uma visão clara e atraente fornece a direção em tudo o que você e seus colegas fazem. Perguntem-se todos os dias: "Essa ação, atividade, experimento, projeto nos aproxima de realizar nossa visão?" Se a resposta for não, então, não perca tempo, energia e dinheiro nela. Uma visão é uma bússola que garante o trabalho de seu pessoal e equipes nas coisas que importam para os consumidores, clientes e outras partes interessadas. Ela inspirará, engajará e ativará pessoas para que sejam capazes de fazer um trabalho melhor.

UMA VISÃO NÃO É UMA DECLARAÇÃO DE VISÃO

Uma declaração de visão é o título para uma história muito mais rica sobre seu futuro. É uma âncora para a história principal. Enquanto uma declaração de visão é uma descrição do que sua equipe (ou empresa) gostaria de alcançar ou realizar no futuro de médio ou longo prazo, para ser realmente útil (e poderosa), uma declaração de visão deve apontar não só para onde você quer ir e quando, mas também para como chegará lá.

UMA VISÃO ALÉM DE DECLARAÇÕES DE VISÃO!

O primeiro passo no design de visão vai além da declaração de visão. Sim, ela deve tratar da declaração de visão, dos temas subjacentes e dos exemplos em que aparece. Entretanto, se a visão é um grito de guerra para o futuro, então, deve ser traçada — ou, pelo menos, incorporada — por toda a organização. O processo de traçar a visão deve levar em conta os valores pelos quais a organização vive, bem como seus objetivos de médio e longo prazos. A visão que você cria com sua empresa (ou equipe) deve esboçar os objetivos-chave, bem como as táticas de alto nível e os elementos do seu negócio e os valores que os apoiam. Isto permitirá que várias equipes em sua empresa desenvolvam estratégias para alcançar os objetivos declarados na visão. Com uma única visão unificadora, os funcionários estarão na mesma página e marchando no mesmo ritmo. Sua visão se tornará a estrela-guia para o futuro.

ELEMENTOS FUNDAMENTAIS DE UMA VISÃO PRÁTICA

Uma visão de alta qualidade, prática e inspiradora para qualquer organização deve ter três características-chave: precisa determinar onde a empresa quer estar no futuro próximo (2–5 anos); deve conter inspiração e animação (o grito de guerra); e detalhar os 5 passos ousados para alcançá-la.

POR ONDE DEVEMOS COMEÇAR?

Para formar uma visão que se torne seu grito de guerra, reúna uma equipe e empodere-a para traçar o futuro. Isto envolve combinar energia, diversão, criatividade e ambição. Para começar, sonhe alto. Não se preocupe com seu trabalho diário. Faça um brainstorming com sua equipe para vislumbrar seu futuro de médio e longo prazos.

Perguntem-se quais problemas sua equipe (ou empresa) espera resolver nos próximos anos. O que vocês esperam realizar? Quem é sua base de clientes e o que você quer deles? Como se parecerá seu futuro modelo de negócios?

O QUE APOIA SUA VISÃO?

À medida que você e sua equipe começam a criar as ideias do seu futuro juntos, você também precisará capturar os aspectos de sua organização, sua estratégia e o contexto mais amplo que ajudará a apoiar sua visão. O segredo para capturar o apoio para sua visão é perguntar a si mesmo (e à equipe): "Por que nós? Por que agora?" O que sua organização valoriza ou faz que apoiará sua visão? Quais partes do contexto mais amplo de sua organização — talvez até tendências — ajudarão ainda mais a reforçar sua visão?

PONTO DE VISTA ≫ FERRAMENTA ≫ **SUA VISÃO DO FUTURO**

NÃO PERCA O **SONO** POR ISSO

Aart Roos, CEO da Auping, uma empresa de design e produção de camas com base na Holanda, decidiu abordar o design da visão de sua empresa de uma maneira bem diferente. Em vez de formular a visão na Suíte Executiva, isolado de seus clientes, Aart voltou-se para seus clientes e cocriou a visão da Auping com eles e para eles.

Os clientes declararam: "Dormir é a coisa mais importante para mim, para que me sinta saudável e energizado, para ser capaz de viver de verdade!"

Hoje, a comunicação da Auping foca menos a produção de suas camas e mais o que os clientes consideram importante sobre elas: um dia energizado.

Seu slogan: "Noites Auping, dias melhores."

Aart J. Roos
CEO, Auping

FERRAMENTA 5 BOLD STEPS VISION®

Originalmente criada por David Sibbet, The Grove Consultants International

Se você quer mudanças positivas e orientadas para o futuro em sua organização, precisa ir além de escrever visões prolixas no papel e chegar a um acordo sobre como lutarão juntos e quais passos darão para chegar lá. O Canvas 5 Bold Steps Vision® (Canvas de Visão de 5 Passos Ousados) é uma ferramenta perfeita para alinhar as equipes em sua empresa.

PESSOAL
construa sua visão

± 90 MIN
panela de pressão

3–5
pessoas por grupo

OS PASSOS A SEREM DADOS

O canvas de visão ajudará você a cocriar as visões assim como os 5 passos ousados para alcançá-la. Além disso, usando esta ferramenta, sua equipe será capaz de esclarecer o que apoia sua visão, o que a desafia e quais oportunidades são criadas ao trabalhar em direção à visão. O melhor de tudo, o canvas de visão o ajudará a descobrir os critérios de design para seu(s) modelo(s) de negócios e estratégia.

DECLARAÇÃO COLETIVA

Uma declaração de visão é, às vezes, chamada de uma foto de sua empresa no futuro. Mas é muito mais do que isso. Sua declaração de visão é sua inspiração, a estrutura para todo o seu planejamento estratégico. Ao criar sua declaração de visão inicial, você articula seus sonhos para seu negócio. Isto deve ser um lembrete do que estão tentando realizar juntos.

Isso pode se aplicar a toda a empresa ou a uma única divisão dela. Seja para toda ou para parte da organização, a declaração de visão responde à pergunta: "Para onde queremos ir?"

ORIENTAÇÕES CONCRETAS

Provavelmente, o melhor aspecto do canvas de visão é que toda sua visão, incluindo ações, apoios, oportunidades e desafios estarão em uma folha de papel — não em um livro! É simples compartilhar e fácil de traduzir em orientações concretas que tomadores de decisão (e executores) precisam para realizar seus trabalhos. Ainda melhor, criar uma visualização da visão, com base nesse canvas, o ajudará a espalhar a palavra.

PREPARAR, APONTAR... FOGO!

Independentemente da abordagem que você escolher para compor sua visão, precisará envolver as pessoas certas. Isso inclui os tomadores de decisão, bem como todo o restante! Uma visão sem ações ou embaixadores para passar a mensagem adiante não vale mais do que o papel em que está impressa, não importa o quão bem construída esteja.

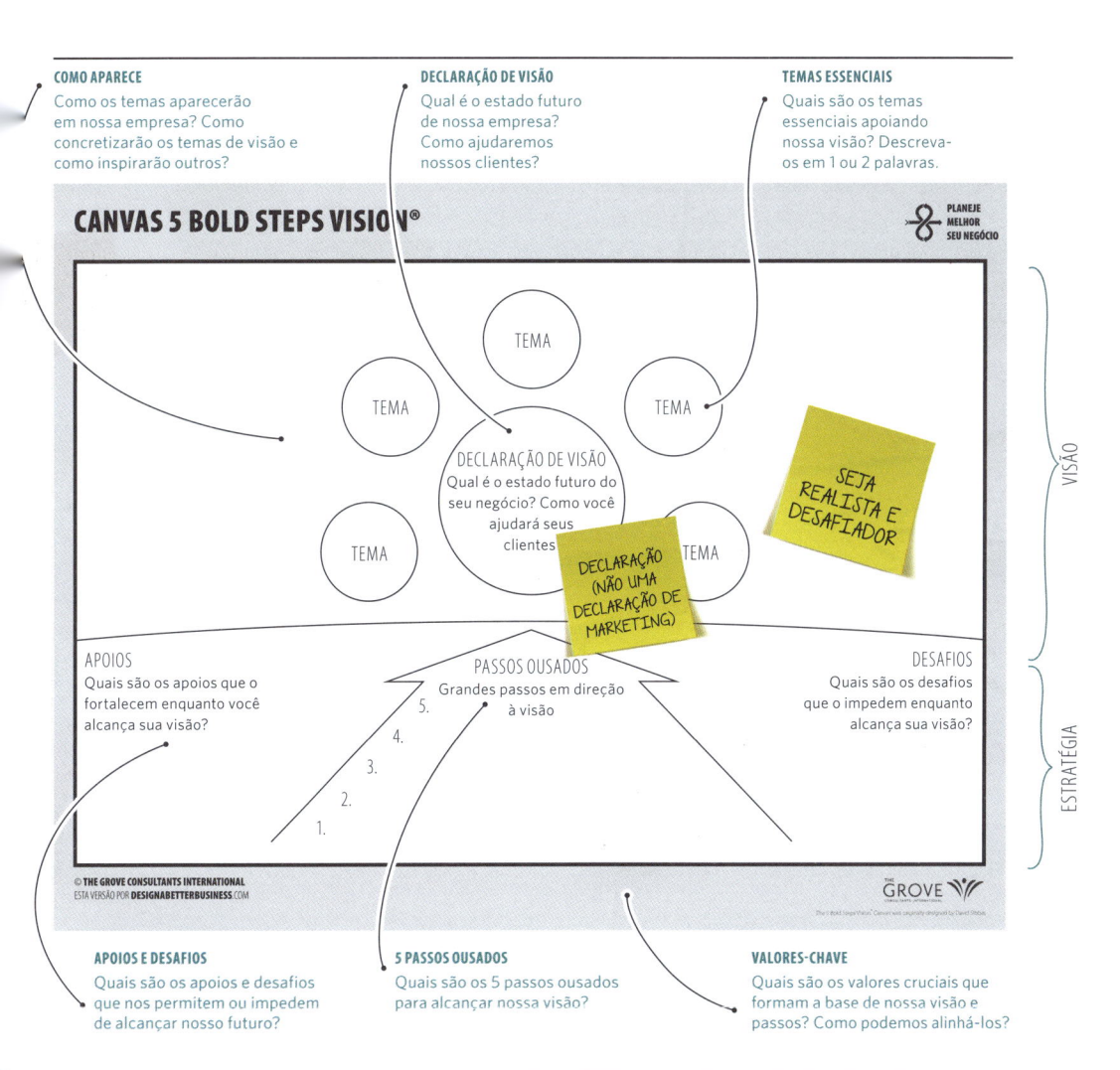

PONTO DE VISTA ›› FERRAMENTA ›› **5 BOLD STEPS VISION®**

COMO APARECE
Como os temas aparecerão em nossa empresa? Como concretizarão os temas de visão e como inspirarão outros?

DECLARAÇÃO DE VISÃO
Qual é o estado futuro de nossa empresa? Como ajudaremos nossos clientes?

TEMAS ESSENCIAIS
Quais são os temas essenciais apoiando nossa visão? Descreva-os em 1 ou 2 palavras.

DOWNLOAD
Faça o download do Canvas 5 Bold Steps Vision® em www.altabooks.com.br

CANVAS 5 BOLD STEPS VISION®

PLANEJE MELHOR SEU NEGÓCIO

TEMA
TEMA
TEMA
TEMA
TEMA

DECLARAÇÃO DE VISÃO
Qual é o estado futuro do seu negócio? Como você ajudará seus clientes

SEJA REALISTA E DESAFIADOR

DECLARAÇÃO (NÃO UMA DECLARAÇÃO DE MARKETING)

APOIOS
Quais são os apoios que o fortalecem enquanto você alcança sua visão?

PASSOS OUSADOS
Grandes passos em direção à visão
5.
4.
3.
2.
1.

DESAFIOS
Quais são os desafios que o impedem enquanto alcança sua visão?

VISÃO
ESTRATÉGIA

© THE GROVE CONSULTANTS INTERNATIONAL
ESTA VERSÃO POR DESIGNABETTERBUSINESS.COM

THE GROVE

APOIOS E DESAFIOS
Quais são os apoios e desafios que nos permitem ou impedem de alcançar nosso futuro?

5 PASSOS OUSADOS
Quais são os 5 passos ousados para alcançar nossa visão?

VALORES-CHAVE
Quais são os valores cruciais que formam a base de nossa visão e passos? Como podemos alinhá-los?

CHECKLIST

☐ Você identificou cinco passos para alcançar sua visão.

☐ Sua declaração de visão é apoiada por temas claros e pelas maneiras realísticas em que aparece.

☐ Você filtrou os critérios para desenhar seu(s) modelo(s) de negócios e proposta de valor.

PRÓXIMO PASSO

› Confira como esta visão ressoa com os outros.

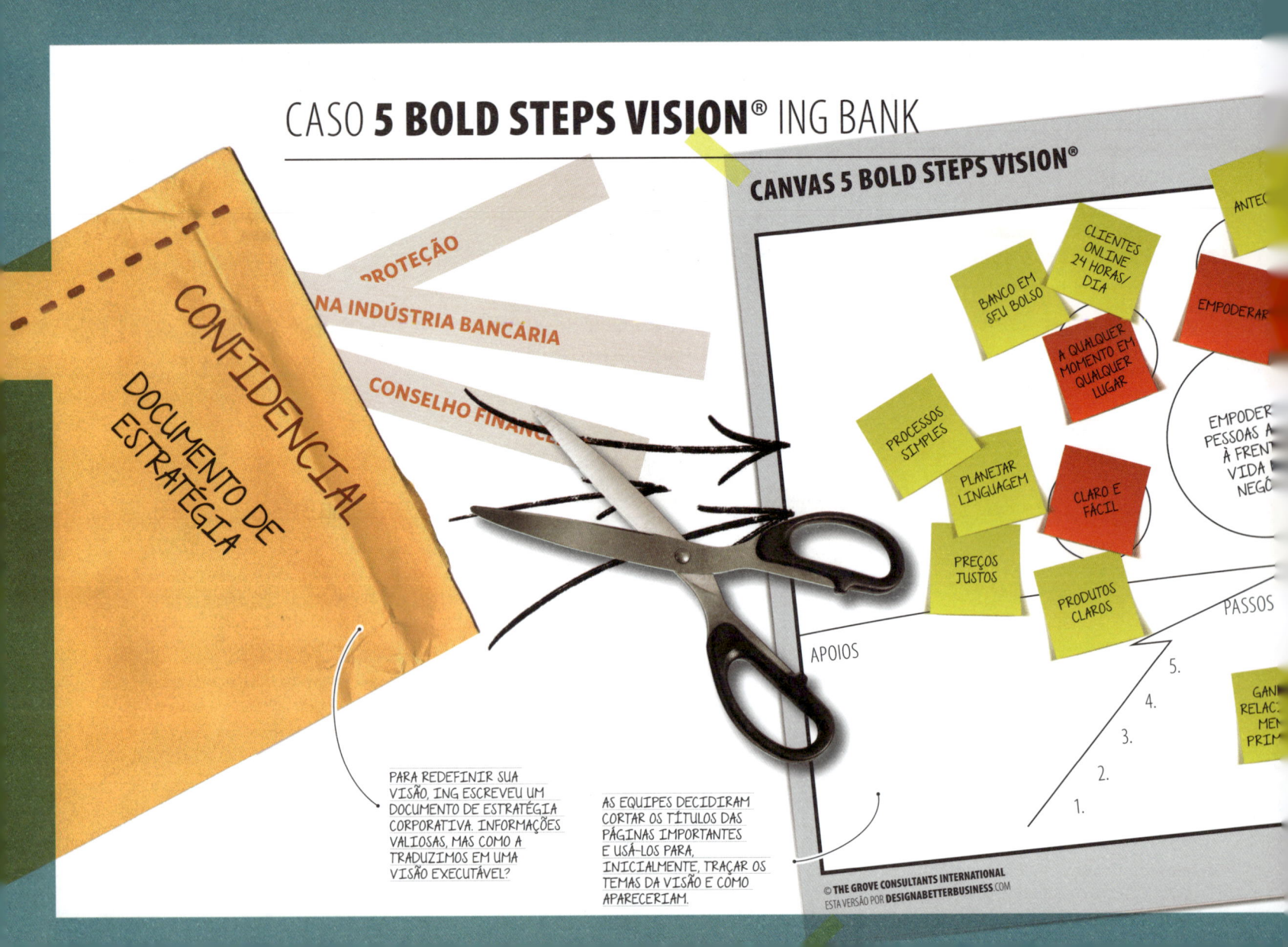

CASO **5 BOLD STEPS VISION**® ING BANK

CANVAS 5 BOLD STEPS VISION®

CONFIDENCIAL
DOCUMENTO DE ESTRATÉGIA

PROTEÇÃO
NA INDÚSTRIA BANCÁRIA
CONSELHO FINANCE

- CLIENTES ONLINE 24 HORAS/DIA
- ANTEC
- BANCO EM SEU BOLSO
- EMPODERAR
- A QUALQUER MOMENTO EM QUALQUER LUGAR
- PROCESSOS SIMPLES
- EMPODER PESSOAS A À FRENT VIDA NEGÓ
- PLANEJAR LINGUAGEM
- CLARO E FÁCIL
- PREÇOS JUSTOS
- PRODUTOS CLAROS

APOIOS

PASSOS
5.
4.
3.
2.
1.

GAN RELAC MEN PRIM

PARA REDEFINIR SUA VISÃO, ING ESCREVEU UM DOCUMENTO DE ESTRATÉGIA CORPORATIVA. INFORMAÇÕES VALIOSAS, MAS COMO A TRADUZIMOS EM UMA VISÃO EXECUTÁVEL?

AS EQUIPES DECIDIRAM CORTAR OS TÍTULOS DAS PÁGINAS IMPORTANTES E USÁ-LOS PARA, INICIALMENTE, TRAÇAR OS TEMAS DA VISÃO E COMO APARECERIAM.

© **THE GROVE CONSULTANTS INTERNATIONAL**
ESTA VERSÃO POR DESIGNABETTERBUSINESS.COM

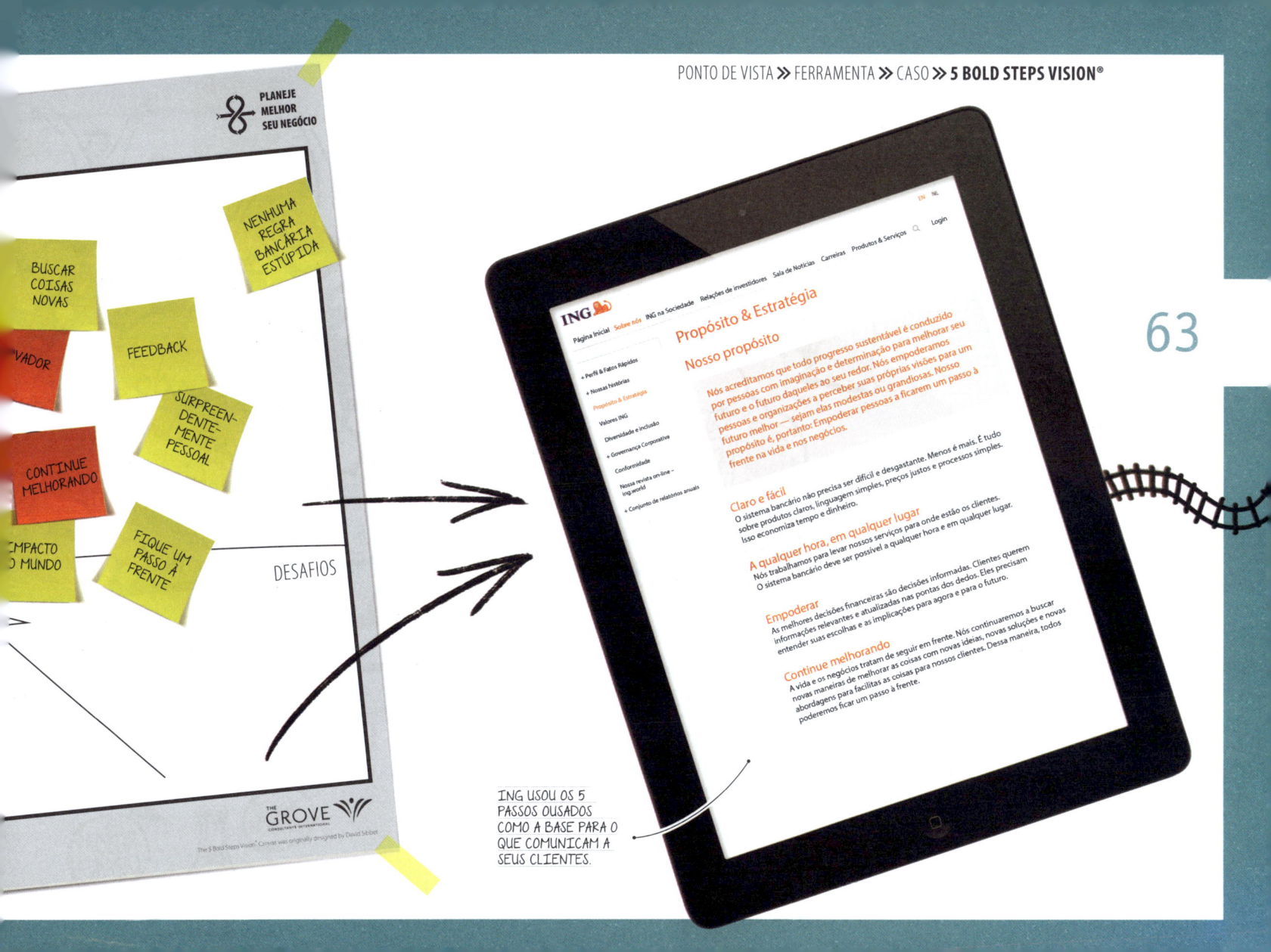

PONTO DE VISTA ≫ FERRAMENTA ≫ CASO ≫ **5 BOLD STEPS VISION®**

63

Propósito & Estratégia

Nosso propósito

Nós acreditamos que todo progresso sustentável é conduzido por pessoas com imaginação e determinação para melhorar seu futuro e o futuro daqueles ao seu redor. Nós empoderamos pessoas e organizações a perceber suas próprias visões para um futuro melhor — sejam elas modestas ou grandiosas. Nosso propósito é, portanto: Empoderar pessoas a ficarem um passo à frente na vida e nos negócios.

Claro e fácil
O sistema bancário não precisa ser difícil e desgastante. Menos é mais. É tudo sobre produtos claros, linguagem simples, preços justos e processos simples. Isso economiza tempo e dinheiro.

A qualquer hora, em qualquer lugar
Nós trabalhamos para levar nossos serviços para onde estão os clientes. O sistema bancário deve ser possível a qualquer hora e em qualquer lugar.

Empoderar
As melhores decisões financeiras são decisões informadas. Clientes querem informações relevantes e atualizadas nas pontas dos dedos. Eles precisam entender suas escolhas e as implicações para agora e para o futuro.

Continue melhorando
A vida e os negócios tratam de seguir em frente. Nós continuaremos a buscar novas maneiras de melhorar as coisas com novas ideias, novas soluções e novas abordagens para facilitar as coisas para nossos clientes. Dessa maneira, todos poderemos ficar um passo à frente.

ING USOU OS 5 PASSOS OUSADOS COMO A BASE PARA O QUE COMUNICAM A SEUS CLIENTES.

EXEMPLO **VISÃO** VISUALIZADA

JUNTAMENTE COM O PRIMEIRO ESBOÇO DA VISÃO, NOTAS VISUAIS FORAM FEITAS DURANTE A REUNIÃO. AGORA, ELES TÊM UM PONTO PROEMINENTE NO ESCRITÓRIO PARA QUE TODOS POSSAM SE INSPIRAR.

PONTO DE VISTA >> FERRAMENTA >> CASO >> **5 BOLD STEPS VISION®**

UMA VISÃO **EM UMA PÁGINA**

Quando nosso novo CEO, Ralph Hamers, entrou, a empresa estava pronta para uma nova estratégia audaciosa. Bancos emergiram da crise financeira e acabaram encarando uma série de competidores fintech. Ao mesmo tempo, experiências digitais sem interrupção de empresas como Amazon e Spotify aumentaram as expectativas dos clientes para os bancos também.

Depois de uma revisão estratégica completa, tínhamos um plano de 250 páginas. Mas como condensá-lo em algo que inspiraria os funcionários do banco inteiro? Poderíamos garantir que todos comunicassem a estratégia de forma consistente?

Reunimos uma equipe com membros da Estratégia, Comunicação Interna e Externa, Relações com Investidores e Recursos Humanos. Usando a 5 Bold Steps Vision®, fomos capazes de cocriar nossa "estratégia em uma página", ligando o propósito e a visão a prioridades estratégicas claras. Isto forneceu uma direção clara e garantiu que todos no banco interpretariam e explicariam a estratégia consistentemente. Esta estratégia em uma página ainda nos guia hoje.

Dorothy Hill
VP de Estratégia,
ING Bank

FERRAMENTA **COVER STORY VISION**

Originalmente criada por David Sibbet, The Grove Consultants International

Qual é o futuro mais incrível que vê para sua empresa (e para si mesmo)? Quem tem a visão mais ousada de todas? Imagine como você aparecerá em capas de revistas. Sobre o que estão falando nas ruas? Criar uma matéria de capa o ajudará a entrar em uma mentalidade do futuro.

PESSOAL
explore sua visão

± 45 MIN
panela de pressão

3–5
pessoas por grupo

Para mais informações sobre a matéria de capa, leia, *Reuniões Visuais*, de David Sibbet.

O QUE ESCREVERÃO SOBRE VOCÊ

O Canvas Cover Story Vision® (Canvas de Visão de Matéria de Capa) desafia você e sua equipe a se projetarem no futuro: como o mundo responderá ao que vocês realizaram naquela época. Veja bem, esta ferramenta (provavelmente) não fornecerá uma visão eficaz. Mas desafiará você a pensar além do âmbito do conhecido e seguro. Por que mais haveria uma história sobre sua empresa em uma das revistas mais vendidas do mundo? Este canvas fornecerá a você muito material para usar ao formular sua real visão. Além disso, como é tátil e visual, o canvas de visão resultará em muitos feedbacks.

REVISTA (OU E-ZINE)

Para começar, reúnam-se como uma equipe (ou, ainda melhor, várias equipes) e tenham uma discussão cuidadosa sobre qual revista vocês gostariam de aparecer assim que alcançarem sua visão. É importante ter esta conversa, já que o tom, a voz e a leitura da revista específica fazem uma grande diferença. Independentemente de sua decisão, você achará esta conversa divertida e estimulante.

MANCHETES

Assim que decidirem a revista, sigam para a manchete. Quais são as maiores e mais inspiradoras chamadas em que conseguem pensar? Como vocês estão mudando o mundo (ou, pelo menos, sua organização) com sua ideia? Este artigo falará sobre sua maior realização, mas também recontará a história de onde começou e como chegou a seu momento de inspiração. Quais são o resultado, os fatos e números que apoiam a manchete? Capture-os também.

Como qualquer artigo de revista, haverá algum tipo de componente de entrevista. Quais perguntas serão feitas? Como você responderá? Como os céticos aparecerão? O que as pessoas estão dizendo nas mídias sociais?

Agora vem a parte divertida! Desenhe sua história. Revistas são muito visuais. Faça sua matéria de capa de revista ser visual também. Quem ou o quê está na capa? Como isto chamará a atenção do leitor (por exemplo, sua equipe)?

PONTO DE VISTA >> FERRAMENTA >> **COVER STORY VISION**

CAPA
Faça a capa se destacar. Não fique limitado a notas adesivas. Desenhe ou recorte e cole figuras de revistas.

MANCHETES
Escreva algumas manchetes chamativas. O que faria as pessoas pararem para ler o artigo?

PONTO PRINCIPAL
A que tudo se resume? O que foi alcançado de acordo com o artigo?

DOWNLOAD
Faça o download do Canvas Cover Story Vision® em www.altabooks.com.br

CANVAS COVER STORY VISION®

PLANEJE MELHOR SEU NEGÓCIO

CAPA DE REVISTA | GRANDES MANCHETES | A ENTREVISTA | O RESULTADO

MAIOR MUDANÇA DE TODAS

CITAÇÕES

CITAÇÃO INTERES- SANTE

ISSO É VERDADE?

@

#HASHTAGS

@

TUÍTES

FOTOS DO INSTAGRAM

© THE GROVE CONSULTANTS INTERNATIONAL
ESTA VERSÃO POR DESIGNABETTERBUSINESS.COM

THE GROVE

MÍDIA SOCIAL
Use mídias sociais e fotos do Instagram para dar mais sabor à história. O que seria retuitado?

CITAÇÕES
Não mencione só as citações positivas. Pergunte-se como sua competição e críticos responderão.

ENTREVISTA
Quem está contando sua história na entrevista? É alguém com quem você trabalha? Seu cliente? Sobre o que é a entrevista?

67

CHECKLIST

☐ Você compartilhou sua matéria de capa com seus colegas.

☐ Você concretizou sua visão com uma capa engajadora e visual.

☐ Você (e sua empresa) saiu de sua zona de conforto.

☐ Você criou uma visão que pode ser realizada em 5 anos.

PRÓXIMOS PASSOS

› Concretize sua matéria de capa usando o Canvas 5 Bold Steps Vision®.

› Confira como esta visão ressoa nos outros.

DICAS DE **VISÃO**

PERGUNTE AO CLIENTE

Observe sua visão a partir de uma perspectiva original com novos insights. Uma maneira de fazer isto é pedir a alguns de seus clientes para ajudá-lo com o Canvas 5 Bold Steps Vision®. O que eles esperam que você faça? O que é importante para eles? Você ficará surpreso com o quanto os clientes ficam honrados quando você os convida para pensar sobre seu futuro!

MOODBOARD DE VISÃO

Pegue várias revistas e entregue tesouras e cola para todos em sua equipe. O que aconteceria se fizessem um moodboard sobre sua visão? Você pode usar a estrutura do Canvas 5 Bold Steps Vision® (declaração de visão no meio, temas ao redor, 5 passos + valor abaixo). Isto fornece um material de conversação excelente e uma linda "pintura" dos primeiros passos em direção à visão futura.

REVISTA DE VISÃO (MATÉRIA DE CAPA)

Faça sua equipe trabalhar em uma revista de visão. Colete o que as pessoas acham. Qual é a visão delas? Quais temas abordam?

Desenhe uma capa que reflita seu futuro: o grande impacto que você terá no mundo. Publique e distribua a revista pela empresa. O melhor incitador do mundo. (Veja também "Cover Story Vision®", na página 66.)

PONTO DE VISTA >> FERRAMENTA >> DICAS >> **5 BOLD STEPS VISION®**

COMECE COM DECLARAÇÕES E TEMAS
Outra maneira de trabalhar o Canvas 5 Bold Steps Vision® é começar com a declaração de visão já preenchida, incluindo os temas de apoio. O foco das equipes pode ser mudado para uma exploração aprofundada dos temas. Cada equipe também precisa definir 5 passos ousados próprios. Veja o exemplo do ING, na página 62, para ler mais sobre sua experiência com essa abordagem.

COMECE DO ZERO
Uma maneira de executar é dar às equipes uma tela em branco e ver o que acontece. Reúnam-se, discutam e sincronizem as telas. Esta é uma ótima maneira de conseguir insights adicionais e desenhar uma visão melhor.

COMPARTILHE SUA VISÃO (VISUALMENTE)
O Canvas 5 Bold Steps Vision® é um ótimo esquema para uma história concisa no palco ou uma representação visual (veja o caso ING na página 62).

A melhor maneira de construir sua história: comece com a declaração de visão; mostre como é comprovada pelos temas de visão (classifique-os). Explique como cada tema aparecerá. Termine explicando quais etapas você precisa seguir para chegar lá.

FERRAMENTA **CRITÉRIOS DE DESIGN**

Esteja você traçando uma nova proposta de valor, um modelo de negócios ou até uma estratégia inteira para o futuro, os critérios de design formam os princípios e pontos de referência da mudança que você busca. Os critérios de design não são formulados do nada. Eles incorporam informações de seu negócio, visão, pesquisa de clientes, contexto econômico e cultural e a mentalidade que você formou ao longo do caminho.

FOCO
defina critérios de design

± 45 MIN
sessão

3–5
pessoas por grupo

O QUE SÃO CRITÉRIOS DE DESIGN?

Não pense nestes critérios como simples características de sua ideia. Eles podem e devem ser mais do que isso. Por exemplo, critérios de design vindo de sua visão podem ser a contribuição de seu negócio para um planeta mais verde. Ou, talvez, você queira que seus clientes se sintam satisfeitos; este é outro critério de design. Sua nova ideia de negócios precisa gerar determinada renda dentro de três anos? Anote isto como mais critérios de design. Resumindo, os critérios de design estão lá para tornar mais fácil determinar se você está no caminho certo.

CRIANDO OS CRITÉRIOS DE DESIGN

Os critérios de design que você capturar provavelmente virão da visão que formulou com sua equipe. Você descobrirá que alguns dos elementos nesta visão são tão importantes que não são negociáveis. Sim, isso também significa que alguns elementos são um pouco mais flexíveis (talvez não totalmente). Para encontrar os elementos mais importantes em sua visão, use o método "MoSCoW": classifique cada elemento em "Must" (essencial), "Should" (importante), "Could" (desejável) ou "Won't" (dispensável). Isto o ajudará a priorizar.

Agora vem a parte fácil (bem, talvez não tão fácil, mas executável): coloque todos os elementos não negociáveis na seção "Must" de seus critérios de design e o restante coloque nas seções "Should" (se forem importantes) ou "Could" (se desejáveis).

Sua visão forma apenas parte da história quando se trata de definir os critérios de design. Outros elementos poderiam incluir renda, sua colocação no mercado, o impacto que você causará ou a percepção do público sobre sua empresa. Assim que tiver feito esta lista, adicionea as seções "Could", "Should" ou "Must" com base em suas respectivas prioridades.

Assim que tiver iniciado este exercício, você pode achar que precisa ajustar um pouco sua visão. Isto induz você a tomar outra direção. Se for o caso, ajuste os critérios de design para que combinem com a nova direção. À medida que continua a evoluir seu ponto de vista, você precisa adicionar ou atualizar seus critérios de design. ∎

PONTO DE VISTA >> FERRAMENTA >> **CRITÉRIOS DE DESIGN**

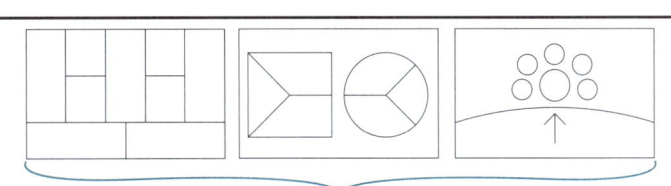

Use insights do Canvas de Modelo de Negócios, Canvas de Proposta de Valor e Canvas de Visão como entrada para os critérios de design.

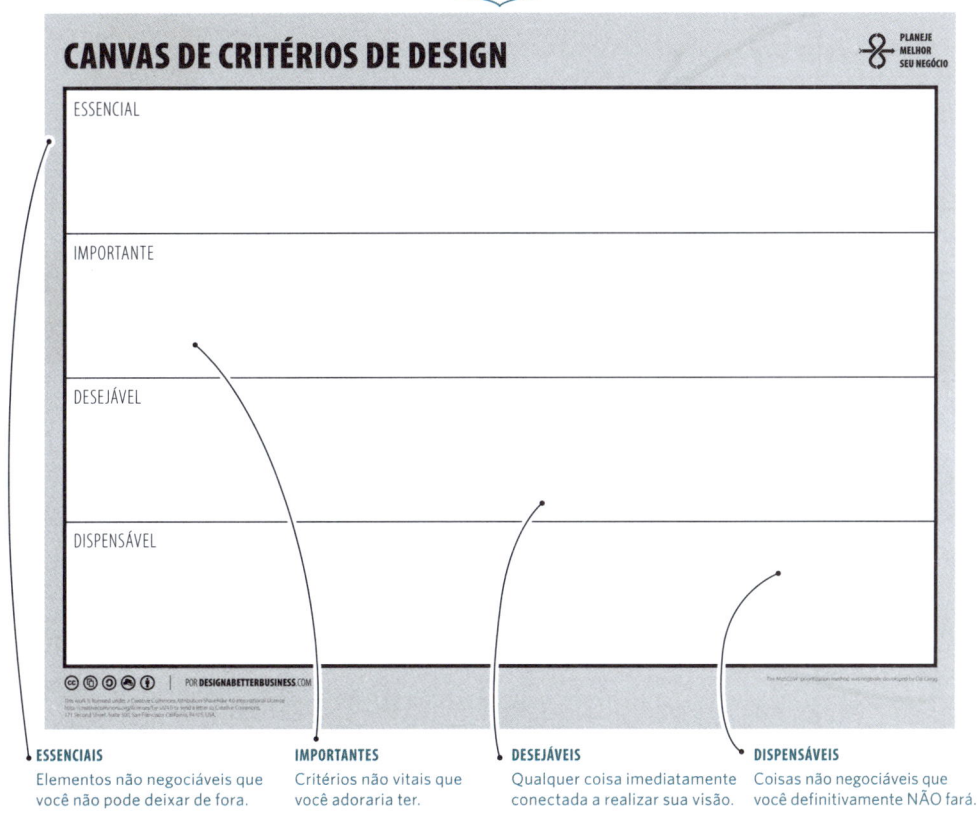

CANVAS DE CRITÉRIOS DE DESIGN

PLANEJE MELHOR SEU NEGÓCIO

ESSENCIAL

IMPORTANTE

DESEJÁVEL

DISPENSÁVEL

POR **DESIGNABETTERBUSINESS.COM**

ESSENCIAIS
Elementos não negociáveis que você não pode deixar de fora.

IMPORTANTES
Critérios não vitais que você adoraria ter.

DESEJÁVEIS
Qualquer coisa imediatamente conectada a realizar sua visão.

DISPENSÁVEIS
Coisas não negociáveis que você definitivamente NÃO fará.

DOWNLOAD
Faça o download do Canvas de Critérios de Design em www.altabooks.com.br

CHECKLIST

☐ Você limpou os critérios de design, removendo os irrelevantes. Use, por exemplo, votação.

☐ Você passou um tempo com sua equipe para polir e qualificar seus critérios.

☐ Você ligou seus critérios de design com sua visão.

PRÓXIMOS PASSOS

> Quantificar seus critérios de design: torne-os específicos, mensuráveis, executáveis, relevantes e com tempo definido.

> Reveja seus critérios de design. Eles ainda fazem sentido?

EXEMPLO **CRITÉRIOS DE DESIGN** ING BANK

Eis um exemplo de como o ING selecionou os critérios de design mais importantes para seu novo modelo de negócios e proposta de valor.

Filtre os critérios de design de sua visão.

O que você aprendeu com seus clientes?

Pegue os 5 critérios mais importantes do mapa de contexto.

Que critérios vêm de pontos fortes e fracos de seu canvas de modelo de negócios atual?

CANVAS 5 BOLD STEPS VISION®

- LINGUAGEM SIMPLES
- PREÇOS JUSTOS
- CLARO E FÁCIL
- PRODUTOS CLAROS
- PROCESSOS SIMPLES
- CONQUISTE RELACIONAMENTO PRIMÁRIO C/ CLIENTE

Canvas 5 Bold Steps Vision®, veja a **PÁGINA 60**

CONTEXT CANVAS®

- CLIENTES ONLINE 24H/DIA

Context Canvas®, veja a **PÁGINA 112**

CANVAS DE CRITÉRIOS DE DESIGN

- ESSENCIAL: CLARO E FÁCIL
- IMPORTANTE: CONTINUE MELHORANDO
- DESEJÁVEL
- DISPENSÁVEL

Post-its: PREÇOS JUSTOS, LINGUAGEM SIMPLES, PROCESSOS SIMPLES, PRODUTOS CLAROS

PONTO DE VISTA » FERRAMENTA » EXEMPLO » **CRITÉRIOS DE DESIGN**

73

ONDE OS CRITÉRIOS DE DESIGN APARECERÃO? NO MODELO DE NEGÓCIOS? NA PROPOSTA DE VALOR?

CLIENTES ONLINE 24H/DIA

CONQUISTE RELACIONAMENTO PRIMÁRIO C/ CLIENTE

COMO ISTO É TRADUZIDO?

OS CRITÉRIOS DE DESIGN AJUDARÃO A ESTRUTURAR SESSÕES DE BRAINSTORMING E O AJUDARÃO A TOMAR DECISÕES PAUTADAS EM SEU TRABALHO DIÁRIO.

SIM   NÃO

CANVAS DE MODELO DE NEGÓCIOS

PARCEIROS-CHAVE	ATIVIDADES-CHAVE	PROPOSTA DE VALOR	RELACIONAMENTOS COM O CLIENTE	SEGMENTOS DE CLIENTES
	PROCESSOS SIMPLES	PRODUTOS CLAROS	CONQUISTE RELACIONAMENTO PRIMÁRIO C/ CLIENTE	
	RECURSOS-CHAVE	CONTINUE MELHORANDO	CANAIS	
			LINGUAGEM SIMPLES	
ESTRUTURA DE CUSTO		FLUXOS DE RENDA		
		PREÇOS JUSTOS		

Canvas de Modelo de Negócios, veja a **PÁGINA 118**

CANVAS DE PROPOSTA DE VALOR

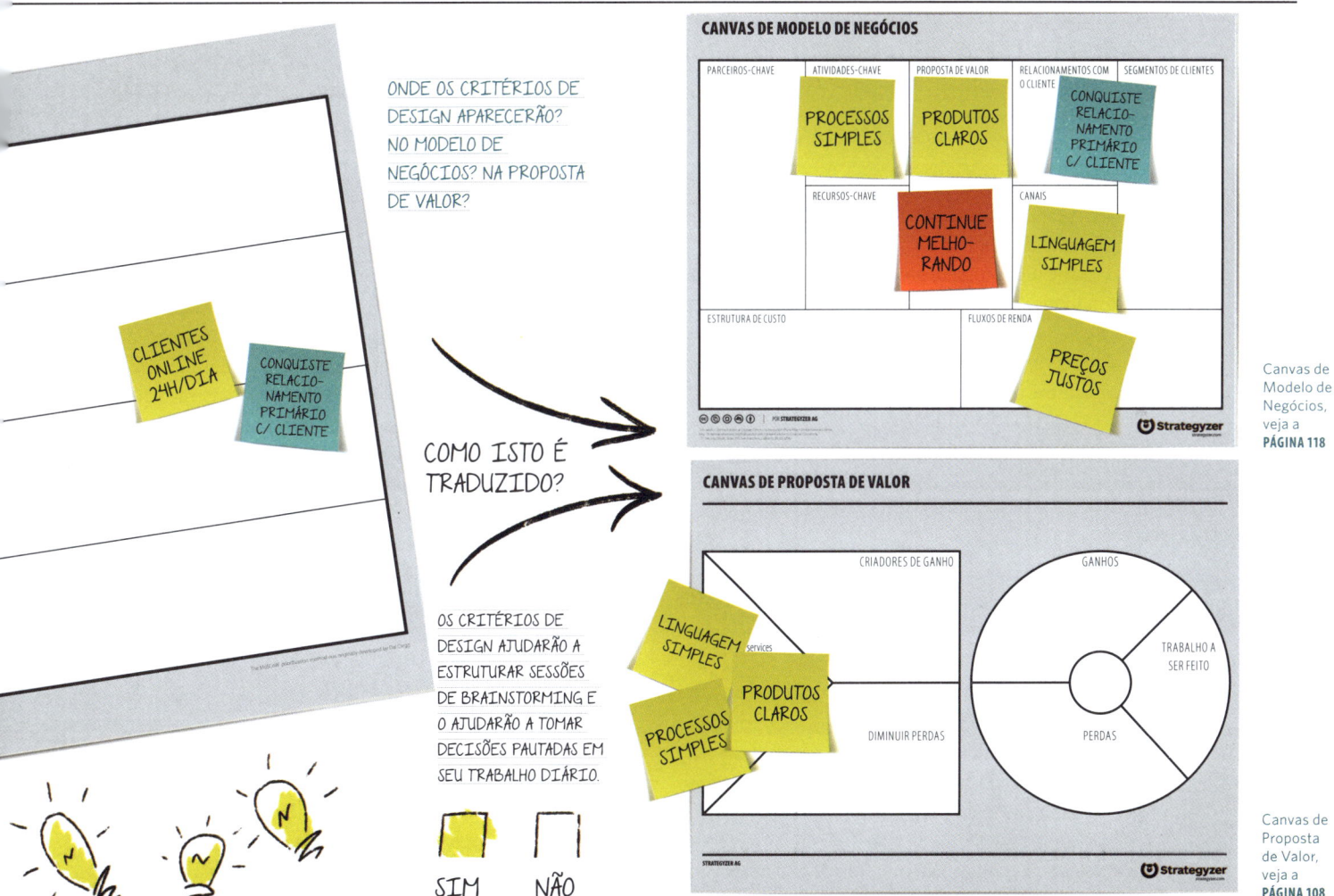

CRIADORES DE GANHO — GANHOS

LINGUAGEM SIMPLES — services

PRODUTOS CLAROS — TRABALHO A SER FEITO

PROCESSOS SIMPLES

DIMINUIR PERDAS — PERDAS

Canvas de Proposta de Valor, veja a **PÁGINA 108**

INTRODUÇÃO AO **STORYTELLING**

Como seres humanos, contamos histórias todos os dias. Usamos histórias para explicar, explorar, engajar e persuadir os outros. Durante a jornada de design, você precisará contar uma boa história em vários momentos. E, assim como as outras bases de sua estratégia, boas histórias podem ser planejadas.

É A NATUREZA HUMANA

Todos nascemos contadores de histórias. Alguns ganham a vida as contando. Outros permitiram que suas habilidades de contar histórias fossem enterradas pelo trabalho ou pelos estudos. O meio não faz o storytelling nem pode ser substituído por slides, e-mails ou tabelas. Embora estas ferramentas sejam usadas como canvas para contar uma boa história, primeiro você deve planejar a história que quer contar.

HISTÓRIA

Embora todos nasçamos contadores de histórias, nem todos aspiram a ser o próximo Hemingway. Mas há truques para contar ótimas histórias! Histórias podem ser planejadas. E, aqui, falamos sobre uma categoria ampla de storytelling, de conversas de pessoa para pessoa, de TED talks legais, a apresentações de vendas e até apresentações de salas de reunião. Estas são todas histórias.

CONHECIMENTO COMPARTILHADO

Histórias são como temos compartilhado conhecimento e informação desde o início dos tempos. Nossos cérebros são moldados pelo storytelling. Hoje, histórias ainda são a maneira mais poderosa de transferir ideias e crenças. Vivemos e respiramos histórias. Talvez isto pareça menos óbvio em nosso dia a dia, mas passar conhecimento ainda é uma habilidade vital em nosso kit de sobrevivência.

ENGAJAR

Pesquisas neurológicas mostram que as mesmas áreas são ativadas no cérebro de um ouvinte e no de um contador de histórias! Como histórias envolvem emoções e outros sentidos, o ouvinte pode "reviver" o momento e realmente aprender com ele. Isto é algo que os números em uma folha nunca poderão fazer. Em seu famoso livro *Ideias que Colam*, Chip e Dan Heath chegam a esta conclusão logo no início, quando lembram da lenda urbana popular (ou seja, história) sobre "o cara" que acorda em uma banheira cheia de gelo e percebe que um de seus rins fora retirado. Lembra dessa? A razão pela qual isto nos envolve é que, como os irmãos Heath apontaram, é simples, inesperado, concreto, crível e emocional.

MORTO PELO POWERPOINT

Então, se somos contadores de histórias naturais, por que ainda nos matamos de tédio com o PowerPoint? É porque a maioria de nós nunca aprendeu a planejar histórias. Mesmo na escola, fomos instruídos em escrita acadêmica e apresentação, o que é, muitas vezes, uma maneira não emocional, objetiva e eficaz de compartilhar informações, em vez de engajar.

PONTO DE VISTA >> FERRAMENTA >> **INTRODUÇÃO AO STORYTELLING**

O CANVAS DE STORYTELLING

Criamos um Canvas de Storytelling para facilitar a construção de uma história que as pessoas se importem em escutar. As apresentações em PowerPoint que você faz provavelmente carecem de profundidade emocional e do impacto que quer construir em uma história. Entretanto, as histórias que desenhamos podem ser contadas por meio do PowerPoint!

Como outras ferramentas neste livro, o canvas de história permite que você desenhe coletivamente histórias que ressoem: aproveitando elementos visuais, engajadores, perspicazes, controlados e inspiradores.

Para informações sobre apresentação de histórias visuais, leia: *Ressonância*, de Nancy Duarte.

HISTÓRIA COM H MAIÚSCULO

A história tem tido um papel significativo em todas as culturas, mas seu reconhecimento em culturas profissionais tem sido dolorosamente lento. Isto porque é mais fácil entregar um relatório objetivo do que uma apresentação bem elaborada que incorpora histórias.

Eu sei que "história" se tornou um clichê, mas é só a história com "h" minúsculo. Estou falando de história com "H" maiúsculo: a arte de comunicar suas ideias usando uma estrutura de narrativa persuasiva. É uma história que tem um começo, um meio e um fim e usa princípios dramáticos de tensão e contraste para conduzir seu público a diferentes estados de pensamento, sentimento e ação.

Nancy Duarte
Autora, diretora da Duarte, Inc.

75

FERRAMENTA **CANVAS DE STORYTELLING**

Criada por Thirty-X

O que você precisará entender ao planejar sua história é que deve haver um objetivo. O que você quer que seu público saiba, sinta ou faça em seguida? Seu objetivo precisa ser bem seletivo: você só pode tirar algumas conclusões em sua história!

TANGÍVEL
construa uma história

± 45 MIN
panela de pressão

3–5
pessoas por grupo

SEU PÚBLICO

Além de saber o que você quer alcançar, precisa entender quem é o seu público. Com o que eles se importam? Por que ouviriam sua história? Públicos diferentes precisam de histórias diferentes; o tamanho único não serve em todo mundo! Você pode até usar o lado certo do Canvas de Proposta de Valor ou um Canvas de Personalidade para mapear o público. Teste suas suposições: enquanto planeja e conta a história, reveja sua personalidade e atualize-o com o que aprendeu.

ANTES E DEPOIS

Para ter significado, sua história deve mudar seu público de alguma maneira. Suas crenças, emoções ou conhecimento devem ter sido transformados quando você terminar.

Como seu público se sentiu sobre seu objetivo antes de ouvir sua história? Se importam com ele agora? O que você quer que pensem assim que terminar? O segredo é tentar definir isto a partir da perspectiva do seu público. Tente usar argumentos que possam fazê-lo mudar de ideia e certifique-se de ter uma lista de pontos racionais, emocionais e éticos. Qual é sua "prova"? Você tem exemplos? Anedotas? Encontre aquelas que ressoam em seu público.

A MONTANHA-RUSSA EMOCIONAL

Uma boa história não é uma linha reta; tem altos e baixos. Agora, é a hora de considerar como você pode desenhar a própria montanha-russa emocional. Qual é seu momento de clímax? Ele será usado para chegar à conclusão principal.

TRÊS ATOS

Como a maioria das boas histórias, o canvas de história é dividido em três partes: começo, meio e fim. O começo é onde você faz a ambientação. O meio é onde colocará o recheio da história. E o fim é onde quer deixar seu público: em um estado mental novo. Divida os argumentos, exemplos e anedotas. E, para uma boa medida, insira um pouco de humor nos três atos. Agora, olhe novamente para a montanha-russa emocional. Você seguiu sua ideia? Ou quer mudá-la?

Outra coisa para considerar enquanto organiza as peças de sua história é acomodar diferentes estilos de escuta. Atenda aos ouvintes organizados e racionais primeiro; eles querem ter uma imagem clara do que você está falando para decidir se querem ouvir. Mas não se esqueça dos outros. Ouvintes emocionais são mais pacientes, mas precisam de emoção ou ficarão entediados. Agora que isso tudo está preenchido, você tem o esquema de sua história. ∎

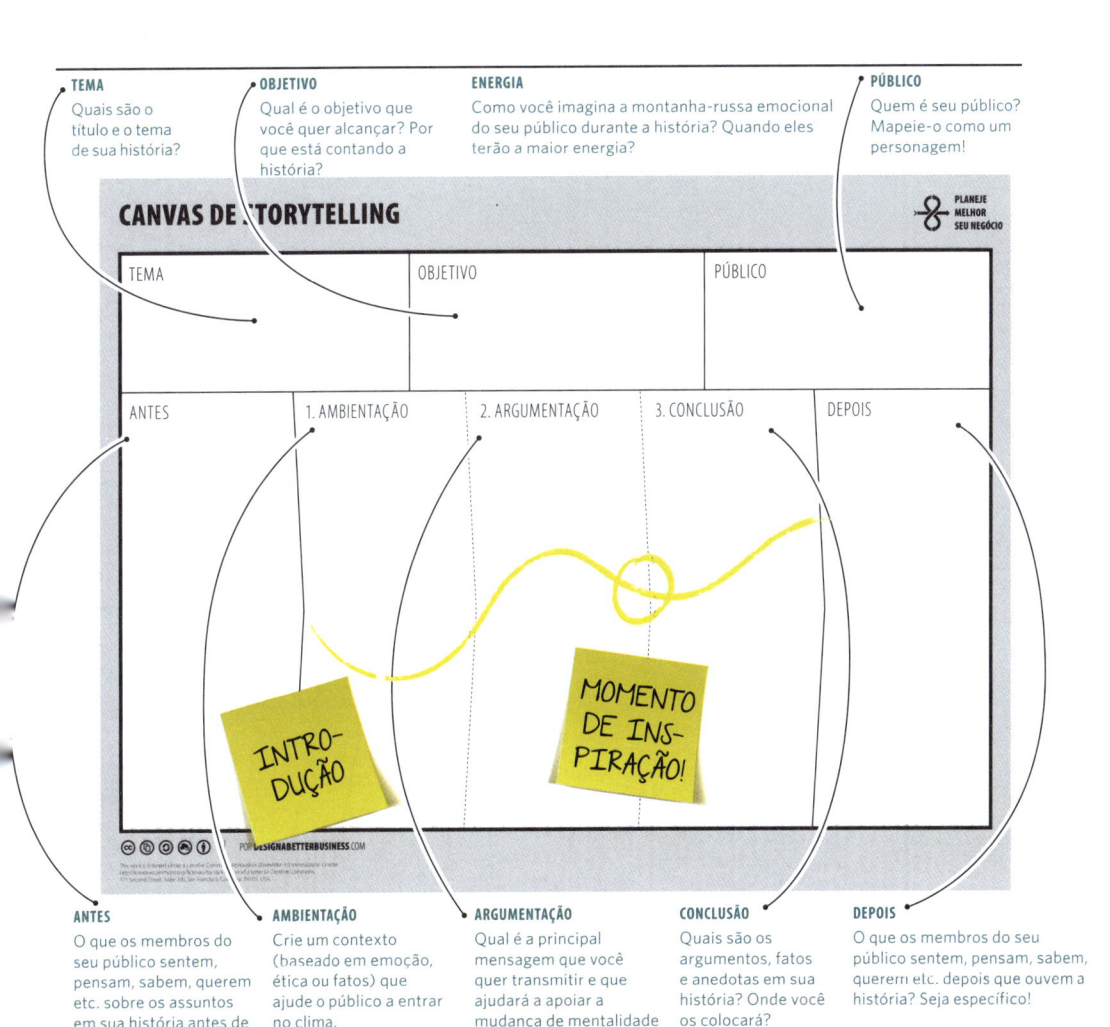

PONTO DE VISTA » FERRAMENTA » **CANVAS DE STORYTELLING**

TEMA
Quais são o título e o tema de sua história?

OBJETIVO
Qual é o objetivo que você quer alcançar? Por que está contando a história?

ENERGIA
Como você imagina a montanha-russa emocional do seu público durante a história? Quando eles terão a maior energia?

PÚBLICO
Quem é seu público? Mapeie-o como um personagem!

CANVAS DE STORYTELLING

TEMA	OBJETIVO	PÚBLICO

ANTES	1. AMBIENTAÇÃO	2. ARGUMENTAÇÃO	3. CONCLUSÃO	DEPOIS

INTRODUÇÃO

MOMENTO DE INSPIRAÇÃO!

ANTES
O que os membros do seu público sentem, pensam, sabem, querem etc. sobre os assuntos em sua história antes de ouvi-la?

AMBIENTAÇÃO
Crie um contexto (baseado em emoção, ética ou fatos) que ajude o público a entrar no clima.

ARGUMENTAÇÃO
Qual é a principal mensagem que você quer transmitir e que ajudará a apoiar a mudança de mentalidade de seu público?

CONCLUSÃO
Quais são os argumentos, fatos e anedotas em sua história? Onde você os colocará?

DEPOIS
O que os membros do seu público sentem, pensam, sabem, quererm etc. depois que ouvem a história? Seja específico!

DOWNLOAD
Faça o download do Canvas de Storytelling em www.altabooks.com.br

CHECKLIST

☐ Você tem uma ideia clara do que seu público pensa e sente.

☐ Você preparou argumentos claros para chegar a uma conclusão.

☐ Você tem uma conclusão forte para terminar sua história.

☐ Você sabe como administrar a energia durante sua história.

☐ Você conhece as possíveis armadilhas que encontrará e tem um plano B.

PRÓXIMOS PASSOS

➤ Teste sua história.

➤ Faça os recursos visuais.

➤ Experimente com o ritmo e a energia.

FERRAMENTA **CONTANDO A HISTÓRIA VISUAL** DA AUDI

Uma equipe da Audi precisava obter uma adesão dentro da companhia para seguir em frente com uma ideia para o futuro. O mundo dos carros muda rapidamente, e era necessário convencer a empresa logo. Esta era uma história importante para contar. Eis como eles a abordaram.

CANVAS DE STORYTELLING

TEMA	OBJETIVO	PÚBLICO	
O FUTURO DO TRANSPORTE	FAZÊ-LOS ADERIREM	LIDERANÇA DA EMPRESA	
ANTES	1. AMBIENTAÇÃO	2. ARGUMENTAÇÃO	3. CONCLUSÃO	DEPOIS

- DRONES
- NEGÓCIOS DE COSTUME
- VIDA PRIVADA DENTRO E FORA DO CARRO
- EXISTEM OPÇÕES FORA DO CARRO
- TECNOLOGIA EMERGENTE
- LIBERDADE DE ESCOLHA
- MAIS CARROS NAS ESTRADAS
- CARROS AUTODIRIGÍVEIS
- INVESTIR EM NOVAS IDEIAS

MARCA FORTE

1 PREENCHA O CANVAS COMO DESCRITO NAS PÁGINAS 75-76. CERTIFIQUE-SE DE INCLUIR TODAS AS ÁREAS.

2 SENTE-SE COM O ARTISTA VISUAL PARA DIAGRAMAR AS NOTAS ADESIVAS DO CANVAS EM UM (GRANDE) PEDAÇO DE PAPEL. FAÇA UM PRIMEIRO ESBOÇO. TODOS OS BLOCOS ESTÃO LÁ? SÃO A APARÊNCIA E A SENSAÇÃO CERTAS?

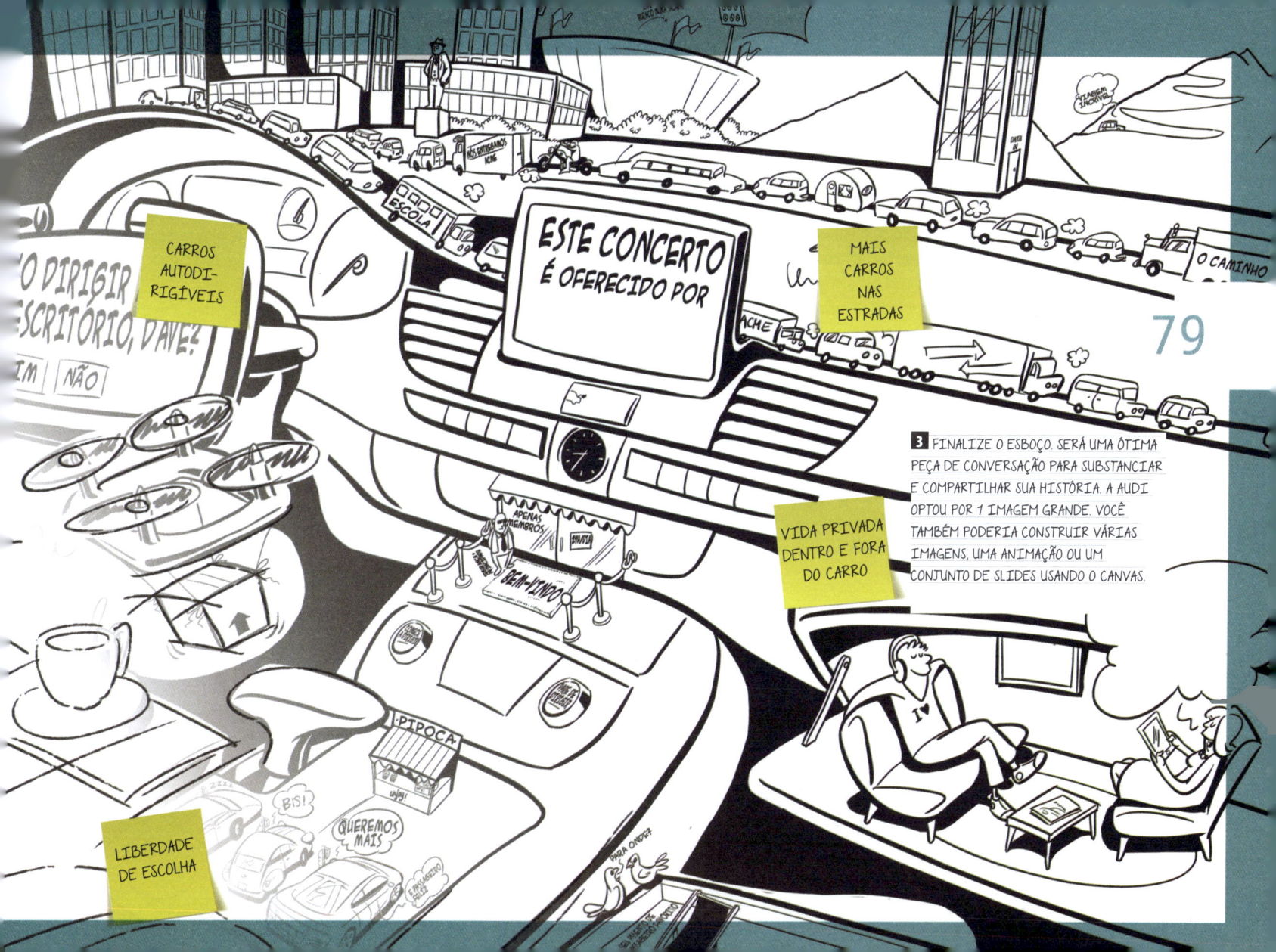

3 FINALIZE O ESBOÇO. SERÁ UMA ÓTIMA PEÇA DE CONVERSAÇÃO PARA SUBSTANCIAR E COMPARTILHAR SUA HISTÓRIA. A AUDI OPTOU POR 1 IMAGEM GRANDE. VOCÊ TAMBÉM PODERIA CONSTRUIR VÁRIAS IMAGENS, UMA ANIMAÇÃO OU UM CONJUNTO DE SLIDES USANDO O CANVAS.

DICAS DE **STORYTELLING**

O MOMENTO DE INSPIRAÇÃO

O momento de inspiração do público é algo que ele mesmo precisa criar. Deve ocorrer como uma faísca em seus cérebros. Pense nele como uma piada. Você pode contar uma, mas, se explicar muito, ninguém vai rir. Seu ponto principal deve ser um momento de inspiração. Não tente explicá-lo demais.

AVISO! Se a estiver apresentando a um investidor, os clientes do seu produto não são, necessariamente, o público de sua história. Seu investidor tem um conjunto de necessidades totalmente diferentes de seus clientes.

USE ANOTAÇÕES

Quando contar uma história em público, use anotações. Assim, você não precisa contar a história exatamente como aparece nos slides — e parecerá mais natural.

TENTATIVAS

Comediantes de stand-up fazem várias tentativas para transformar seu ato em um sucesso. E uma tentativa não é a mesma coisa que ensaiar a história diante do espelho. Este é só o primeiro passo. Encontre pessoas reais para ouvir sua história. Veja quando demonstram interesse e quando ficam confusas. Quando você perde o interesse delas?

USE RECURSOS

Assim como você terá que acomodar diferentes estilos de escuta, também precisará levar em conta as diferentes maneiras que seu público absorve informações. Algumas pessoas são mais visuais do que outras. Recursos ajudarão a expressar suas ideias ao mesmo tempo que fornecem algo com que o público possa se identificar.

O FIM É REALMENTE O FIM

Quando você terminar a história, termine mesmo. Permanecer no palco, falando sobre coisas não relacionadas, confunde seu público. Pense nisto: eles se lembrarão da última coisa que você disser. O que será?

- CONSTRUA SUA HISTÓRIA — Adicione uma anedota pessoal
- CONSTRUA SUA HISTÓRIA — Mude a ordem
- RESGATE — Faça uma pergunta ao público
- CONTE A HISTÓRIA — Varie seu ritmo
- RESGATE — Leve algumas piadas de reserva

PONTO DE VISTA » FERRAMENTA » DICAS » **STORYTELLING**

TENHA UM PLANO B
Contar uma história pode ser assustador, e nem sempre sairá como planejado. Invente algumas ações de "plano B" que você possa usar quando uma ideia não for transmitida. Use as cartas de resgate para planejar com antecedência!

ACHANDO QUE VOCÊ É A ESTRELA
Quando você conta uma história, não o faz para si mesmo. Você a conta para o público. Certifique-se de que eles sejam a estrela da história.

REFERÊNCIA CULTURAL
Se você fala para um público diferente e, certamente, se conta sua história em uma cultura diferente, terá um choque. Os exemplos e piadas que funcionaram tão bem antes podem não surtir efeito. Usar metáforas de futebol americano na Europa não funciona. E tente falar sobre críquete fora da Commonwealth… Teste suas histórias antes de as contar!

CANVAS DE JORNADA DO HERÓI
Todo destino de heróis de filme segue o mesmo caminho: tudo começa bem e, então, ele encontra um grande contratempo — normalmente no meio do filme. Esta maneira clássica de contar a saga (do herói) é uma fórmula perfeita a ser seguida. Use o Canvas de Jornada do Herói para planejar todas as etapas.

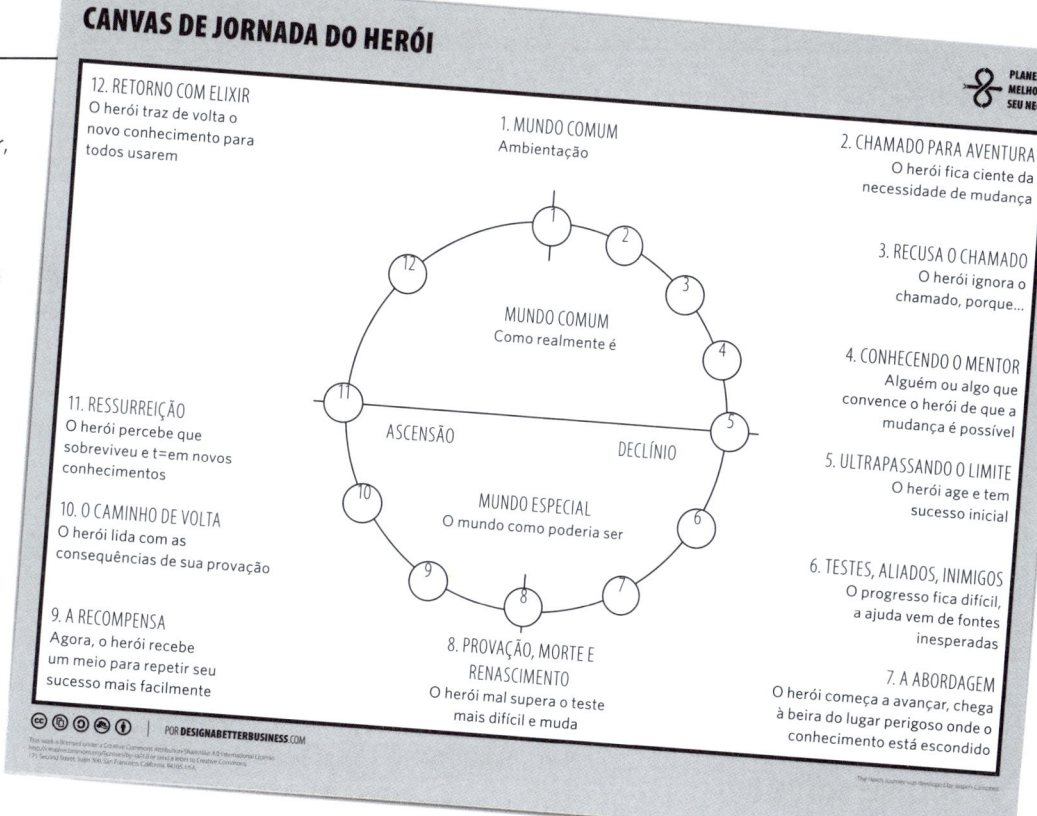

CANVAS DE JORNADA DO HERÓI

PLANEJE MELHOR SEU NEGÓCIO

12. RETORNO COM ELIXIR
O herói traz de volta o novo conhecimento para todos usarem

1. MUNDO COMUM
Ambientação

2. CHAMADO PARA AVENTURA
O herói fica ciente da necessidade de mudança

3. RECUSA O CHAMADO
O herói ignora o chamado, porque…

MUNDO COMUM
Como realmente é

4. CONHECENDO O MENTOR
Alguém ou algo que convence o herói de que a mudança é possível

11. RESSURREIÇÃO
O herói percebe que sobreviveu e t=em novos conhecimentos

ASCENSÃO — DECLÍNIO

5. ULTRAPASSANDO O LIMITE
O herói age e tem sucesso inicial

10. O CAMINHO DE VOLTA
O herói lida com as consequências de sua provação

MUNDO ESPECIAL
O mundo como poderia ser

6. TESTES, ALIADOS, INIMIGOS
O progresso fica difícil, a ajuda vem de fontes inesperadas

9. A RECOMPENSA
Agora, o herói recebe um meio para repetir seu sucesso mais facilmente

8. PROVAÇÃO, MORTE E RENASCIMENTO
O herói mal supera o teste mais difícil e muda

7. A ABORDAGEM
O herói começa a avançar, chega à beira do lugar perigoso onde o conhecimento está escondido

Para mais informações, leia: *O Herói de Mil Faces*, de Joseph Campbell.

81

AGORA VOCÊ...

> ESBOÇOU SUA VISÃO COMO UM **GRITO DE GUERRA** — P60

> TEM SEU PRIMEIRO CONJUNTO DE **CRITÉRIOS DE DESIGN** — P70

> PLANEJOU SUA HISTÓRIA PARA **CRIAR IMPACTO** — P76

PRÓXIMOS PASSOS

> **OBSERVE E QUESTIONE** — P90
> Conheça clientes (em potencial).

> **SAIA** — P104
> E teste suas suposições sobre visão.

> **ENTENDA SEU VALOR** — P108
> Como você adiciona valor para seus clientes atualmente?

> **ENTENDA SEU CONTEXTO** — P112
> Qual é o contexto em que você (quer) atua no momento?

RECAPITULAÇÃO

SEJA **UM REBELDE.**

UMA VISÃO É UM GRITO DE GUERRA PARA VOCÊ E SUA EQUIPE.

UMA VISÃO **NÃO É** UMA DECLARAÇÃO DE VISÃO.

CRITÉRIOS DE DESIGN SÃO **REFERÊNCIAS DE MUDANÇA.**

USE O STORYTELLING PARA **INSPIRAR E ESCALAR.**

PONTO DE VISTA >> **RECAPITULAÇÃO**

É, BEM, ESSA É SÓ SUA OPINIÃO, CARA.

83

«

ENTENDA

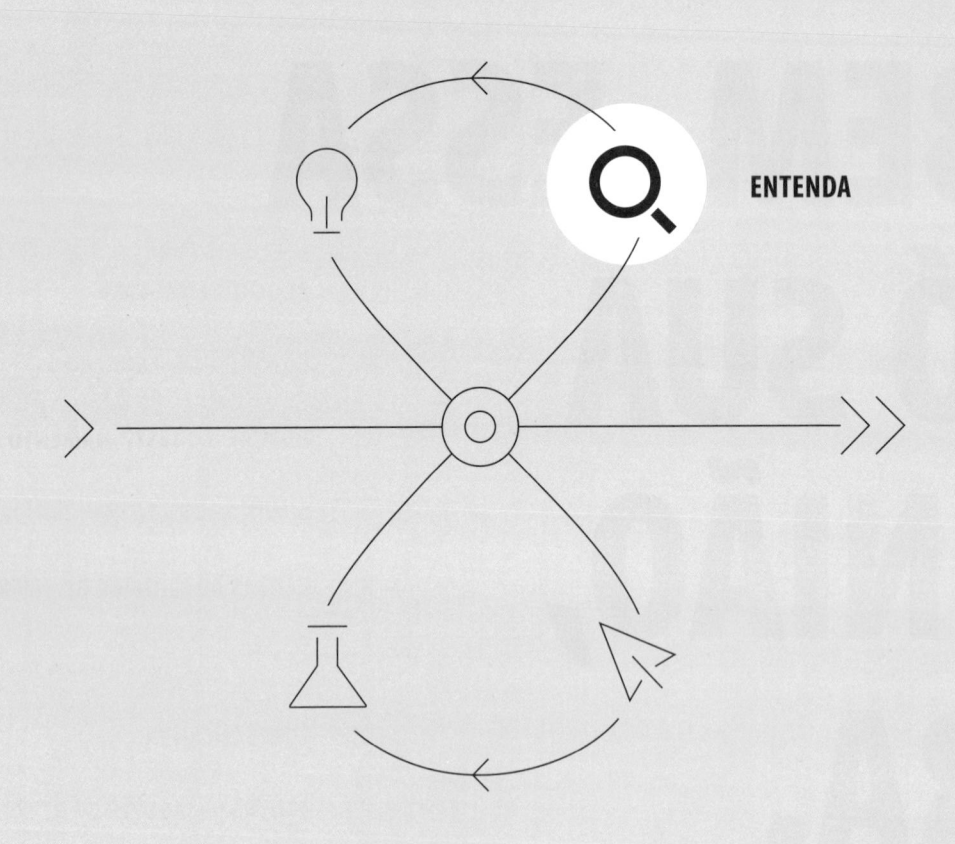

A JORNADA DO DESIGN **ENTENDA**

ENTENDA SEU CLIENTE

ENTENDA SEU CONTEXTO

ENTENDA SEU NEGÓCIO

INTRODUÇÃO	**PROCURE ENTENDER**	P86
HABILIDADE	**DOMINE A OBSERVAÇÃO**	P88
HABILIDADE	**DOMINE O QUESTIONAMENTO**	P90
CASO	**WAVIN ADORA ENCANADORES**	P94
FERRAMENTA	**CANVAS DE JORNADA DO CLIENTE**	P102
FERRAMENTA	**CANVAS DE PROPOSTA DE VALOR**	P108
FERRAMENTA	**CONTEXT CANVAS®**	P112
FERRAMENTA	**CANVAS DE MODELO DE NEGÓCIOS**	P118

PROCURE ENTENDER

Esteja você planejando uma mudança para sua empresa ou um novo produto para outra pessoa, as coisas que desenvolve são para pessoas, dentro ou fora de sua organização. Além dessas pessoas existe um contexto mais amplo, bem como seu modelo de negócios. Entenda isto e planeje o sucesso.

ONDE VOCÊ ESTÁ AGORA?

Como designer, você deve entender completamente o mundo em que faz negócios. Isto é verdadeiro esteja você em uma startup, em uma empresa com fins lucrativos ou não. Você deve conhecer seu cliente, seu contexto econômico abrangente (tendências, regulamentações, competição etc.) e os mecanismos internos de seu próprio negócio. Tudo isto abrange o DNA de sua empresa.

Por que isto é importante? As maiores e mais eficazes mudanças, estratégias e inovações de negócios vêm de encontrar as respostas escondidas no barulho. Elas podem existir fora de sua zona de conforto. Em alguns casos, é por uma boa razão. Mas como você saberá o que tem lá fora a não ser que pegue a estrada menos viajada e dê uma olhada por si mesmo?

Dominar a compreensão é o molho secreto do ótimo design. Designers abandonam suas zonas de conforto, explorando e experimentando coisas que outros julgam "ineficazes" ou "inúteis". E quando passam tempo fora da zona de conforto, os designers criam zonas de conforto maiores e mais diversas para si mesmos. Sua imagem do mundo fica mais rica e eles são mais propensos a encontrar perspectivas novas e animadoras que informam seus pontos de vista.

Mas exploração não é só criar inovações legais e novas. Explorar seu contexto e seu modelo de negócios ajudará a iluminar os pontos fortes e fracos subjacentes do negócio. Por exemplo, entender por que seus clientes também compram de seus concorrentes aprofunda o entendimento de seu próprio negócio. Na verdade, as necessidades de seus clientes quase certamente não são o que você pensa que são! A exploração profunda de seus clientes, contexto e negócio trará insights novos. Isto, por sua vez, dará a você uma compreensão melhor de como fazer o futuro trabalhar para você.

QUAL É SUA DESCULPA?

Pode ser difícil sair e explorar. É assustador deixar o conforto do seu escritório, onde todo mundo concorda e todos estão "certos". Afinal de contas, os relatórios internos parecem ótimos. Isto é especialmente verdadeiro para grandes empresas: a necessidade de executar leads perfeitos para uma perspectiva atual desproporcionalmente forte. Torna-se mais fácil executar quando você pode dividir o mundo rapidamente em coisas que "cabem" e que não cabem — em "certo" e "errado". Esta atitude é fácil e perigosamente ligada à reputação. Pessoas que estão sempre certas são reverenciadas; as que ousam estar erradas são banidas. Mas pergunte-se: você prefere estar certo ou ser bem-sucedido? O custo real de explorar normalmente é mínimo: frequentemente, resume-se a tempo. Nada mais. Nada menos. Para um designer, um cenário em que todos concordam e têm a mesma opinião é um grande aviso. Deve haver equilíbrio entre os negócios de costume e explorar o mundo fora dos negócios.

NÃO SE ESTRESSE!

É normal sentir incerteza e estresse enquanto transita para essa nova abordagem explorativa. Reunir dados conflitantes e qualitativos requer uma nova maneira de pensar. É vital adiar qualquer análise e julgamento até depois de ter tido tempo para simplesmente observar. Será muito tentador querer encaixar imediatamente novas informações na perspectiva existente.

Com o tempo, você aprenderá a trabalhar com os novos insights e informações. Desenvolverá um instinto para ir além da zona de conforto, equilibrando conforto com estar desconfortável. Você vai vivenciar um fluxo constante de novas informações sobre como o mundo afeta seu negócio, e como seus clientes se comportam, quais são suas dificuldades, do que gostam e do que não gostam. Quanto melhor (e mais) você observar seus clientes, contexto e negócio, mais transmitirá o próprio ponto de vista e melhor será sua jornada de design. É simples assim.

ENTENDA SEU CLIENTE

Por fim, a coisa mais importante para entender são seus clientes. Se você não sabe o que valor significa para eles, não consegue ser relevante para eles. Supor que conhece seus clientes é perigoso. Saia do escritório e descubra quais são as necessidades deles. Você não se arrependerá!

ENTENDA SEU CONTEXTO

Também é necessário entender o campo em que está atuando. Quais são os condutores-chave que influenciam seu negócio? Quais são as tendências? Quais são as mudanças esperadas no clima político e econômico? Quais são as grandes incertezas? Quem mais atua no campo com você? Quem são os competidores e quais são os novos players? O mundo está mudando. Como designer, você precisará mudar com ele.

ENTENDA SEU NEGÓCIO

Para fazer as mudanças que busca, você deve entender intimamente como seu negócio funciona. Como você cria valor? Quem é seu cliente? Isto pode parecer fácil, mas, na prática, nem sempre fica exatamente claro como o motor de qualquer negócio realmente cria, entrega e captura valor. Se você consegue compreender e definir como seu negócio funciona, também pode descobrir outros modelos de negócios, como os de sua concorrência. Isto não significa que você deve seguir cegamente seus concorrentes: é para entender como (e se) eles resolvem problemas de outras maneiras.

DOMINE A **OBSERVAÇÃO**

A observação influenciará seu jeito de pensar sobre seus clientes e o ajudará a entendê-los melhor. Ela transmitirá seu ponto de vista e ajudará a validar ou invalidar suas suposições. Mas, como qualquer coisa, há maneiras certas e não tão certas de observar o mundo a seu redor.

SEJA UMA MOSCA NA PAREDE

Pense nisto: você se senta para tomar uma xícara de café ou chá. Como abriria o pacote de açúcar? Está bem, sinta-se à vontade para continuar lendo. Retornaremos ao pacote de açúcar daqui a pouco.

A observação influenciará seu jeito de pensar sobre seus clientes e o ajudará a entendê-los melhor. A observação mudará a maneira como você inova. Mas, como qualquer coisa, há maneiras certas e não tão certas de observar o mundo a seu redor.

Enquanto analisa seus clientes em potencial, seu objetivo é descobrir suas necessidades, desejos e ambições latentes — os tipos de coisas que podem nem saber que precisam ou querem. Muitas vezes, são coisas que as pessoas não seriam capazes de dizer a você que querem. O corredor corre só para ficar em forma? Talvez esteja correndo para não se sentir culpado por comer pizza aos finais de semana. Observe-o por um tempo e em ocasiões diferentes, e você pode descobrir.

SEJA UMA MOSCA NA PAREDE

Um jeito bom de pensar sobre observação é agir como uma mosca na parede, observando pessoas em seu habitat natural, encontrando os momentos-chave em suas vidas. As decisões que seus clientes tomam diariamente são importantes. Afinal, são elas que os levam não só a fazer o que fazem hoje, mas que também afetarão o que farão amanhã. E, assim como um pesquisador não diz à sua cobaia que um placebo é só um placebo, você também não deve dizer a seus clientes o que está tentando aprender com eles. Apenas observe por um tempo. Você quer que as pessoas ajam natural e inconscientemente, como se você não estivesse lá.

NÃO CHEGUE DE MÃOS VAZIAS

Antes de se aventurar a observar seus clientes, precisará planejar um pouco. Primeiro, defina o objeto de sua observação. Quais pessoas e atividades ou comportamentos você planeja observar? Pré-selecione o ambiente ou local que quer observar.

Onde seus clientes estarão em diferentes horas do dia? Isto, é claro, é crucial, já que pessoas executam diversas atividades ao longo do dia. Se você estiver empolgado em observar pessoas se exercitando, por exemplo, planeje ir ao parque, academia, pista de corrida etc., pela manhã ou fim de tarde. Não se esqueça de levar materiais para registrar suas descobertas, como cadernos, fotos, desenhos e vídeos. Seria uma pena esquecer momentos importantes. Ou pior, não ser capaz de dividi-los com sua equipe.

Por fim, quando começar a explorar e observar, deixe de lado seu ponto de vista e suposições. Não julgue, apenas absorva. E a resposta para a pergunta do pacote de açúcar: você chacoalha antes de abrir.

ENTENDA >> HABILIDADE >> **DOMINE A OBSERVAÇÃO**

PENSE COMO UM **DESIGNER**

Você pode aprender a pensar e trabalhar como um designer. Trata-se de alternar entre diferentes perspectivas para encontrar soluções. Como designer, as três perspectivas mais importantes são a própria perspectiva, a do seu negócio e a de seus clientes ou sociedade. Quando minha equipe se envolve com trabalhos de design, precisamos conhecer a perspectiva do cliente. Quero garantir que estamos na mesma página. Parte dessa perspectiva inclui o entendimento de que seus clientes investem tempo, dinheiro e esforço para fazer dinheiro. Se não compartilhamos essa perspectiva, não há razão em nos reunirmos em uma jornada de design.

O design thinking é mais relevante hoje do que nunca. Cada vez mais se torna importante planejar e ser ágil, flexível e adaptável. O mundo se transforma cada vez mais rápido. Como parte dessa mudança, as pessoas têm mais acesso à informação — e a compartilham mais do que nunca. Enquanto o conhecimento costumava ser a qualidade mais importante nos negócios, hoje, a habilidade de buscar e encontrar oportunidades na incerteza substituiu o conhecimento como a qualidade mais importante em empresários.

Ad van Berlo
Chairman,
VanBerlo Group

NÃO VÁ DE MÃOS VAZIAS. LEVE MATERIAIS PARA GRAVAR, ANOTAR E RABISCAR SUAS DESCOBERTAS. ASSIM, SERÁ MAIS FÁCIL LEMBRAR DE CADA DETALHE E COMPARTILHÁ-LOS COM SUA EQUIPE.

DOMINE O **QUESTIONAMENTO**

Juntamente com a observação, questionar é primordial para entender com o que seus clientes se importam e por quê. Questionar levará a uma imagem mais rica das vidas de seus clientes e informará seu ponto de vista. E assim como a observação, há algumas regras simples para obter os insights que você procura.

QUESTIONE O QUE VOCÊ VÊ

Observar seus clientes em seus habitats naturais lhe dirá muito sobre o que fazem, com o que se importam e quais decisões tomam. Entretanto, observá-los não lhe diz, necessariamente, por que tomam determinadas decisões. Na verdade, observar seus clientes sem questioná-los acabará resultando em suposições compostas.

No exemplo anterior do corredor que anseia por pizza, você precisaria observar essa pessoa durante muitos dias antes de entender por que ele corre todos os dias. Você pode até gerar novas suposições baseadas nas diferentes rotas que ele toma. Entretanto, se você o parasse e fizesse perguntas sobre seu estilo de vida, provavelmente começaria a deduzir o que a corrida (e a pizza) significa para ele. Somado aos dados que compilou enquanto o observava correr, através do questionamento você criaria uma imagem muito mais rica — que certamente forneceria uma compreensão mais aprofundada de por que ele corre em primeiro lugar.

FAZENDO AS PERGUNTAS CERTAS

Não se trata das respostas que você obtém, mas de fazer as perguntas certas. As perguntas certas sempre levarão a conversas interessantes e eficazes. Então, como podemos fazer as perguntas "certas"? Quando você realmente quer entender a situação atual, evite perguntas de sim ou não (ou seja, perguntas fechadas) bem como menções a produtos: você terá conversas melhores e, por fim, chegará ao que realmente importa.

Sempre que possível, observe e questione os mesmos clientes. Observe-os primeiro e aprenda por suas ações em vez de suas opiniões. Então, questione-os sobre as escolhas que fazem e por que as fazem, incluindo por que se importam em fazer o que estão fazendo. Depois, observe-os novamente.

No exemplo mencionado, você poderia perguntar ao corredor se ele prefere pizza de calabresa ou portuguesa. No entanto, poderia simplesmente observar o que ele pede (mas se você estiver tentando entender por que ele prefere uma à outra, terá que falar com ele).

REGRAS DE OURO

- Pessoas mentirão para você se acharem que é o que você quer ouvir.

- Opiniões são inúteis. Elas mudam com base no contexto e não oferecem prova do que é real.

- Pessoas sabem quais são seus problemas, mas não sabem como resolvê-los.

- Alguns problemas não importam. Para um martelo tudo parece prego. Mas nem todo problema precisa de uma solução.

- Observar alguém realizar uma tarefa mostrará a você onde estão os problemas e ineficiências, não onde os clientes acham que estão. ∎

ENTENDA » HABILIDADE » DOMINE O QUESTIONAMENTO

TODO MUNDO **MENTE**

As pessoas dizem: não pergunte à sua mãe se seu negócio é uma boa ideia ou não. Sua mãe mentirá para você (porque ela o ama). Na verdade, todo mundo para quem você perguntar mentirá (pelo menos um pouco). O ponto é que você não deveria fazer esta pergunta a ninguém, porque é inútil. Não é responsabilidade deles lhe mostrar a verdade. É sua responsabilidade encontrá-la.

Rob Fitzpatrick escreveu *The Mom Test* devido à própria experiência (ruim): "Passamos 3 anos construindo tecnologia de propaganda social e ficamos sem o dinheiro do investidor. Eu havia conversado com clientes durante meses. E, então, vi que estava fazendo tudo errado!"

Em seu livro, ele descreve três regras simples para seguir quando fizer as perguntas certas:

1 Fale sobre a **vida do cliente** em vez de sua ideia.

2 Pergunte sobre coisas **específicas** no passado em vez de generalidades ou opiniões sobre o futuro.

3 Fale menos e **escute mais**.

Rob Fitzpatrick
Fundador do Founder Centric
Autor, *The Mom Test*

ALGUMAS PERGUNTAS RUINS:
(remediáveis ao perguntar sobre suas vidas como são)

✖ VOCÊ ACHA QUE É UMA BOA IDEIA? — SÓ O MERCADO PODE DIZER SE SUA IDEIA É BOA. O RESTO É OPINIÃO.

✖ VOCÊ COMPRARIA UM PRODUTO QUE FIZESSE X? — A RESPOSTA PARA UMA PERGUNTA COMO ESTA É QUASE SEMPRE "SIM".

✖ QUANTO VOCÊ PAGARIA POR X? — TÃO RUIM QUANTO A ÚLTIMA E, PROVAVELMENTE, O ENGANARÁ, PORQUE O NÚMERO FAZ PARECER RIGOROSO E VERDADEIRO.

ALGUMAS PERGUNTAS BOAS:

✔ POR QUE VOCÊ SE IMPORTA? — ÓTIMA PARA IR DO PROBLEMA PERCEBIDO PARA O REAL!

✔ QUAIS SÃO AS IMPLICAÇÕES DISTO? — AJUDA A DIFERENCIAR ENTRE PROBLEMAS REAIS E IRRITANTES.

✔ CONTE-ME SOBRE A ÚLTIMA VEZ QUE ISTO ACONTECEU. — SUA PROFESSORA DE REDAÇÃO DO ENSINO MÉDIO PODE TER LHE CONTADO QUE BOAS HISTÓRIAS SÃO PARA "MOSTRAR, NÃO CONTAR".

Para mais informações, leia: *The Mom Test*, de Rob Fitzpatrick.

HISTÓRIAS DE ENTENDIMENTO

O MOMENTO CLARO

A equipe de uma grande empresa de manufatura de produtos juvenis passou um tempo explorando a jornada de seus clientes. Seu momento de realização aconteceu quando perceberam que a jornada começava muito mais cedo do que supunham. Os pais começam a planejar compras de produtos não no momento do nascimento, mas no momento em que descobrem que estão grávidos — ou até antes disto! Mapear isso no papel permitiu que a equipe abordasse a questão.

PRIMEIRAS IMPRESSÕES

Quando adotaram o design thinking, a equipe em um grande hospital da Holanda decidiu dar uma olhada (com os próprios olhos) em como as pessoas vivenciavam as visitas ao hospital. Eles pegaram uma câmera e fizeram o caminho dos pacientes. Além de descobrir que o estacionamento era incrivelmente escuro e difícil de transitar, perceberam que a primeira coisa que os pacientes viam quando estacionavam era o cartaz de um restaurante de fast-food. Nada do que eles esperavam!

LEIA MEU PRONTUÁRIO, IMBECIL!

Médicos achavam que a maior dor que seus pacientes sentiam eram as longas filas de espera nos consultórios. Quando um médico perguntava sobre esta dor durante a consulta do paciente, este dizia: "Isso não me incomoda muito. Mas, da próxima vez que vier para uma consulta, por favor, leia meu prontuário com antecedência. E meu nome não é Susan!"

FIQUE ESPERTO

Uma empresa de seguros supôs que havia uma grande lacuna no mercado e formulou um ótimo plano para se posicionar nela. Mas, primeiro, queriam desafiar esta suposição. Duas pessoas saíram em uma scooter com uma câmera. Em uma hora, reuniram o máximo de respostas possíveis das pessoas nas ruas. Quando os resultados foram mostrados ao cliente, as "primeiras reações" rudes de potenciais consumidores os forçaram a reconsiderar suas suposições.

ENTENDA >> HISTÓRIAS >> **ENTENDIMENTO**

PARADOXO DE COMPRAS

Uma startup queria criar um app que ajudasse mães a ter uma experiência mais fácil e melhor ao comprar mantimentos. Eram necessários mais insights para os fundadores saberem exatamente o que criar.

Primeiro, começaram a dialogar com clientes em potencial sobre seus hábitos de compra de mantimentos. Compararam essas conversas com o que viram enquanto observaram o grupo fazendo compras de mantimentos.

Embora as mães estivessem certas sobre suas rotinas diárias de compras, a verdade era diferente! Quando questionadas, todas as mães responderam que compravam produtos versáteis e saudáveis. Entretanto, quando chegavam à loja, a maioria abandonava as listas de compras e priorizava ofertas e preço!

Essas são mentirinhas leves? Não importa. O importante é que se você estiver procurando insights válidos, observar é tão importante quanto fazer perguntas (certas). Não acredite em tudo o que seu cliente fala!

LIMPANDO A CASA DA AVÓ?

Diminuir o preço por hora para limpar a casa foi a estratégia de uma empresa de cuidados domiciliares de idosos. Depois de visitar várias vovós, ficou claro que o valor estava na atenção que as avós recebiam, não na casa limpa.

Como resultado, a empresa começou a dar iPads para as vovós. Isto permitiu que elas se conectassem com seus netos e ofereceu a elas serviços através do app da empresa.

A VERDADE ESTÁ BEM NA SUA FRENTE, SE VOCÊ ESCOLHER VÊ-LA.

93

COMO O DESIGN THINKING AJUDA VOCÊ A ENTENDER SEU CLIENTE »

wavin
CONNECT TO BETTER

ESTUDO DE CASO

WAVIN ADORA ENCANADORES

EU NÃO CONSEGUIA ACREDITAR QUE CONSTRUIR MAIS UMA FÁBRICA MELHORARIA OS RESULTADOS DE NEGÓCIOS. EU QUERIA EXPLORAR MAIS OPÇÕES, MESMO QUE ISSO SIGNIFICASSE IR CONTRA A CORRENTE.

ENTENDA >> CASO >> **WAVIN ADORA ENCANADORES**

Wavin, uma grande fabricante (b2b) de canos de plástico usados principalmente para drenagem e suprimento de água, manteve uma posição forte durante anos no mercado turco. Em 2013, a participação de mercado da empresa caiu, tirando-a das 3 principais. Os canos de plástico da Wavin eram vistos como mercadoria, e a competição era baseada somente no preço. O CEO perguntou: Como podemos retomar nossa posição de líder de mercado?

Richard van Delden
Diretor executivo, Cadeia de Fornecimento e Operações

Agosto de 2013: Wavin queria se tornar líder do mercado turco. A equipe de gerência local assumiu a tarefa de elaborar um plano de negócios.

Setembro de 2013: Wavin queria construir outra fábrica. A fábrica atual, em Adana, era muito longe da cidade turca mais populosa, Istambul. Acreditou-se que uma nova fábrica em Istambul colocaria Wavin no caminho certo novamente.

VAMOS CONSTRUIR UMA FÁBRICA!

Dado o desafio do CEO, a equipe de vendas mergulhou nos números e criou o que acreditava ser uma solução viável: construir uma nova fábrica. Da perspectiva da equipe de vendas, construir uma nova fábrica, para produzir canos mais perto do mercado em crescimento de Istambul, permitiria que a empresa competisse em preço. Para dar embasamento a este ponto, a equipe de vendas submeteu um plano de negócios para o CFO e também para Richard. Foi dada a largada.

MAIS CAPACIDADE? MESMO?

Richard van Delden: quando vi o plano de negócios pela primeira vez, para a fábrica de €60 mil, fiquei chocado. Recebi uma descrição detalhada de como uma fábrica construída em Istambul poderia produzir e vender canos a um preço mais baixo. Com capacidade de produção suficiente nas proximidades, outra fábrica realmente nos ajudaria a recuperar a participação de mercado? Como esta opção afetaria nossa margem? A equipe de vendas estava

WAVIN **DESCOBRINDO** UM NOVO FUTURO

Outubro de 2013: um memorando interno do CEO foca o cliente.

Ao conversar com um encanador na rua, Richard percebeu que nenhum encanador conhecia a marca Wavin.

Outubro de 2013: prova real! Se a Wavin precisava entender o cliente e seu trabalho, essa informação poderia ser usada para criar mais opções para aumentar sua participação de mercado?

convencida de que precisava ser capaz de produzir mais perto do mercado principal e ter o estoque à mão. "Agora, nossos clientes querem produtos com o menor preço possível!" Eu queria explorar outras opções. Acima de tudo, queria entender o que nossos clientes compravam e por quê.

NÓS NÃO CONHECEMOS NOSSOS CLIENTES

Richard: um dia, enquanto estacionava meu carro em Amsterdã, passei por um canteiro de obras onde vi produtos Wavin. Eu iniciei uma conversa com um dos empreiteiros de encanamento no local, que afirmou: "Meus clientes querem a melhor qualidade, mas não conhecem a Wavin." Uma lâmpada acendeu em minha cabeça: "Nós não conhecemos nossos clientes!"

PROVA REAL

Richard e o CFO Andres Capdepon tomaram a ousada decisão de, primeiro, entender o que seus clientes realmente queriam e precisavam antes de decidir sobre o que fazer em seguida.

SAFÁRI

Para aprender com seus clientes, uma equipe de funcionários da Wavin Turquia, bem como Richard e Andres, visitou canteiros de obras em que puderam observar clientes em seus habitats (trabalho) naturais. A equipe reuniu diversos insights durante sua semana de visitas. Juntos, aprenderam que havia uma diferença enorme na qualidade entregue por encanadores no local devido ao uso inadequado de equipamentos e materiais. A equipe também aprendeu que os distribuidores adoravam a marca nas lojas. E, de igual importância, os distribuidores fazem mais do que vender e distribuir canos. Eles também têm o papel social importante de conectar encanadores. À medida que a equipe fazia mais perguntas aos encanadores, empreiteiros e distribuidores, descobria um conhecimento oculto — que levou a ainda mais perguntas.

AHÁ! (NÃO SÃO OS CLIENTES QUE VOCÊ PENSAVA!)

Depois das visitas, alguns clientes foram convidados para um hotel local em Istambul, para conhecer a equipe de

ENTENDA ›› CASO ›› **WAVIN ADORA ENCANADORES**

AHÁ: ENCANADORES SÃO NOSSOS VERDADEIROS CLIENTES

Saia do escritório. Uma equipe especial da Wavin partiu em um safári para visitar canteiros de obras. Observar e aprender com o que os encanadores e instaladores estão lidando.

Janeiro de 2014: a Wavin percebeu que empreiteiros mecânicos não eram seus clientes. Não poderiam oferecer uma proposta de valor a eles. Mas que poderiam fazer uma grande diferença para os encanadores.

Por fim, foi tomada a difícil decisão de cancelar totalmente a construção da fábrica, já que não ajudaria a alcançar a meta. Isto causou muita decepção para os membros da equipe que estiveram envolvidos em desenhar as plantas para a fábrica.

Junho de 2014: a Wavin abriu sua (primeira) academia na Turquia. Agora que têm prova de conceito, sabem quem realmente é seu cliente e como criar valor (com seu cliente). A Wavin está pronta para ampliar a academia para outros locais.

projetos e dar feedback sobre várias ideias geradas pela equipe. Os encanadores ficaram muito interessados em tudo que a Wavin podia fazer para ajudá-los a realizar um trabalho melhor e entregar resultados de maior qualidade. A descoberta mais importante da equipe foi que os encanadores queriam vídeos explicativos profissionais, manuais do produto e conexões diretas com especialistas da Wavin mais do que queriam preços baixos. Fornecer esses serviços tornaria a Wavin competitiva e entregaria resultados de melhor qualidade a seus clientes. Foi uma grande surpresa para a equipe da Wavin. Eles usaram esse conhecimento para projetar uma nova abordagem direcionada à comunidade: eles ajudariam seus clientes a se tornar encanadores melhores compartilhando conhecimento (e chá) uns com os outros. Esta abordagem se transformou na (gratuita) Wavin Academy.

COMPARTILHANDO CONHECIMENTO

Os primeiros protótipos da Wavin Academy foram um sucesso. Como tal, a equipe de projetos decidiu construir a Wavin Academy no local de produção em Adana, Turquia. O centro abriu alguns meses mais tarde, em junho de 2014. "No momento, mais de 7 mil pessoas visitaram a academia (veja a página do Facebook)", disse Orhun. "Quando entrei para a equipe turca, sabia que era a melhor maneira de nos relacionarmos com os clientes. Nós os instruímos, aprendemos com eles e construímos relacionamentos melhores de formas que a fábrica não faria. Resumindo, nos tornamos importantes para nossos clientes — e eles para nós — de maneiras que nunca imaginamos serem possíveis."

A MORAL DA HISTÓRIA É…

Richard: Embora a fábrica pudesse ter sido uma boa opção para ampliar nossa participação no mercado turco, percebemos ››

Um exemplo de anotações feitas durante a observação e entrevista.

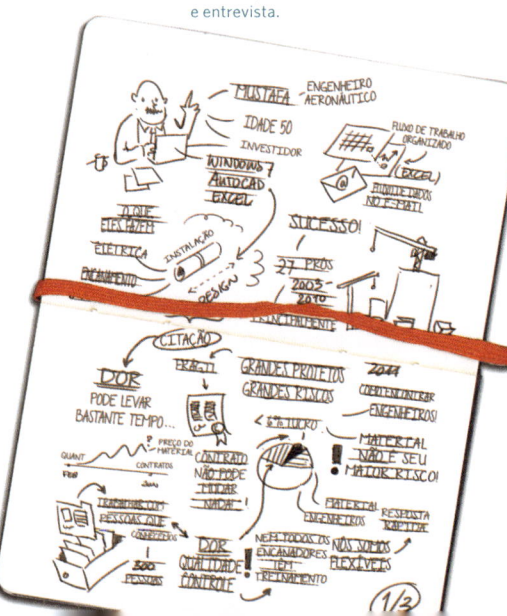

WAVIN **DESCOBRINDO** UM NOVO FUTURO

O QUE BUSCAREMOS

- ESCRITÓRIO
- QUÃO BEM ORGANIZADO É O NEGÓCIO?
- ELES USAM COMPUTADORES + SOFTWARE?
- QUANTAS PESSOAS VOCÊ VÊ NO TRABALHO?
- LOCAL DE TRABALHO
- O QUE AS PESSOAS ESTÃO FAZENDO?
- COMO PARECEM ESTAR SE SENTINDO?
- COMO É O EQUIPAMENTO? OS MATERIAIS?

ENTREVISTAS

- CHEFE
- ENGENHEIRO
- COMO VOCÊ EXECUTA PROJETOS?
- O QUE FUNCIONA BEM?
- O QUE É SUCESSO?
- O QUE É DESASTRE?
- O QUE SÃO TRABALHOS DIFÍCEIS?
- O QUE SÃO TRABALHOS FÁCEIS?
- QUAIS SÃO SEUS OBJETIVOS DE NEGÓCIOS?
- QUAL É SEU MAIOR DESAFIO?
- E DAQUI A 3 ANOS?
- COMO É UM DIA BOM?
- PERGUNTE SOBRE HISTÓRICO DE NEGÓCIOS
- O QUE SEU PESSOAL PRECISA PARA O SUCESSO?
- SEU TRABALHO FAVORITO? POR QUÊ?

Um exemplo de perguntas a serem feitas durante entrevistas como metas para observação.

que o plano de negócios para a fábrica era baseado em suposições sobre o mercado e os trabalhos, as necessidades e os desejos de nossos clientes. Sabíamos que havia outras opções dignas de serem exploradas. Então, em vez de gastar tempo discutindo sobre a única opção apresentada, decidimos primeiro validar nossas suposições e aprender com nossos clientes. Nós saímos do escritório.

Ao fazer isso nós mesmos, aprendemos mais do que se tivéssemos apenas contratado uma empresa para fazer o estudo de mercado. Ao encontrar nossos clientes em seu território, descobrimos o contexto e o significado oculto e elaboramos novas questões baseadas no que aprendemos. As respostas a essas questões, é claro, levaram a ainda mais insights sobre nossos clientes e o mercado de encanamento comercial na Turquia. Também construímos relacionamentos duradouros com as pessoas que instalam e usam nossos produtos.

No fim das contas, investimos algumas centenas de milhares de dólares na primeira Wavin Academy, em vez das dezenas de milhões de dólares que nos preparávamos para despejar na fábrica. Agora, temos um centro de distribuição em Istambul, que fica mais próximo de nossos clientes. E, com a Wavin Academy, temos um espaço de construção, onde podemos interagir com nossos clientes e que, no fim, ajuda a fortalecer a marca Wavin em suas mentes. Agora, o design thinking está no centro de nosso negócio. ■

ENTENDA >> CASO >> **WAVIN ADORA ENCANADORES**

Uma nova Wavin Academy na Turquia. Ela foi um sucesso tão grande que se tornou modelo para todas Wavin Academies no mundo inteiro.

OS ENCANADORES ADORARAM QUE A WAVIN PUDESSE AJUDÁ-LOS A FAZER UM TRABALHO MELHOR.

ENTENDA O CLIENTE

Era uma vez um negócio. Esse negócio realmente entendia seus clientes. Por causa disto, os produtos e serviços do negócio se tornaram populares, e ele começou a crescer. Os gerentes vieram, os processos foram estabelecidos e os sistemas foram posicionados. Lentamente, a curiosidade deu lugar à eficiência.

Por um tempo, o negócio continuou indo bem: os clientes continuaram a comprar seus produtos e a proposta de valor permaneceu relevante. Mas, então, as vendas começaram a cair. Nenhum dos gerentes sabia o porquê. Não fazia sentido: as tabelas nunca previram que isso aconteceria. De acordo com o que os gerentes sabiam, os clientes ainda deveriam comprar o produto. Mas não o faziam. A empresa se tornara complacente, irremediavelmente sem contato com o cliente.

TODOS JÁ VIMOS ESTA HISTÓRIA

Em retrospectiva, é fácil dizer que não é assim que se gerencia um negócio. Ainda assim, isto acontece todos os dias. Livros e artigos de negócios estão repletos de histórias sobre empresas um dia famosas que faliram porque não conseguiram mudar: armazéns comerciais, gravadoras, telecomunicação, editoras etc. Então, por que os negócios são vítimas de sistemas e procedimentos ultrapassados?

Há uma tendência natural de codificar o que você sabe sobre clientes, para que o conhecimento possa ser ampliado e a tomada de decisão seja mais fácil. Posicionar tais sistemas não é uma coisa ruim, contanto que sejam continuamente ajustados para levar em conta a realidade atual. Mas os ajustes devem ser feitos por seres humanos, não sistemas.

OUSE FAZER PERGUNTAS

Depositamos nossa confiança em gerentes que se especializam em algo e evitamos fazer perguntas por medo de soar ignorantes. A história, no entanto, mostra que a coragem e a persistência em fazer perguntas com relação ao design — como "por quê?" e "e se?" — estabelecem a base para a descoberta e a inovação.

Além de sermos altamente diferenciais para especialistas, também estamos muito preocupados em parecer especialistas para nossos consumidores. Fazer uma pergunta a eles parece vergonhoso e assustador. E se seus clientes não confiarem mais em você? Você já não deveria saber de tudo? Eles continuarão comprando seu produto?

Interessantemente, em quase todos os casos, o oposto é verdadeiro. Ao fazer perguntas honestas a seus clientes — que não estejam focadas em fazer a venda ou exibir conhecimento, mas que pretendam obter um melhor entendimento de quem são e do que precisam — seus clientes se sentirão valorizados.

O FUTURO ESTÁ EM DESACORDO COM A CORPORAÇÃO.

// Grant McCracken, Antropologista Cultural

TODO MUNDO MENTE (MESMO QUANDO NÃO QUER)

A observação é extremamente importante. Aprender a entender linguagem corporal, expressões faciais e comportamento ajudarão você a ter uma imagem muito mais clara. Essa também é a razão pela qual você, como designer, deve fazer isso sozinho. Esteja presente nas entrevistas e observe você mesmo o comportamento. Permita que seu próprio cérebro faça as conexões e veja os padrões diretamente. Por Fitzpatrick: "Observar alguém realizar uma tarefa lhe mostrará onde os problemas e as ineficiências realmente estão, não onde o cliente pensa que estão."

Leia mais sobre Rob Fitzpatrick em "Domine o Questionamento", na página 90.

DESENVOLVA O HÁBITO

Para designers, observar e fazer perguntas são hábitos de prática diária. Quando começa a perceber mais sobre o mundo à sua volta, você presta atenção a diferentes detalhes e sinais mais silenciosos. Ao fazer perguntas em vez de pressupor afirmações, você realmente fica mais curioso. Seu próprio cérebro se adaptará a essa nova curiosidade e começará a fazer conexões mais interessantes entre a observação, o questionamento e a análise.

Você começará a ver os padrões que os outros deixam passar. Sua intuição se desenvolverá e você verá coisas que seus clientes precisam antes deles mesmos. ■

ENTENDA >> FERRAMENTA >> **ENTENDA O CLIENTE**

SÓ PEGUE O TELEFONE!

Estávamos trabalhando com uma organização de cuidados domésticos. A CEO teve uma ideia que envolvia um novo segmento: hospitais. Ela queria fazer dois meses de pesquisa documental. Dissemos para ela não esperar, mas para entender melhor este segmento de clientes imediatamente. Ou seja, não depender de pesquisa documental; em vez disso, ter conversas reais.

Eu estava ao lado dela e sugeri que ligasse para o CEO de um hospital que já estivesse em sua rede. Sentindo um pouco de pressão, ela pegou o telefone e ligou para ele naquele instante. O resultado foi que o CEO ficou muito feliz que ela ligou e a convidou para um almoço. Eles tiveram uma ótima conversa durante o almoço e, por causa dos insights que obteve do cliente, ela entendeu que não estava focando a necessidade real do cliente. Em apenas um almoço, ela economizou meses de pesquisa documental ineficiente e incontáveis horas de tempo de análise. Ela não só obteve novos insights sobre uma oportunidade melhor, também aprofundou um relacionamento valioso com o cliente.

Maaike Doyer
Designer de estratégia

FERRAMENTA **JORNADA DO CLIENTE**

A Jornada do Cliente é uma ferramenta para ajudá-lo a obter insight, controlar e discutir como um cliente vivencia um problema que você tenta resolver. Como esse problema ou oportunidade aparece em suas vidas? Como eles o vivenciam? Como interagem com você?

PESSOAL
mapear insights do clientes

± 45 MIN
sessão

3–5
pessoas por grupo

MAPEANDO A EXPERIÊNCIA DO CLIENTE

Mapear esta jornada fornecerá a você insights sobre como os clientes vivenciam um produto ou serviço, bem como a forma com que podem ser melhor servidos ou até conquistados. Isto é especialmente verdadeiro ao cocriar a jornada junto a seus clientes ou ao validar suas suposições com eles. Quais são as circunstâncias? Como os clientes se sentem do começo ao fim? Quais são os momentos em que a experiência pode ser melhorada?

NÃO LINEAR

A jornada do cliente não é linear. Um cliente pode pular de uma fase para outra dependendo de muitos fatores. Eles interagem com alguns pontos de contato e perdem outros. É seu trabalho, como designer, entender os momentos em que os clientes se comprometem para que você possa planejar experiências melhores para eles no futuro. Esta ferramenta ajuda a olhar seus produtos e serviços através da visão de seus clientes.

Claro, nenhuma jornada do cliente está totalmente completa ou é concluída sem suposições. O mapear da jornada do cliente baseia-se no conhecimento e nos insights de sua equipe. Esta ferramenta simplesmente ajuda você a entender e explorar o ponto de vista do cliente.

DE VOLTA À REALIDADE

O Canvas de Jornada do Cliente ajuda a tornar as coisas reais. Através do exercício de mapeamento, você pode identificar onde os clientes ficam presos, onde têm ótimas experiências e por quê. Um resultado de usar esta ferramenta com sua equipe será um rendimento fácil que poderá ser entregue imediatamente. Depois que você cocriar e reunir os mapas de jornada do cliente, pode adicionar dados reais de clientes reunidos através de safáris, entrevistas e feedback. Isso permitirá que você tome decisões informadas com base na realidade.

A jornada do cliente é relevante para todos. Todos na equipe, e em sua empresa, devem entender o que seus clientes vivenciam, como se sentem, quais são suas dificuldades e como você pode melhorar a experiência. O objetivo subjacente: resolver os problemas de nossos clientes e deixá-los felizes.

ENTENDA » FERRAMENTA » **JORNADA DO CLIENTE**

PERSONALIDADE
Comece definindo a personalidade dos clientes para quem você cria a jornada. Seja específico (p.ex., nome, idade, ocupação, estado civil).

PONTOS DE CONTATO
Quais são os diferentes momentos de interação com o cliente (p.ex., na loja, online, via webinar, por telefone, carta ou em contratos)?

CANVAS DE JORNADA DO CLIENTE

PLANEJE MELHOR SEU NEGÓCIO

NECESSIDADES DO CLIENTE

MOMENTO-CHAVE

PONTOS DE CONTATO

SATISFAÇÃO DO CLIENTE

HUMOR
Qual é o humor do cliente naquele exato momento? Ele está feliz, frustrado, com raiva? Por que está assim?

LINHA DO TEMPO E ESTÁGIOS
Defina pelo menos 5 momentos na jornada. Qual é o período de tempo? Qual é a experiência passo a passo para o cliente? Quanto tempo passou na jornada? Não complique demais: teste com os clientes (veja a página 88) para ver o que adaptar.

NECESSIDADES DOS CLIENTES
Qual é o trabalho que o cliente quer que seja feito em cada estágio? Por exemplo, se seu cliente busca identificar a empresa com quem quer trabalhar, precisamos entender os vários pontos de contato. Quais são as perguntas que os clientes têm em cada ponto?

DOWNLOAD
Faça o download do Canvas de Jornada do Cliente em www.altabooks.com.br

Faça o download do Canvas de Personalidade em www.altabooks.com.br

CHECKLIST
☐ A personalidade é específica o suficiente?
☐ A jornada está completa? Há algum momento faltando?
☐ Pergunte-se onde a jornada realmente começa e termina.
☐ Você não consegue pensar em categorias que deixou de fora.

PRÓXIMO PASSO
❯ Valide suas suposições com um Safári de Cliente (veja a página 104).

EXEMPLO **SAFÁRI DE CLIENTE**

O Safári de Cliente é a melhor maneira de conhecer seus clientes de maneira natural. Acalme-se — não fale com eles imediatamente! Você aprenderá mais enquanto os observa em suas vidas cotidianas; entrevistas e perguntas vêm depois. Cuidado! Seus clientes podem mentir para você.

1 ADOTE A MENTALIDADE CERTA

O segredo de um safári é estar preparado. Parte desta preparação é preencher o Canvas de Jornada do Cliente (página 102). Quais são as suposições que você quer testar? Quais são as respostas que busca? Certifique-se de ter a equipe certa reunida e que todos sejam curiosos. Fique ciente de que seu modelo mental existente colore sua percepção. ==Fazer isto de antemão permite que você se desvie mais tarde.==

2 COMECE COM O ÓBVIO

Problemas para começar? Quais clientes entrevistar? O que é um bom local? Comece com o óbvio: entreviste clientes existentes. Se você ainda não tem nenhum cliente, entreviste clientes de um produto ou serviço concorrente. O ponto é que não há cliente "perfeito" para observar ou entrevistar: no começo tudo é novo.

3 FAÇA VOCÊ MESMO

Às vezes, encontrar um lugar para observar seus clientes não é suficiente — para ter a sensação do que eles veem e vivenciam, pode realmente valer a pena fazer uma excursão. ==Pegue um caderno e uma câmera ou telefone e siga o caminho que um cliente seguiria.== O que você vê? Há algo interessante lá? Para melhorar, peça que os próprios clientes façam o caminho, registrando sua experiência, ou leve um cliente com você.

ENTENDA >> FERRAMENTA >> EXEMPLO >> **SAFÁRI DE CLIENTE**

VÁ ALÉM! PERGUNTE 5X POR QUE – TENTE ENCONTRAR A RAZÃO PARA O COMPORTAMENTO

UMA IMAGEM RICA PERMITE QUE VOCÊ USE SUA INTUIÇÃO E HABILIDADES ANALÍTICAS AO MESMO TEMPO.

GRAVADOR

ENTREVISTE

CAPTURE

DECIDA

4 O QUE PROCURAR

Ao entrevistar e observar, fique de olho nas coisas que contrastam fortemente com suas expectativas. Tente encontrar o motivo pelo qual o cliente dá essa resposta. Seus pensamentos e sentimentos lhe dão uma incursão a novas perspectivas ou conhecimento. Você está tentando encontrar o "normal" e o "discrepante" e as "exceções". O 1% de hoje pode ser o 100% de amanhã.

5 CAPTURANDO INFORMAÇÕES

Capture tudo, faça fotos e grave áudios se possível: ouça agora, analise depois! Quando estiver capturando, construa uma imagem rica. Não edite ou deixe de fora coisas que não parecem se encaixar; a análise ocorre depois. Quando você constrói a imagem, pode começar a coletar informações. Reunir informações qualitativas e quantitativas permite que seu cérebro veja o quadro geral e crie palpites.

6 TOMANDO DECISÕES

Reveja as informações capturadas com a equipe. Use votação pontual para descobrir o que parece importante e decida se você precisa mergulhar mais fundo e fazer outra iteração. Quando a imagem rica não muda muito mais entre as iterações, é hora de tomar decisões. Compare sua imagem rica com o que você pensou durante o exercício de Jornada do Cliente. Como diferem? Você precisa rever seu ponto de vista?

INTRODUÇÃO À **PROPOSTA DE VALOR**

Grandes modelos e estratégias de negócios são baseados em ótimas propostas de valor. Ótimas propostas de valor focam o trabalho a ser feito dos clientes. Clayton Christensen desenvolveu essa estrutura (trabalho a ser feito) como uma maneira útil para observar as motivações do cliente em ambientes de negócios.

Técnicas convencionais de marketing nos ensinam a categorizar os clientes por atributos — idade, raça, estado civil e outras características. No fim, entretanto, isto cria categorias inteiras de produtos que são focados demais no que as empresas querem vender, em vez de no que os clientes realmente precisam.

Avaliar as circunstâncias que surgem nas vidas dos clientes nem sempre é fácil. Raramente os clientes tomam decisões de compra com base no que faria o cliente "comum" em sua categoria. Mas eles normalmente compram coisas porque se veem com um problema que gostariam de resolver. É aí que a estrutura de trabalhos a serem feitos, de Clayton Christensen, bem como as propostas de valor, são mais úteis.

Ao entender o "trabalho" para o qual os clientes "contratam" um produto ou serviço, as empresas criam com mais precisão e comercializam produtos feitos sob medida para o que os clientes já estão tentando fazer.

Uma maneira de informar seu ponto de vista e aprender sobre os trabalhos a serem feitos é observar os clientes na vida real. Ao avaliar o comportamento do cliente, você conhecerá os verdadeiros problemas que precisam ser resolvidos.

Alex Osterwalder, Yves Pigneur, Greg Bernarda e Alan Smith escreveram o livro *Value Proposition Design*, descrevendo como criar produtos e serviços que os clientes querem.

O CANVAS DE PROPOSTA DE VALOR AJUDA VOCÊ A PLANEJAR E VALIDAR OS TRABALHOS DO CLIENTE.

Pergunte-se antes de começar: qual é o SEU trabalho a ser feito? Você quer trabalhar em segmentos existentes ou novos? Isto determina o foco em trabalhar com o Canvas de Proposta de Valor (veja a página 108). Entenda o perfil do cliente (lado direito) e o mapa de valor (lado esquerdo) e observe a adaptação de problema-solução ou de produto-mercado (o meio).

PRODUTO VS. NECESSIDADE

Você precisa de uma furadeira? Ou de um buraco na parede?

Você precisa de um robô? Ou acelerar a produção?

Você precisa organizar um funeral? Ou de uma cerimônia de despedida digna?

A maioria das empresas é focada no produto. Mas nosso foco não deveria estar realmente nele. Produtos estão lá para ajudar os clientes a resolver problemas. Quando você entender os problemas dos seus clientes, fará um trabalho de inovação melhor.

Por exemplo, o Spotify aprendeu que as pessoas, em sua maioria, não estão interessadas em "possuir" músicas. Não se trata de "possuir" discos ou CDs. Elas nem querem armazenar músicas em seus discos rígidos — isto implica em trabalho para elas. Quando se trata disto, as pessoas simplesmente querem ouvir música. Assim, a diferença entre fazer o download de uma música e fazer streaming da mesma música se torna indistinto. O que não está indistinto é que as pessoas querem o acesso à música. "Se eu posso ter aquela música do Justin Bieber em qualquer lugar e a qualquer momento, qual é a diferença?"

ENTENDA » INTRODUÇÃO » **PROPOSTA DE VALOR**

O **CONTEXTO** HUMANO

Na Intel, tentamos ter uma visão realmente integrada da inovação. Reunimos as melhores ideias e métodos, sintetizando-os na melhor abordagem para resolver os desafios que temos como uma empresa de tecnologia de localização única. Somos o motor subjacente que movimenta a computação por tantos contextos diferentes, e estes contextos se expandem em um ritmo alucinante.

Como a gama é tão ampla, aproveitamos as ciências sociais e entrevistas pessoais para entender o contexto humano das vidas das pessoas e como a tecnologia informa e é informada por dinâmicas socioculturais. Nós também usamos ferramentas para nos ajudar a entender sistemas complexos, pegando emprestado de campos como a ecologia, para explorar como as redes de agentes interdependentes afetam umas às outras.

Dado que nossas ideias em escala devem se tornar negócios sustentáveis, nós utilizamos ferramentas e processos de inovação, de *A Startup Enxuta* e *Business Model Generation*, para nos ajudar a refinar e melhorar a maneira que procuramos, descobrimos e testamos novos valores e modelos de negócios. No fim do dia, o importante é que temos uma compreensão das necessidades humanas e resolvemos um problema significativo.

Muki Hansteen-Izora
Estrategista sênior,
Intel Labs

FERRAMENTA **CANVAS DE PROPOSTA DE VALOR**

Quando chega a hora de realmente entender seus clientes, incluindo seus trabalhos a serem feitos, perdas e ganhos, bem como sua oferta para eles, o Canvas de Proposta de Valor, desenvolvido por Alex Osterwalder, na Strategyzer, é uma das melhores ferramentas disponíveis para ajudá-lo.

FOCO
entenda sua proposta de valor

±45 MIN
panela de pressão

3–5
pessoas por grupo

SEMPRE COMECE COM O CLIENTE

Para começar com o Canvas de Proposta de Valor, sempre parta do cliente. Claro, você pode ter segmentos diferentes de clientes para os quais atua (ou quer atuar). Então, como uma equipe, sua primeira tarefa é ter uma discussão sobre quem realmente são os clientes de um alto nível, depois disso, pode tomar algumas decisões sobre para quem você projeta. Você pode precisar preencher vários canvas, um para cada cliente.

PERGUNTE "POR QUE" O SUFICIENTE

Uma vez que tenha tomado a decisão do cliente, como equipe — usando notas adesivas e marcadores permanentes —, comece a detalhar os trabalhos a serem feitos dos seus clientes. Que trabalhos sociais, emocionais e funcionais seu cliente realiza diariamente? Eles têm algum trabalho prático que você provavelmente conhece. Mas também precisará descobrir como realizam esse trabalho, como se sentem e que qualidades sociais estão em jogo. Por exemplo, um pai com a tarefa de levar o filho à escola pode, também, ter as tarefas funcionais de levá-lo na hora certa, garantir que se alimente ao longo do dia, que não pareça um degenerado (o padrão social pode ser importante), fazer com que se sinta amado e aceito etc. Pergunte "por que" o suficiente e você obterá estas informações. As perdas costumam ser mais fáceis de perceber. O que atrapalha as tarefas de uma pessoa? São os ganhos que iludem a maioria dos usuários de primeira viagem do Canvas de Proposta de Valor. Ganhos NÃO são simplesmente o oposto de perdas. Na verdade, são as ambições secretas que as pessoas têm, acima e além da ausência de perdas. É necessária uma mente de designer para descobri-las. É aqui que fazer as perguntas certas é realmente importante. O que seu cliente aspira a fazer que não pode ser feito agora? Voltando ao exemplo do pai motorista, talvez seja parecer um herói para seus filhos e outros pais ou ver seus filhos ser bem-sucedidos na vida. Se os ganhos parecem meio existenciais para você, provavelmente é porque os grandes ganhos normalmente o são.

SEU TRABALHO

Por fim, assim que concluir o lado direito do canvas, passe para o esquerdo. Primeiro, liste algumas opções de solução. Você talvez já tenha algumas ou pode criá-las durante uma sessão de ideação (detalhada no próximo capítulo). Com isso estabelecido, você precisará decidir como podem ser usadas juntas para lidar com trabalhos, perdas e ganhos de seus clientes de maneiras únicas e que os afetem.

Usar este canvas algumas vezes ajudará você a pensar de maneira diferente sobre seus clientes e o que oferece a eles. Além disto, se bem-feito, seus clientes pensarão totalmente diferente sobre o motivo pelo qual contrataram você para satisfazer suas necessidades em primeiro lugar. ■

ENTENDA » FERRAMENTA » EXEMPLO » **PROPOSTA DE VALOR**

CANVAS DE PROPOSTA DE VALOR

CRIADORES DE GANHO
O que você pode oferecer a seu cliente para ajudá-lo a satisfazer seus ganhos? Seja objetivo (em quantidade e qualidade).

GANHOS
O que deixaria seu cliente feliz? Que resultados ele espera e o que excederia suas expectativas? Pense nos benefícios sociais, funcionais ou em ganhos financeiros.

PERSONALIDADE
Quem é ele (p.ex., profissão, idade). Essa pessoa é um comprador, usuário ou tomador de decisão?

PRODUTOS E SERVIÇOS
Quais são os produtos e serviços que você pode oferecer a seu cliente para que ele faça seu trabalho? Como isto não é uma solução milagrosa?

DIMINUIR AS PERDAS
Como você pode ajudar seu cliente a diminuir suas perdas? Seja explícito sobre como eles podem ajudar.

PERDAS
O que incomoda ou preocupa seu cliente? O que o impede de fazer seu trabalho? O que impossibilita as atividades do seu cliente?

TRABALHO A SER FEITO
Qual é o trabalho que seu cliente está tentando realizar no emprego ou na vida? Pode ser funcional ou social. Quais necessidades básicas seus clientes têm (emocionais e/ou pessoais)?

Post-its no canvas:
- CONTRATO DE ALUGUEL FLEXÍVEL
- OFERTA DE SIM FLEXÍVEL
- QUADRO DE SOLUÇÃO DE PROBLEMAS
- ENVOLVER COLEGAS NO PROCESSO
- CARRO NOVO
- ORÇAMENTO MAIOR PARA CELULAR
- HORAS FLEXÍVEIS
- RESOLVER O PROBLEMA EM 1 DIA
- TEMPO DE RESPOSTA LENTA NO MEU DEPARTAMENTO

DOWNLOAD
Faça o download do Canvas de Proposta de Valor em www.altabooks.com.br

CHECKLIST

- [ ] Você mapeou uma personalidade de cliente por canvas.
- [ ] Você identificou e priorizou pelo menos 5 trabalhos funcionais, sociais e emocionais a serem feitos.
- [ ] Você identificou e priorizou pelo menos 5 perdas.
- [ ] Você identificou e priorizou pelo menos 5 ganhos.
- [ ] Os criadores de ganhos e diminuidores de perdas abordam diretamente os ganhos e as perdas.

PRÓXIMOS PASSOS

> Prototipar e validar suas suposições.

> Verificar suas suposições com os clientes. É realmente o trabalho a ser feito?

ENTENDA **SEU CONTEXTO**

Não precisa falar que entender o contexto abrangente no qual sua empresa opera, como quem são seus concorrentes e quais tendências percebe, fornecerá insights sobre como seu negócio deve mudar no futuro. Entretanto, a maioria das empresas não vai longe o suficiente nesta questão.

SINAIS DO FUTURO ESTÃO A SEU REDOR

Frequentemente, tendências e concorrentes lhe mostrarão apenas parte da situação. E, se você só seguir o que a concorrência faz, arrisca perder algo realmente importante. Você precisa de uma estrutura contextual que vai além da paisagem competitiva. Entender seu contexto lhe dará uma imagem clara das tendências atuais, bem como sinais fracos que moldarão o amanhã. Este tipo de avaliação contextual inclui (no mínimo) uma compreensão das tendências de mercado, tendências tecnológicas, regras e regulamentações, clima econômico, necessidades do cliente, concorrentes e até incertezas. É importante não pensar sobre sinais, tendências, fatos e concorrentes apenas como se estivessem conectados a seu negócio atual. Para realmente formar a imagem de que você precisa para o futuro, vá além do seu negócio. Quem são os concorrentes emergentes, os recém-chegados novos demais para chamar de concorrentes (ainda)? Com o que você está inseguro que pode afetar seu contexto futuro? Resultados das eleições? Preços da gasolina?

> **O FUTURO JÁ ESTÁ AQUI. SÓ NÃO ESTÁ IGUALMENTE DISTRIBUÍDO.**
> //Willam Gibson
> Autor e ensaísta

O CONTEXTO MAIS AMPLO

Quando o Spotify chegou ao mercado, a maioria das pessoas o viu como um desafio direto ao maior concorrente na indústria da música da época, a Apple. Claro, isto foi parte da história. A Apple ajudou a abrir portas para a maioria das empresas de música digital. Contudo, se você observar além da Apple, descobrirá que os fundadores do Spotify também usaram sua compreensão do contexto mais amplo da indústria da música para construir um serviço de streaming de música líder de mercado. Este contexto incluiu tendências de tecnologia de nuvem; o desejo dos clientes de ouvir música e não necessariamente possuí-la; um ambiente regulatório em mudança (que a Apple ajudou a criar); e um cenário econômico com gravadoras lutando por novas fontes de renda.

CONTINUE PROCURANDO

O contexto não é estático. Ele muda diariamente — e a cada minuto, em algumas indústrias. A compreensão contínua requer busca constante. À medida que você desenvolve imagens claras do contexto atual, também pode tentar criar um contexto para amanhã ou para daqui a cinco anos ou talvez mais além. Quais são as diferenças? O que você espera que mude com o tempo? E, como apenas o tempo dirá quais das suas suposições foram provadas como verdadeiras ou falsas, planeje uma atualização de sua compreensão do contexto regularmente.

VISITANDO O FUTURO

Visitar o futuro não é tão difícil quanto você pensa. Na verdade, como já foi dito, sinais do futuro estão à nossa volta. Embora possa soar estranho, alguns dos lugares que você pode visitar ao buscar sinais do futuro são museus de arte moderna, hackathons e até o Burning Man, uma reunião contracultural anual feita no deserto de Nevada. No entanto, não é necessário esperar. Há muitos sinais do futuro bem no seu dispositivo móvel. Redes sociais e até o Twitter estão repletos de sinais que você pode achar relevantes em seu contexto.

O segredo aqui é que seu contexto atual (e futuro) não será capturado por um único relato. Qualquer relato que acompanhe sua estratégia (ou discorde dela) será apenas um ponto de vista. E, quando esta informação chegar à *Harvard Business Review*, é provável que o contexto já tenha sido estabelecido. É necessária uma equipe de pessoas para mapear seu contexto. A diversidade garantirá que você tenha capturado e avaliado quais serão os elementos mais salientes afetando seu negócio hoje, bem como os elementos que podem afetar seu negócio no futuro. ∎

DICA! Não confunda entender o contexto com pesquisa de mercado. A pesquisa de mercado é inestimável para confirmar ou negar tendências em um estágio posterior de sua jornada. Entender seu contexto atual serve, primariamente, como uma maneira de explorar e pesar as possibilidades.

ENTENDA » FERRAMENTA » **ENTENDA SEU CONTEXTO**

CURIOSO POR NATUREZA

Sou uma pessoa muito curiosa. É por isso que amo meu trabalho! Sou um observador de tendências profissional. Eu ajudo empresas a darem sentido ao mundo à sua volta. Os pontos principais do meu trabalho são observar e estruturar informações continuamente. O Twitter é minha principal ferramenta. Tuitar estrutura automaticamente as informações em minha mente. Mas tuitar não é suficiente: para descobrir tendências eu busco uma "linha contínua" que conecte vários tuítes baseados em seu contexto. Depois que descubro o que acredito ser uma tendência, busco minha rede para validá-la.

Para fazer isso sozinho, comece com um ponto de vista. Por que você precisa desta informação? Então, colete e estruture novas informações. Todos em sua rede têm informações, mas, provavelmente, não estão organizadas. Explore as linhas contínuas com uma estrutura para a compreensão. Procure fora de sua indústria. Encontre coisas sobre as quais você realmente não sabe nada. Por fim, estruture as informações. As estruturas que você desenvolver revelarão padrões e mudanças ou movimentos (p.ex., de hierarquia para grupo, de enviar informação para compartilhá-la etc.). Este é um ponto inicial para novas ideias.

Farid Tabarki
Observador de tendências
Studio Zeitgeist

FERRAMENTA **CONTEXT CANVAS**®

Originalmente criado por David Sibbet, The Grove Consultants International

O Context Canvas® (Canvas de Contexto) é nossa estrutura para ajudá-lo a entender o contexto. Use este modelo para mapear as tendências com sua equipe e compartilhar diferentes perspectivas. Ele o ajudará a procurar condutores fora de sua empresa e ter uma conversa sobre as forças que moldam (ou poderiam moldar) seu negócio agora e no futuro.

FOCO
entenda seu contexto

±30 MIN
panela de pressão

3—5
pessoas por grupo

O Mapa de Contexto foi originalmente desenvolvido por David Sibbet (The Grove). Se quiser se aprofundar, dê uma olhada em seu livro *Reuniões Visuais*.

PENSE ALÉM DE SUA EMPRESA

Quando a maioria das equipes começa a desempacotar o contexto de seu produto ou organização, elas usam um ponto de vista míope enraizado no aqui e no agora. O Context Canvas® serve para ajudar você e sua equipe a expandir o pensamento além dos limites de seu produto e organização, para ter uma conversa aprofundada sobre o que está acontecendo no mundo e o que está mudando que afetará seu negócio no futuro.

TRABALHE EM SUBEQUIPES

A melhor maneira de usar esse Context Canvas® é dividir sua equipe em subequipes menores e atribuir a cada uma algumas seções do canvas. Você pode dar à mesma equipe que possui tendências demográficas a tarefa de também tratar das tendências tecnológicas.

Dê a cada subequipe vários minutos, talvez até 30 minutos, para ter discussões significativas sobre o que está acontecendo no mundo para cada seção, adicionando isso às notas adesivas. Deve haver pelo menos uma nota por condutor para cada seção. Deve-se reiterar que o importante aqui é expandir além dos condutores do passado e sua própria empresa ou produto. Trata-se do contexto completo da indústria em que você atua ou do mundo como um todo que conduzirá seus critérios de design e opções para o futuro.

CAPTURANDO OS CONDUTORES-CHAVE

Depois que as equipes tiverem terminado de discutir e capturar os condutores-chave para suas seções, faça com que um representante de cada equipe adicione suas notas adesivas em um canvas maior compartilhado (grudado ou desenhado na parede), discutindo cada condutor conforme for colocado. Isto incitará o restante das equipes a conversar sobre o que é importante e, talvez, quais outros condutores também podem ser relevantes.

PONTO DE VISTA COLETIVO

Com cada seção do canvas totalmente preenchida, faça com que a (grande) equipe toda selecione os condutores mais importantes que influenciarão o futuro de sua organização ou, pelo menos, sua jornada de design específica. Quando você se afasta disso, o que vê é um vislumbre do futuro do ponto de vista coletivo de toda a equipe, não apenas a opinião de um especialista.

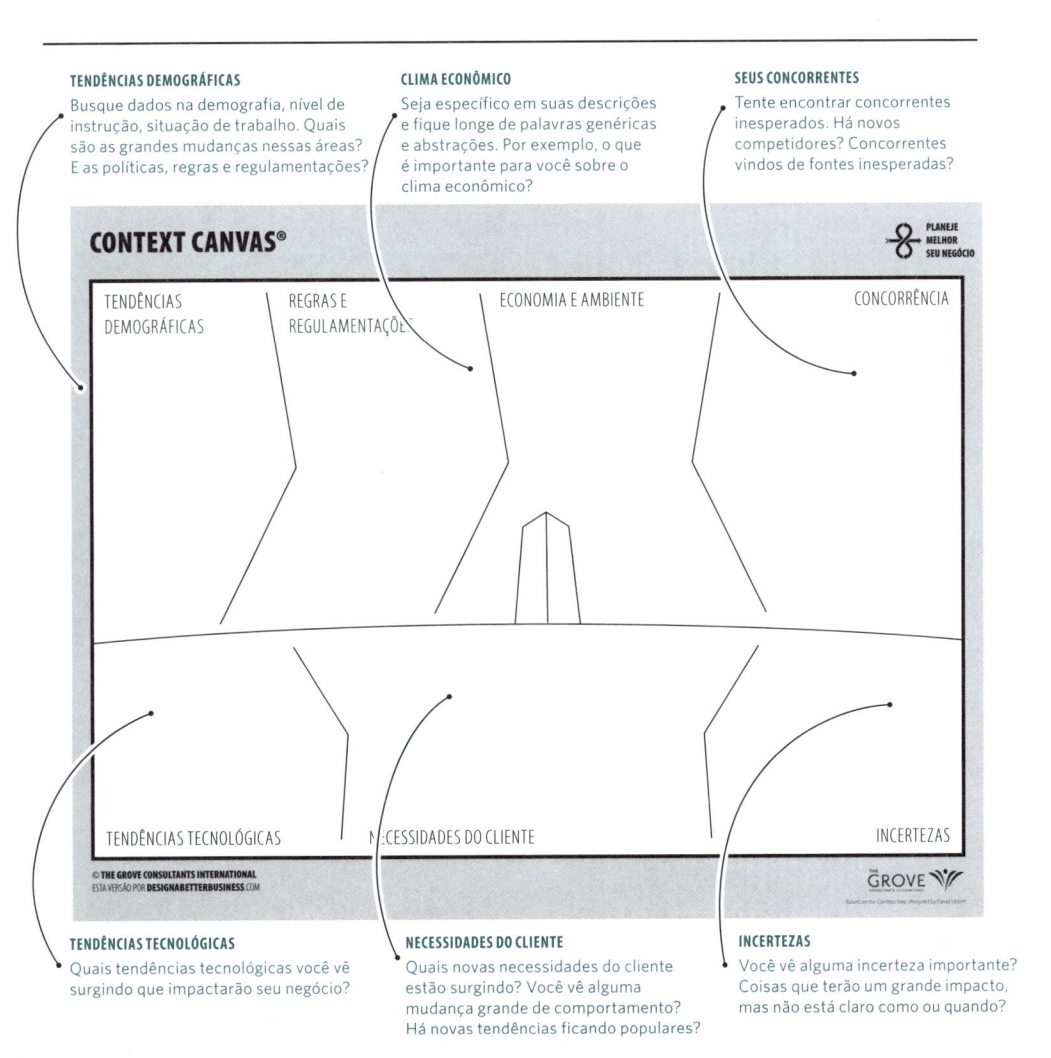

ENTENDA >> FERRAMENTA >> EXEMPLO >> **CONTEXT CANVAS®**

TENDÊNCIAS DEMOGRÁFICAS
Busque dados na demografia, nível de instrução, situação de trabalho. Quais são as grandes mudanças nessas áreas? E as políticas, regras e regulamentações?

CLIMA ECONÔMICO
Seja específico em suas descrições e fique longe de palavras genéricas e abstrações. Por exemplo, o que é importante para você sobre o clima econômico?

SEUS CONCORRENTES
Tente encontrar concorrentes inesperados. Há novos competidores? Concorrentes vindos de fontes inesperadas?

DOWNLOAD
Faça o download do Context Canvas® em www.altabooks.com.br

CONTEXT CANVAS®

PLANEJE MELHOR SEU NEGÓCIO

- TENDÊNCIAS DEMOGRÁFICAS
- REGRAS E REGULAMENTAÇÕES
- ECONOMIA E AMBIENTE
- CONCORRÊNCIA
- TENDÊNCIAS TECNOLÓGICAS
- NECESSIDADES DO CLIENTE
- INCERTEZAS

© THE GROVE CONSULTANTS INTERNATIONAL
ESTA VERSÃO POR DESIGNABETTERBUSINESS.COM

THE GROVE
Based on the Context Map, designed by David Sibbet

CHECKLIST

☐ Você preencheu completamente todas as áreas do canvas.

☐ Você tem provas do que está no canvas.

☐ Você marcou as 3 principais ameaças e oportunidades.

PRÓXIMOS PASSOS

> Encontre prova para suas suposições.

> Compare suas descobertas com o que outros pensam.

> Reveja o Context Canvas® em 3 meses para atualizar e verificar.

> Atualize seu Ponto de Vista.

> Atualize seus Critérios de Design.

TENDÊNCIAS TECNOLÓGICAS
Quais tendências tecnológicas você vê surgindo que impactarão seu negócio?

NECESSIDADES DO CLIENTE
Quais novas necessidades do cliente estão surgindo? Você vê alguma mudança grande de comportamento? Há novas tendências ficando populares?

INCERTEZAS
Você vê alguma incerteza importante? Coisas que terão um grande impacto, mas não está claro como ou quando?

EXEMPLO **CONTEXT CANVAS®** BNP PARIBAS FORTIS

CONTEXT CANVAS®

TENDÊNCIAS DEMOGRÁFICAS
- MAIS CUSTO DE SAÚDE
- NOVAS ECONOMIAS, BRICS
- ENVELHECIMENTO
- FIM DOS BANCOS 3-6-3
- BÔNUS?
- TALENTO: BANCOS SÃO CHATOS

REGRAS E REGULAMENTAÇÕES
- MAIS REGULAMENTAÇÕES
- DEMANDAS DE CAPITAL
- CONFORMIDADE
- CLIENTES DEMANDAM MAIS SERVIÇO

ECONOMIA & AMBIENTE
- BAIXO CRESCIMENTO
- BAIXAS TAXAS DE JUROS
- PERDA DE INCENTIVO
- MARGENS SOB PRESSÃO

CONCORRÊNCIA
- INICIANTES MENOS REGULADOS
- FINTECH
- SISTEMA BANCO-SOMBRA
- ATRASO NO DESEMPENHO
- APPLE PAY
- BANCO-SOMBRA

TENDÊNCIAS TECNOLÓGICAS
- DADOS: REATIVO TORNA-SE PRÓ-ATIVO
- PAGAMENTOS MÓVEL
- BLOCK-CHAIN E BITCOIN
- MUNDO DE FINANÇA
- DADOS
- NUVEM

NECESSIDADES DO CLIENTE
- EXPERIÊNCIA PERFEITA
- TRANSPARÊNCIA
- AUTO-ATUALIZAÇÃO DE MASLOW
- CLIENTE HIPERCONECTADO
- PERSONALIZADO

UNCERTAINTIES
- BOLHA IMOBILIÁRIA
- ECONOMIA GLOBAL
- MAIS REGULAMENTAÇÃO

© THE GROVE CONSULTANTS INTERNATIONAL
ESTA VERSÃO POR designabetterbusiness.com

QUAIS SÃO AS NECESSIDADES DOS NOSSOS CLIENTES?

QUEM SÃO NOSSOS CONCORRENTES?

ENTENDA » FERRAMENTA » EXEMPLO » **CONTEXT CANVAS**

COMPARTILHE A URGÊNCIA

Meu trabalho é traduzir desafios de gerência em números, imagens e histórias que todos possam entender. Eu tento simplificar usando metáforas. Em 2014, vi que o banco que conhecíamos não existia mais, mas ainda acreditávamos em nossas velhas suposições.

Exagerando, no passado os bancários precisavam conhecer apenas três números: 3-6-3. Dar 3 por cento no débito, cobrar 6 por cento em empréstimos e às 3 horas você pode ir jogar golfe.

Para ser bem-sucedido no mundo atual, todos no banco precisam estar cientes do contexto. Para ajudá-los a fazer isto eu precisei contar uma história que colasse, indo além dos números e gráficos, e para realmente envolver meu público e inspirá-los a mudar o banco. Nós cocriamos "O Mundo dos Bancos" com 2 mil colegas e visualizamos o resultado com os designers. Desta forma, a história é envolvente e pode ser compreendida imediatamente, e podemos dividi-la facilmente com todos os nossos colegas.

Peter De Keyzer
Economista-chefe
BNP Paribas Fortis

INTRODUÇÃO AO **MODELO DE NEGÓCIOS**

Ao considerar o futuro do seu negócio, seja sua estratégia geral ou algum produto e/ou serviço novo, você deve primeiro reservar um tempo para realmente entender seu negócio por dentro e por fora. O Canvas de Modelo de Negócios fornece uma maneira simples de mapear o caminho do seu negócio — ou qualquer negócio —, criar, entregar e capturar valor.

ENTENDA SEU MODELO DE NEGÓCIOS

Entender como você agrega valor às vidas dos seus clientes é crucial. Isto serve como a base para qualquer discussão sobre seu negócio.

Quem são seus clientes e quais problemas você resolve para eles? Como você entrega esse valor a eles?

Uma das melhores maneiras de estruturar esta informação é usando o Canvas de Modelo de Negócios. Desde a publicação de *Business Model Generation*, descobriu-se que o Canvas de Modelo de Negócios serve como uma plataforma perfeita para ter conversas melhores e mais estratégicas sobre as quais construir uma compreensão comum com uma linguagem trivial.

ENTENDA SEUS MODELOS DE NEGÓCIOS

Se você trabalha para uma grande organização, pode encontrar propostas de valores e modelos de negócios diferentes. Veja um hospital, por exemplo. Um hospital acadêmico consiste de três modelos de negócios separados no nível mais alto: 1) assistência ao paciente; 2) educação; e 3) pesquisa. Cada um destes modelos de negócios tem clientes, propostas de valor e fluxos de renda bem diferentes.

ENTENDA MODELOS DE NEGÓCIOS CONCORRENTES

Você pode aprender muito com sua concorrência. Escolha alguns concorrentes e mapeie seus modelos de negócios. Armado com esta informação, você terá um conhecimento profundo sobre o que os clientes querem e quanto estão dispostos a pagar. Você terá uma imagem clara de como as necessidades dos clientes são satisfeitas em toda a indústria, não só em sua empresa. E descobrirá informações vitais sobre como outros negócios, talvez até muito bem-sucedidos, criaram os próprios espaços no mercado.

ENTENDA MODELOS DE NEGÓCIOS EM UMA INDÚSTRIA

Antes de entrar em uma indústria com uma nova ideia/startup, é vital compreender os modelos de negócios mais comuns sendo usados para trocar valores com seus clientes em potencial. Se, por exemplo, você planeja atuar no espaço do clima, especificamente em energia solar, vai querer entender como as

Para mais informações, leia: *Business Model Generation*, de Alexander Osterwalder e Yvez Pigneur.

NÃO SUPONHA QUE SUA EQUIPE ENTENDE O MODELO DE NEGÓCIOS DE SUA EMPRESA.

empresas líderes, como SunEdison, fazem negócios (e agregam valor). Jigar Shah aprendeu, ao estudar a indústria, que os clientes não estavam dispostos a pagar por painéis solares, mas buscavam maneiras de diminuir suas contas de luz. Ele começou a vender contratos de energia em vez de painéis solares. Desenvolveu o que chamou de Modelo de Negócios Power Purchase Agreement (PPA — Contrato de Compra de Energia). Esse modelo de negócios mudou o *status quo*, permitindo que as empresas comprassem serviços de energia solar em contratos, com preços previsíveis de longo prazo, evitando os custos significantes de capital de posse e operação de painéis solares. O modelo de negócios SunEdison é reconhecido como um dos catalisadores que ajudaram a transformar a energia solar em um negócio multibilionário no mundo todo.

AVALIE SEU MODELO DE NEGÓCIOS
Qualquer negócio ==busca, constantemente, melhorar sua compreensão dos segmentos de clientes== que foca (ou quer focar). A seguir, na página 119, há sete das perguntas mais populares (e úteis) que Osterwalder compilou para avaliar seu modelo de negócios. ∎

A MAIORIA DAS EMPRESAS NÃO CONHECE SEUS CLIENTES; ELAS SÓ CONHECEM SUAS TRANSAÇÕES.

ENTENDA ≫ INTRODUÇÃO ≫ **MODELO DE NEGÓCIOS**

TANTOS **MODELOS DE NEGÓCIOS**

Em 2010, queríamos traçar uma nova estratégia, focada mais em nossos pacientes. Então, como começar? Percebemos que tínhamos muitos departamentos operando no mesmo hospital, mas de maneira diferente.

Eles tinham clientes, parceiros e propostas de valor específicos. Percebemos que, na verdade, tínhamos muitos modelos de negócios, então começamos de baixo para cima. Tínhamos que aprender com cada um dos departamentos para entender como eram seus modelos e como apareciam no modelo de negócios do hospital.

Entender seus modelos de negócios ajudou-os a obter um insight melhor sobre o próprio negócio e também a entender os outros.

(Veja na página 119 como o Centro Médico Universitário Maastricht criou seu portfólio de Modelos de Negócios.)

Frits Van Merode
Membro do Conselho Executivo do
Centro Médico Universitário Maastricht

FERRAMENTA CANVAS DE MODELO DE NEGÓCIOS

Criado por Alexander Osterwalder

O Canvas de Modelo de Negócios é uma ótima ferramenta para ajudá-lo a entender um modelo de negócios de maneira direta e estruturada. Usá-lo levará a insights sobre o cliente a que você atende, quais propostas de valores são oferecidas por quais canais e como sua empresa ganha dinheiro. Você pode usar este canvas para entender o próprio modelo de negócios ou o de um concorrente!

FOCO
entenda seu negócio

45–60 MIN
sessão

3–5
pessoas por grupo

O Canvas Modelo de Negócios foi criado por Alex Osterwalder e Yves Pigneur. Para mais informações, leia seu livro: *Business Model Generation*.

PROPOSTA DE VALOR
Quais são seus produtos e serviços? Qual é o trabalho que você realiza para seu cliente?

PARCEIROS-CHAVE
Liste os parceiros que você não pode deixar de fora ao fazer negócios (não fornecedores).

ATIVIDADES-CHAVE
O que você faz todos os dias para conduzir seu modelo de negócios?

RECURSOS-CHAVE
Liste as pessoas, conhecimento, meios e dinheiro de que precisa para conduzir seu negócio.

ESTRUTURA DE CUSTO
Liste seus principais custos ao observar atividades e recursos.

CANVAS DE MODELO DE NEGÓCIOS

PARCEIROS-CHAVE	ATIVIDADES-CHAVE	PROPOSTA DE VALOR	RELACIONAMENTO COM O CLIENTE	SEGMENTOS DE CLIENTES
	RECURSOS-CHAVE		CANAIS	
ESTRUTURA DE CUSTO			FLUXO DE RENDA	

POR **STRATEGYZER AG**

Strategyzer
strategyzer.com

SEGMENTOS DE CLIENTES
Liste os três principais segmentos. Procure os que fornecem mais renda.

RELACIONAMENTO COM O CLIENTE
Como isso aparece e como você mantém o relacionamento?

CANAIS
Como você se comunica com o seu cliente? Como entrega a proposta de valor?

FLUXOS DE RENDA
Liste seus três principais fluxos de renda. Se você faz coisas de graça, adicione-as aqui também.

1 Comece mapeando o negócio em um nível alto: apenas os aspectos mais vitais e importantes do modelo de negócios.

2 Conecte os blocos: cada proposta de valor precisa de um segmento de cliente e um fluxo de renda!

3 Não misture as ideias para um estado futuro com o que está acontecendo agora, e não combine departamentos diferentes!

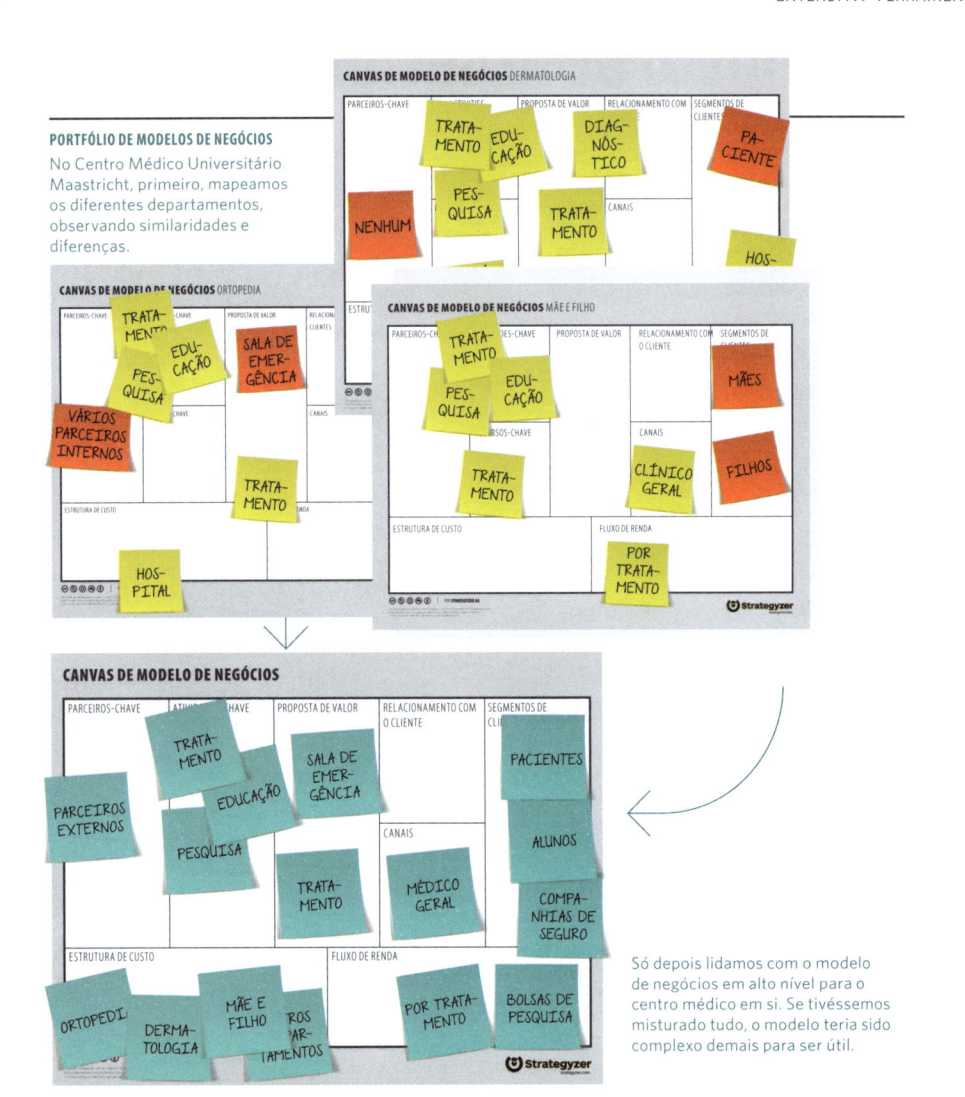

ENTENDA » FERRAMENTA » EXEMPLO » **CANVAS DE MODELO DE NEGÓCIOS**

PORTFÓLIO DE MODELOS DE NEGÓCIOS

No Centro Médico Universitário Maastricht, primeiro, mapeamos os diferentes departamentos, observando similaridades e diferenças.

Só depois lidamos com o modelo de negócios em alto nível para o centro médico em si. Se tivéssemos misturado tudo, o modelo teria sido complexo demais para ser útil.

DOWNLOAD
Faça o download do Canvas de Modelo de Negócios em www.altabooks.com.br

CHECKLIST

Classifique o desempenho de seu modelo de negócios (0 = ruim — 10 = excelente) para cada pergunta.

☐ Quanto mudar custos evita que seus clientes fujam?

☐ Quão escalável é seu modelo de negócios?

☐ Seu modelo de negócios produz receitas recorrentes?

☐ Você ganha antes de gastar?

☐ Quanto do trabalho pode ser feito por outros?

☐ Seu modelo de negócios fornece proteção contra a competição inclusa?

☐ Seu modelo de negócios é baseado em uma estrutura de custos inovadora?

PRÓXIMO PASSO

> Filtre os critérios de design e teste suas suposições.

EXEMPLO **CANVAS DE MODELO DE NEGÓCIOS** VISUAL

Esboçar o Canvas de Modelo de Negócios pode criar uma imagem mais ampla e ajudá-lo a melhor engajar seu público.

Frequentemente, detalhes atrapalham os pontos principais do Canvas de Modelo de Negócios: clareza, simplicidade e conectividade. "Mergulhar nos problemas" leva a discussões (desnecessárias), que impedem o processo criativo e a habilidade de ver as coisas como são. A solução: primeiro fazer e depois discutir. Foque criar uma visão geral. É isto o que realmente importa.

Ao criar seu modelo de negócios, o do seu concorrente ou até quando você quer comparar diferentes modelos de negócios, o poder está na simplicidade. Ótimos modelos de negócios são diretos e simples. Adicione detalhes demais a seu modelo de negócios e seu ponto de vista não ficará claro.

Para simplificar e deixar claro seu ponto de vista e a história que está contando, use esboços ou imagens em vez de palavras. Ainda melhor, junte seu modelo de negócios usando ícones desenhados à mão e cortados de um modelo. Para saber mais sobre storytelling visual, veja a página 74.

ESTE É UM EXEMPLO DO MODELO DE NEGÓCIOS DA COMPANHIA DE TÁXIS TRADICIONAL. O MODELO DE TÁXIS É LINEAR E FALTA UMA CONEXÃO COM AS NECESSIDADES (ATUAIS) DOS CLIENTES.

ENTENDA >> FERRAMENTA >> EXEMPLO >> **CANVAS DE MODELO DE NEGÓCIOS**

COMO EXEMPLO, COMPUSEMOS DOIS MODELOS DE NEGÓCIOS: UM PARA UMA EMPRESA DE TÁXIS TRADICIONAL E UM PARA A UBER. ASSIM, É FÁCIL COMPARAR OS DOIS MODELOS E DESCOBRIR SEUS PONTOS FORTES E FRACOS.

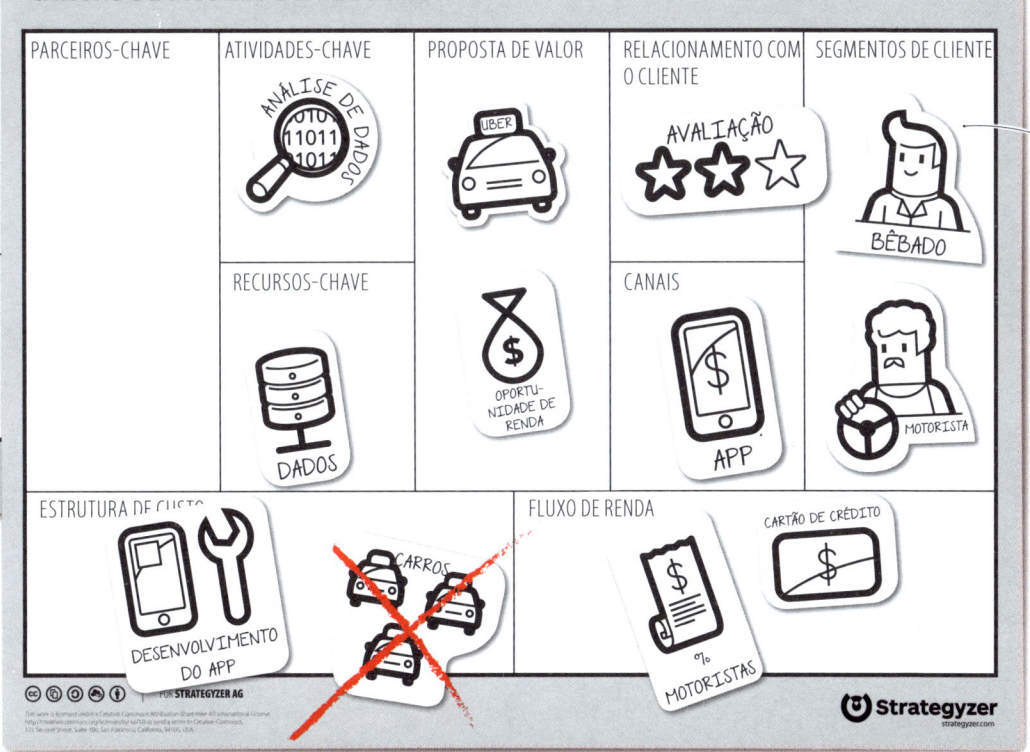

CANVAS DE MODELO DE NEGÓCIOS UBER

PARCEIROS-CHAVE	ATIVIDADES-CHAVE	PROPOSTA DE VALOR	RELACIONAMENTO COM O CLIENTE	SEGMENTOS DE CLIENTE
	ANÁLISE DE DADOS	UBER	AVALIAÇÃO	BÊBADO
	RECURSOS-CHAVE	OPORTUNIDADE DE RENDA	CANAIS	MOTORISTA
	DADOS		APP	

ESTRUTURA DE CUSTO		FLUXO DE RENDA	
DESENVOLVIMENTO DO APP	~~CARROS~~	CARTÃO DE CRÉDITO	% MOTORISTAS

Strategyzer — strategyzer.com

121

O MODELO DE NEGÓCIOS DO UBER É UMA PLATAFORMA MULTIFACETADA, CRIANDO VALOR AO COMBINAR DOIS SEGMENTOS DE CLIENTES DIFERENTES: MOTORISTAS PARA CONTRATAR E PESSOAS QUE PRECISAM IR DE A PARA B. OS PONTOS FORTES DA UBER SÃO OS DADOS QUE A PLATAFORMA GERA E A TRANSPARÊNCIA DE PEDIR UM CARRO.

DICAS DE **ENTENDIMENTO**

SAFÁRI ONLINE

Na era da internet seria bobo não fazer um safári online. Há vários truques para obter uma noção rápida do que as pessoas realmente estão fazendo online. Dê uma olhada em seu próprio fórum de usuários ou no de um concorrente. Sobre o que as pessoas reclamam? Quais conversas estão tendo? Use o Twitter para entrar em contato com pessoas que escrevem sobre produtos similares. Que tipo de imagens elas postam nas mídias sociais? Há algum vídeo, blog ou canal do YouTube que trata de assuntos semelhantes? Quão popular são? Que tendências você encontra lá? Você pode obter muita informação em pouco tempo se começar a seguir algumas pistas online!

Veja a página 104 para mais informações sobre safári de clientes.

FAÇA VOCÊ MESMO

Vale a pena se colocar no lugar do cliente por um tempo. Se você realmente quer entender seus clientes e suas preferências, coloque-se no lugar deles, faça o que eles fazem e compre onde compram. Aprendemos este truque com um comerciante especialista do varejo de alimentos. Se estiver interessado em entender o que atrai clientes, vá às lojas em que compram, observe-os e comece a pegar as coisas que os atraem nas prateleiras. Compare o que você comprou com o que vê nos carrinhos de compras dos clientes. Você provavelmente descobrirá segmentos de clientes que se juntam e buscam qualidades similares nas coisas que compram. O melhor de tudo, você aprenderá rapidamente o que atrai os clientes para seus concorrentes.

SEJA O BARISTA!

Quando você realmente quer surpreender seus clientes e colocá-los em um estado mental diferente, considere ir além. Encontre (ou crie) um belo carrinho de café e adicione a ele tudo o que precisar para fazer as pessoas falarem. Fazer rondas em um lugar em que os clientes passam um tempo é garantia de colocar um sorriso em seus rostos. Você ficará surpreso com o que as pessoas contam aos baristas! O que realmente queremos dizer é: seja um anfitrião perfeito e facilite a interação.

ENTENDA >> DICAS >> **ENTENDIMENTO**

FAÇA O DESAFIO DO CAFÉ

Para ajudar sua equipe a superar a inquietação inicial de sair do escritório, considere o desafio do café.

Criamos isto em um programa para o Impact Hub: beba 25 xícaras de café com clientes nas próximas 2–3 semanas.

Sempre que tiver uma conversa, marque uma xícara da lista. A pessoa que completar o cartão mais rápido ganha! E a equipe inteira ganha sempre que alguém voltar com um insight novo ou válido que aprendeu enquanto tomava café com um cliente.

Certifique-se de estabelecer isto como um desafio interno! Você aprenderá sobre muitas cafeterias e terá ainda mais insights!

CAFÉ

AGORA VOCÊ TEM...

> UM ENTENDIMENTO DE COMO
> **OBSERVAR E PERGUNTAR** P88–90

> UM ENTENDIMENTO DAS
> **NECESSIDADES DO SEU CLIENTE** P108

> UM ENTENDIMENTO DO
> **SEU CONTEXTO** P112

> UM ENTENDIMENTO DE
> **SEUS MODELOS DE NEGÓCIOS** P118

PRÓXIMOS PASSOS

> **GERE IDEIAS** P142
> Ao usar algumas técnicas práticas que ajudam você e sua equipe a se tornar gênios criativos.

> **APLIQUE TÉCNICAS DE INOVAÇÃO** P148
> A Matriz de Inovação ajuda você a filtrar suas melhores ideias.

RECAPITULAÇÃO

QUANTOS CAFÉS VOCÊ ESTÁ DISPOSTO A TOMAR **COM SEUS CLIENTES**?

VÁ **ALÉM DO ÓBVIO.**

NÃO SUPONHA QUE OS MEMBROS DE SUA EQUIPE ENTENDEM SEU MODELO DE NEGÓCIOS.

NÃO SE TRATA DE RESPOSTAS. TRATA-SE DE FAZER **A PERGUNTA CERTA.**

SE VOCÊ NÃO SABE ONDE ESTÁ, COMO PODE **SABER AONDE IR?**

ENTENDA >> **RECAPITULAÇÃO**

125

ENTÃO, AGORA VOCÊ SABE

«

IDEALIZE

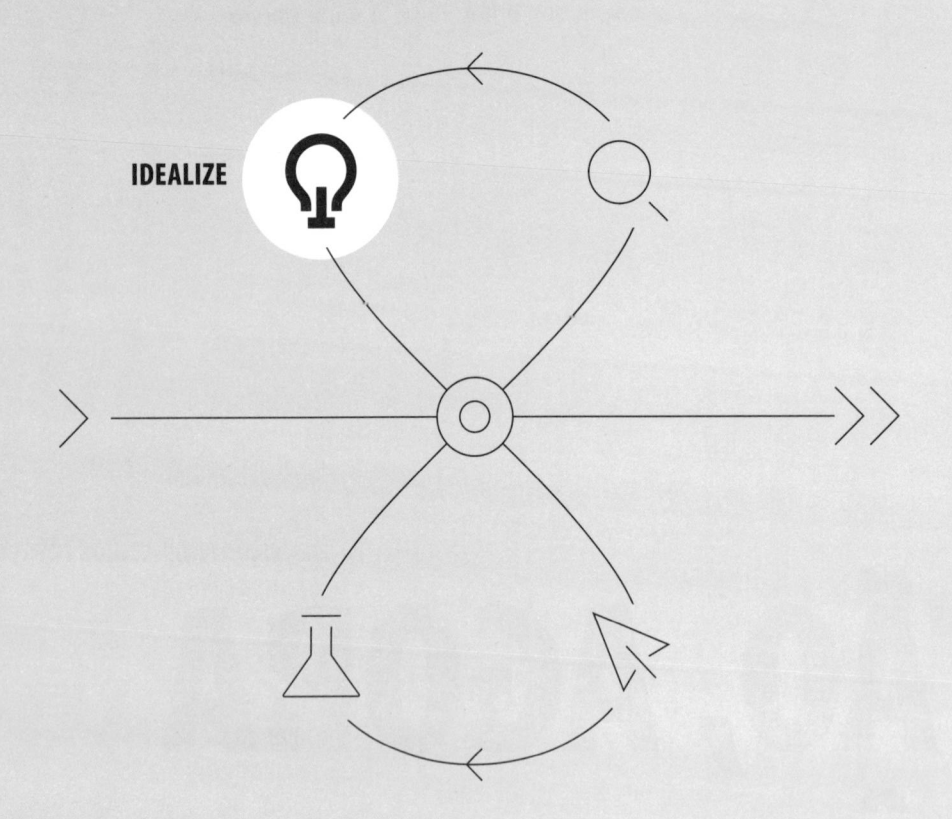

A JORNADA DO DESIGN **IDEALIZE**

APRENDA A **IDEAR**

EXPANDA SUAS IDEIAS

SELECIONE IDEIAS PARA PROTOTIPAR

INTRODUÇÃO	**TORNE-SE UM GÊNIO CRIATIVO**	P128
HABILIDADE	**DOMINE A IDEAÇÃO**	P130
CASO	**SERVIÇOS FINANCEIROS TOYOTA E AS GRANDES IDEIAS**	P134
FERRAMENTA	**MATRIZ CRIATIVA**	P142
FERRAMENTA	**IDEAÇÃO DO CANVAS DE MODELO DE NEGÓCIOS**	P144
FERRAMENTA	**PAREDE DE IDEIAS**	P146
FERRAMENTA	**MATRIZ DE INOVAÇÃO**	P148

TORNE-SE **UM GÊNIO CRIATIVO**

Todos temos ideias. Às vezes, elas que surgem em nossas cabeças e nos mantêm acordados à noite — ideias que sentimos que devemos seguir até o fim; que devem ser executadas. Certamente são as melhores ideias do mundo. Mas a verdade é: elas podem ser muito boas, mas são limitadas. O impacto só é criado quando as ideias se tornam aditivas e expansivas: mais é melhor.

IDEAÇÃO

Sabe aquela ideia que você teve no banho? Provavelmente é ótima. Ainda assim, é só uma das muitas ideias potencialmente boas para resolver um problema ou lidar com uma necessidade não satisfeita. Em outras palavras, não existe apenas uma solução (ou ideia) para qualquer problema ou necessidade pendente.

A ideação trata de gerar muitas ideias rapidamente. Ideias grandes. Ideias ousadas. Ideias factíveis. Ideias impossíveis. Até mesmo ideias ruins. É necessária uma mentalidade criativa e otimista e a habilidade de usar o lado direito do cérebro para conceber sua ideia do banho — e a de todo mundo — sem avaliar ou julgar.

AS IDEIAS VÊM DE UMA DIMENSÃO PARALELA MÁGICA?

No fim de uma sessão de ideação, não é incomum ter uma parede com mais de 500 notas adesivas, cada uma com uma ideia unicamente interessante. Isto será o combustível para gerar opções futuras.

DE ONDE VÊM AS IDEIAS?

Todos temos ideias aleatórias que surgem em nossas cabeças como se estivessem vindo de alguma dimensão paralela mágica (ou do chuveiro). Algumas pessoas, no entanto, parecem ser capazes de ter "boas" ideias com mais frequência do que o resto de nós. Essas pessoas são gênios criativos? Elas têm algum tipo de antena mental que encontra as melhores ideias?

A resposta curta para isto é não. Pode parecer clichê, mas todos nascemos inclinados para curiosidade e criatividade, embora, talvez, tenhamos esquecido de como aproveitá-las. As pessoas que chamamos de "gênios criativos" aprenderam a usar seu sentido inato de curiosidade para sintonizar ideias, confiando que todas são opções potenciais que valem a pena aplicar. A melhor parte disto é que você pode aprender a fazer a mesma coisa. E, com um pouco de prática, gerará o mesmo volume de ideias que os "gênios criativos". Fiquem atentos, gênios!

> **DICA!** Divirta-se bastante enquanto idealiza. A diversão e o humor são os catalisadores mais importantes para a criatividade.

IDEIAS SÃO SÓ IDEIAS

O que diferencia uma ideia boa de uma ótima não é seu contexto ou conteúdo, mas sua habilidade de validar se a ideia é realmente executável e fará diferença. Simplificando, ideias são só pensamentos baseados em suposições. Sozinhas, têm pouco valor.

Portanto é importante separar a ideação da validação. Durante a ideação, você quer elencar uma rede tão ampla e gerar tantas ideias quanto puder no mínimo de tempo possível. Se bem-feito, você e sua equipe terão oportunidades inumeráveis de combinar estas ideias iniciais e criar novas que podem ser avaliadas, prototipadas e validadas.

COLOQUE SEU(S) CÉREBRO(S) PARA FUNCIONAR

Talvez descubra que, em sua vida diária, você é mais criativo quando está no banho ou caminhando. Isto acontece com a maioria de nós. Quando você chega ao trabalho, talvez mude para o modo de execução (não criativo), em que permanece até chegar a casa.

Designers devem ser capazes de mudar suavemente do modo criativo para o analítico e decisivo. Isto é parte do processo de design. Você precisará fazer o mesmo, e sua equipe também. No início, pode parecer estranho acrescentar ferramentas de design e busca, como a observação, para seu cinto de ferramentas. Provavelmente parecerá tão estranho quanto abandonar a avaliação e o julgamento para ser criativo pelo bem da inventividade. Mas vale a pena. Uma vez que sua equipe seja capaz de trabalhar junta para gerar e construir sobre as ideias uns dos outros, você descobrirá que todos chegam à mesma página muito mais cedo.

É claro, há ferramentas e técnicas abundantes para ajudar você e sua equipe a idear de maneira expansiva e sistemática. Ao final deste capítulo, você conhecerá novas maneiras de mudar para o modo criativo e pensar fora da caixa para gerar mais ideias. E saberá formas inventivas de avaliar suas ideias antes de selecionar (algumas) para prototipar e validá-las. ∎

DOMINE **A IDEAÇÃO**

1 LIGUE SEUS MOTORES (CRIATIVOS)

Gerar várias ideias com uma equipe é fácil se você souber como fazê-lo. Tudo se resume à facilitação. Isto implica em empregar o conjunto certo de ferramentas na atmosfera (espaço) certa, com uma mentalidade criativa focada em realizar a tarefa. Também é crucial estabelecer um limite de tempo para sua sessão de ideação. Seria contraprodutivo gerar ideias o dia inteiro. Estabeleça um limite de tempo e crie dentro deste espaço. E quando acreditar que acabou o combustível, reorganize as ideias à sua frente e construa com elas.

2 CONSTRUA DEGRAUS

Quanto mais ideias você e sua equipe tiverem, mais chances terão de fazer conexões interessantes e construir ideias sobre outras ideias. Além disso, assim como quando você constrói o caminho para o futuro, o formato dos degraus não é tão importante quanto sua quantidade e organização.

3 CRIE UM RITUAL

Demora um pouco até para um criativo experiente mudar os motores mentais e fazer o suco criativo fluir. Considere criar algum tipo de ritual de ideação, como um estímulo (discutido mais tarde neste capítulo, na página 146). Com a prática, você aprenderá quanto tempo precisa para chegar lá. Mais importante, planeje para que este momento não seja interrompido.

4 USE UMA FERRAMENTA

Não pense que você precisa conquistar a fronteira das ideias sozinho, usando apenas técnicas de brainstorming. Há várias ferramentas de ideação, como o Canvas de Modelo de Negócios e a Matriz Criativa, que podem ajudar você e sua

---

DICA! COMO CONSTRUIR MAIS DEGRAUS

TORNE ALEATÓRIO
Use um dicionário para escolher cegamente palavras aleatórias. Quando tiver 10-20 palavras, tente fazer combinações. Elas levarão a novas associações e ideias.

FAÇA ANALOGIAS
Procure uma situação análoga. Como sua ideia ou problema se traduz para um telefone celular? Corrida de cavalos? Observe objetos à sua volta para ter inspiração.

COMBINE
Combine sua ideia a outra que lhe pareça não relacionada. Ou aplique-a a um objeto que você vê em sua mesa, a uma pessoa ou atividade. Com o que isto se parece?

TORNE EXTREMO
Qual é a versão mais extrema de sua ideia? Você pode explodi-la? E se todo mundo usá-la? Qual é o oposto de sua ideia?

TERIOMORFIZE-A
Se sua ideia fosse um animal, qual seria? Quais são suas características? Ela morderia? Você seria capaz de domesticá-la? E se fosse um carro? Ou uma pessoa?

equipe a conceber muitas ideias valiosas. Usar ferramentas para idear permite que você estruture a sessão enquanto simultaneamente expande e explora novas ideias. Por exemplo, o Canvas de Modelo de Negócios fornece uma estrutura para ir ainda mais fundo em cada ideia.

5 VÁ FUNDO

Uma coisa é gerar, compartilhar e expandir muitas ideias. Mas você também precisará explorar algumas dessas ideias com mais profundidade — especialmente quando se trata de selecionar algumas ideias para prototipar e validá-las. Qual é a essência de cada ideia? Quais problemas e de quem ela vai resolver? Pelo que os clientes pagarão e como encontrarão em primeiro lugar?

Você não será capaz de explorar todas as ideias com essa profundidade. Mas para algumas ideias, ir mais fundo em seu contexto e expor as suposições que você e sua equipe fizeram ao gerá-las é extremamente valioso. ∎

IDEALIZE >> HABILIDADE >> **DOMINE A IDEAÇÃO**

ABRA ESPAÇO PARA O **PENSAMENTO PROFUNDO**

Desenvolver novas ideias é central para design e negócios, mas é fácil esquecer que uma grande parte da ideação é a "edição". Durante o processo de ideação, é vital transferir o máximo de ideias possível de sua cabeça para o papel, seja através de palavras ou imagens — ou ambas.

Muitas vezes, temermos que algumas de nossas ideias pareçam bobas ou vergonhosas. Mas isto não importa. Tirar essas primeiras ideias de sua cabeça ajuda a liberar espaço para o pensamento mais profundo. Nossas primeiras ideias podem acabar sendo as mais adequadas, mas precisamos explorar o máximo de opções possíveis antes de poder avaliar isso com precisão. Quanto mais ideias pudermos desenvolver, melhores chances teremos de selecionar a melhor opção. E é crucial permitir-se descartar uma ideia em detrimento de outra melhor.

Lembre-se de que ideias podem vir de qualquer lugar — e que o ego precisa ser removido. O processo de ideação tem mais impacto quando há várias pessoas envolvidas ao mesmo tempo. Dessa maneira podemos construir sobre as ideias dos outros.

Kevin Finn
Diretor criativo
TheSumOf

HISTÓRIAS DE **IDEAÇÃO**

DE 1... A 10

Como parte de nossa iniciativa de Saúde e Bem-Estar, trabalhávamos em vários protótipos para nossos conceitos iniciais. Reunimos ótimos insights de pesquisas de mercado e presenciais. O que precisávamos, no entanto, era de uma estratégia de modelo de negócios que combinasse.

Como um fabricante de eletrônicos, estava claro que podíamos oferecer um produto para venda. Mas também estávamos interessados em entender como ofereceríamos valor agregado, como serviços online.

Como equipe, nos reunimos em nossa sala de inovação durante alguns dias para gerar novas ideias. Rapidamente mapeamos nossa ideia para este novo produto em um Canvas de Modelo de Negócios — depois a usamos como base para mais de 300 ideias.

Reunimos estas ideias em 10 opções de modelos de negócios diferentes que, então, exploramos e projetamos.

Usar essa abordagem nos permitiu criar novas opções rapidamente. Ela também nos forneceu uma estrutura para analisar nossas suposições subjacentes. Para esta estrutura, aplicamos uma abordagem centrada no cliente para validar diferentes alternativas de modelos de negócios.

Essa abordagem nova para ideação revitalizou nossos esforços de inovação. Continuamos a usar as ferramentas como parte do nosso processo.

// Gabriel Rubinsky, gerente sênior, Inovação de Produtos, na Panasonic

SÓ DIGA NÃO ÀS DROGAS

Um grupo de uma grande empresa farmacêutica usou o Canvas de Modelo de Negócios como um exercício de ideação. Foi pedido ao grupo que identificasse a única coisa que tinham certeza sobre seu negócio — vender medicamentos — e que removessem do canvas.

Indignado, o CEO respondeu: "Obviamente, vocês não entendem nosso negócio, já que 100% de nossa renda vêm da venda de medicamentos!"

Não obstante, pedimos a eles que passassem 30 minutos nesse cenário "ridículo", só para ver o que conseguiriam criar.

Adicionar essa limitação fez com que olhassem para seu negócio por outro ângulo! A equipe descobriu que a empresa realmente tinha um recurso(-chave) incrivelmente valioso que nunca havia considerado como fonte potencial de renda: seu conhecimento sobre tratamentos para câncer.

NÃO FAÇA LISTAS AO IDEAR COMO EQUIPE, ELAS LIMITAM A HABILIDADE DAS PESSOAS DE TER MAIS DE SETE IDEIAS. ISTO PODE SER RESULTADO DO DESEJO DE SER CONSISTENTE OU COMPLETO. EM VEZ DISSO, FAÇA UMA PILHA DESORGANIZADA DE NOTAS ADESIVAS PRIMEIRO!

IDEALIZE >> HISTÓRIAS >> **IDEAÇÃO**

MELHORANDO A VIDA DE MILHÕES

Eu conduzia uma sessão de ideação com representantes de nossas funções clínicas, tecnológicas, de marketing e sustentabilidade. Esboçamos uma longa lista de ideias e, então, pensamos sobre como filtrá-las. Eu impus apenas um critério: tinha que melhorar a vida de mais de 10 milhões de pessoas no mundo em desenvolvimento. No fim do dia, estávamos com um punhado dos melhores palpites de modelos de negócios que tinham a possibilidade não só de atingir o sucesso comercial, mas de transformar vidas. Eu fiquei genuinamente comovido. Três anos depois: esse mesmo cara da sustentabilidade está explorando como evoluir esses modelos para o mercado —, mas, dessa vez, tem mais de 100 milhões de pessoas em vista.

// Alex Davidge, chefe de Arquitetura de Negócios e Desenvolvimento de Estratégia, Bupa

TORNANDO SEGURO FALAR

Uma firma tradicional de serviços financeiros conduziu um offsite de dois dias com seus 60 melhores executivos para discutir ideias inovadoras para crescimento. Como a cultura da empresa enfatizava detalhes e redução de riscos, os participantes não estavam acostumados a compartilhar ideias ousadas abertamente.

Para ajudar os participantes a ficar mais confortáveis, o facilitador criou cartas personalizadas "Seguro Falar" com comportamentos claramente identificados que apoiavam questionamento provocativo e feedback sincero. Isto encorajou os participantes a recompensarem uns aos outros por moldar comportamentos mais abertos e baseados em questionamentos.

As cartas não só estimularam novas ideias animadoras, mas os participantes se divertiram mais e tiveram uma chance de ver os lados criativos de seus colegas.

COMO O TOYOTA FINANCIAL SERVICES ESTIMULOU GÊNIOS CRIATIVOS EM SEU MEIO

»

NÃO QUEREMOS NOS TORNAR A COMPANHIA DE DISCOS DA INDÚSTRIA DE CARROS

// GEORGE BORST, ANTIGO CEO, TFS

ESTUDO DE CASO TOYOTA

TOYOTA FINANCIAL SERVICES E AS GRANDES IDEIAS

Em 2012, o grupo Toyota Financial Services (TFS), a subsidiária financeira da Toyota Motor Corporation, estava sob muita pressão. A Toyota vivenciara uma quantidade substancial de recalls automotivos e o ambiente de negócios externo estava em transformação. O CEO, George Borst, sabia que precisava mudar seu negócio juntamente com o ambiente.

AUMENTANDO AS APOSTAS

Para aumentar as apostas e criar um senso compartilhado de urgência, Borst queria aumentar o limite quase impossivelmente alto de sua equipe executiva. Ele pediria a eles que dobrassem os lucros da empresa em cinco anos sem aumentar os gastos. E faria isto em um offsite, usando maneiras novas e não familiares de inovar.

No passado, muitas pessoas inteligentes da TFS tentaram implementar um foco futuro. Mas quando tentaram criar oportunidades inovadoras, foram substancialmente frustradas por suas ferramentas e práticas tradicionais. Como uma disseram: "Havia um curso de conhecimento, com planos sobre planos, tabelas

TOYOTA FINANCIAL SERVICES E AS **GRANDES IDEIAS**

sobre tabelas, métricas sobre métricas e scorecards sobre scorecards. Vários planos de negócios por todos os lados e tudo tinha que vir de um relatório de tendência." A equipe executiva sabia que métodos tradicionais de inovação não seriam suficientes para levar a empresa em direção a seu objetivo futuro. Para angariar novas ferramentas e técnicas, a TFS organizou um offsite.

PREPARAR PARA A MUDANÇA

Os organizadores queriam ter uma noção de como as pessoas dentro da empresa queriam ampliar o negócio ao longo dos próximos cinco anos. Eles pediram aos funcionários que submetessem ideias através de um portal interno de rede, focando as seguintes dimensões: aumentar rendas, otimizar recursos e gerenciar custos.

Mais de 60 novas ideias foram submetidas. Mas quando as traçaram em uma Matriz de Inovação, a equipe executiva notou duas coisas.

Primeira, todas as ideias caíram do lado esquerdo do Canvas de Modelo de Negócios: operações internas. No entanto, nenhuma delas abordava o lado direito do canvas: onde o valor é criado para os clientes e para a empresa.

INSIGHT CRIAR MANEIRAS DE CORTAR CUSTOS É FÁCIL. ENCONTRAR NOVAS IDEIAS PARA CRIAR VALOR NÃO É.

INSIGHT OS INCENTIVOS CERTOS REALMENTE DERAM INÍCIO AO NOSSO PROCESSO!

Segunda, a equipe executiva notou que as ideias só trariam mudanças complementares, não substanciais. Ninguém estava convencido de que mudanças complementares permitiriam que a TFS dobrasse os lucros em cinco anos.

INCENTIVADORES AO RESGATE

A equipe executiva precisava de uma maneira de ajudar os participantes a pensar mais alto, expandir além de suas ideias iniciais e colocar mais ênfase na criação de valor. Com alguma ajuda externa, a equipe preparou quatro perguntas incentivadoras para inspirar os participantes. Havia dois propósitos. Ajudar a estruturar o desafio em torno de perguntas simples e diretas. E dividir as metas abrangentes (dobrar os lucros em cinco anos e focar criação de valor) em partes mais administráveis sobre as quais os participantes conseguiriam idear.

IDEALIZE >> CASO >> **TOYOTA E AS GRANDES IDEIAS**

PREPARANDO INCENTIVADORES

1 REPENSANDO O SEGURO
E se repensássemos o seguro? E se recomeçássemos o negócio do zero?

2 CORTANDO GASTOS OPERACIONAIS EM 50%
Como podemos cortar gastos operacionais em 50%? Quais são as portas que podemos abrir?

3 PARCERIA SURPRESA
Como podemos surpreender nossos parceiros, os revendedores? Podemos cocriar com eles?

4 AMOR À MARCA
Como podemos nos tornar a marca financeira amada pelo cliente?

Eles visualizaram os incentivadores e os grudaram nas paredes no espaço de trabalho, para dar às equipes um norte enquanto ideavam.

PLANEJAR UM FUTURO MELHOR É SEU TRABALHO PRINCIPAL!
//George Borst, antigo CEO, TFS

TESTE

Antes de pular para a ideação e tentar descobrir o que funcionaria para a equipe executiva, os organizadores prepararam uma sessão pré-workshop. Um pequeno grupo com os principais líderes de algumas unidades de negócios passou um dia e meio criando Canvas de Modelo de Negócios e de Proposta de Valor para descrever o estado atual da TFS e seus clientes.

Durante o pré-workshop, o comitê descobriu que havia uma falta de concordância e entendimento sobre o modelo de negócios atual, mesmo dentro da liderança da empresa. Por sua vez, isto criou desunião dentro da equipe executiva com relação à estratégia da empresa. O comitê também percebeu que usar ferramentas e trabalhar visualmente tornaria a conversa muito mais fácil e real.

OFFSITE REAL

Depois que o teste foi concluído, os 55 principais executivos e gerentes da Toyota Financial Services se reuniram em Santa Monica, CA, EUA, para um workshop de planejamento estratégico de 2 dias e meio. Depois de uma preparação detalhada, os organizadores tinham muita esperança de que os participantes sairiam de lá com uma compreensão melhor de como planejar um futuro brilhante para a empresa. »

TOYOTA FINANCIAL SERVICES E AS **GRANDES IDEIAS**

DIA 1 **PONTO DE VISTA**

MATRIZ DE INOVAÇÃO

SUBSTANCIAL

DEPOIS: IDEIAS NOVAS CAÍAM NESTE QUADRANTE

P. EX., "COMEÇAR UM SERVIÇO DE CAR-SHARING COM OS REVENDEDORES"

CUSTO

RENDA

ANTES: IDEIAS INICIAIS CAÍAM NESTE QUADRANTE

P. EX., "IMPRIMIR FRENTE E VERSO PARA ECONOMIZAR NO CUSTO DO PAPEL"

COMPLEMENTAR

A Toyota Financial Services usou a Matriz de Inovação para traçar como as ideias pontuavam em relação aos critérios. A matriz os ajudou a filtrar as ideias realmente promissoras. Veja como usá-la na página 148.

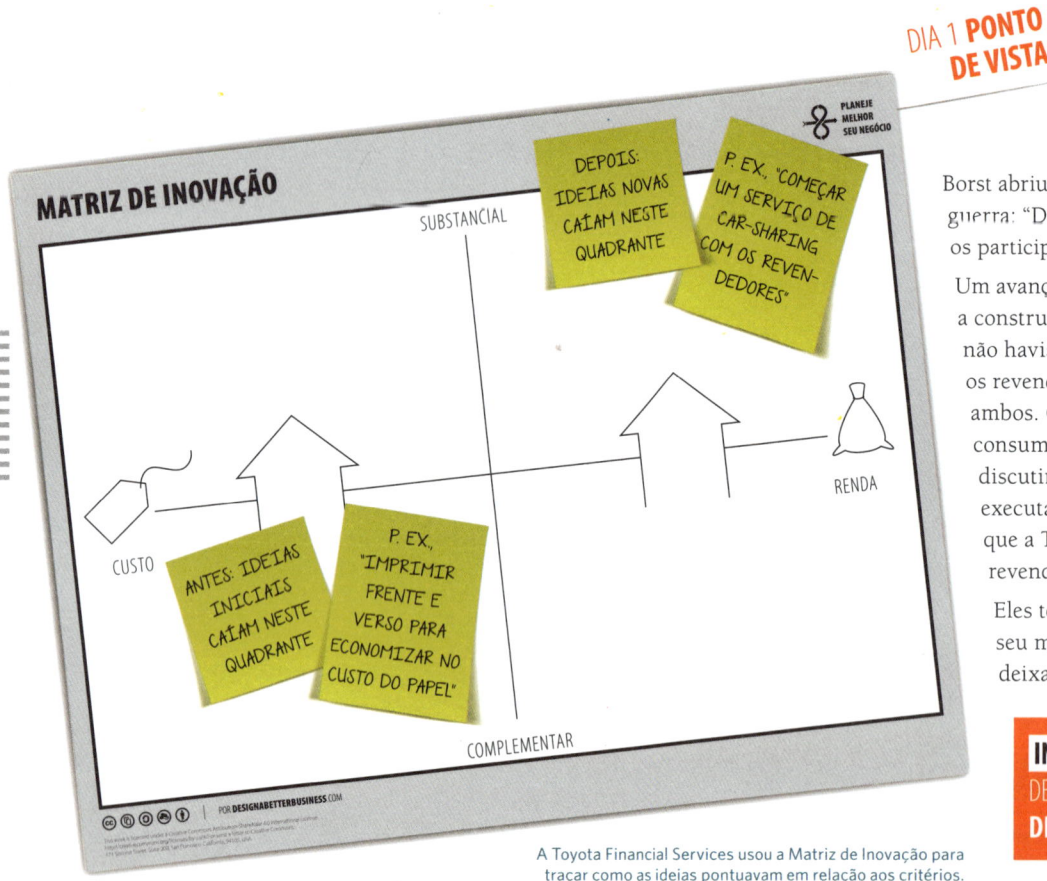

Borst abriu o offsite e, para estabelecer o clima, deu o grito de guerra: "Dobrar os lucros em 5 anos!" Desde este primeiro dia, os participantes aprimorariam seu ponto de vista.

Um avanço incrível ocorreu enquanto cada equipe começou a construir seus modelos de negócios. O grupo percebeu que não havia consenso sobre quem eram os clientes primários: os revendedores de carros, os consumidores finais ou ambos. Os revendedores eram seus clientes ou eram os consumidores finais? Borst disse aos participantes: "Podemos discutir, debater e discordar —, mas precisamos decidir e executar." Então, a equipe decidiu que os clientes-chave a que a TFS servia em seu modelo de negócios eram ambos, revendedores e consumidores finais.

Eles terminaram o primeiro dia com um consenso sobre seu modelo de negócios atual, algo que nunca tinham deixado explícito antes.

INSIGHT PRECISÁVAMOS COMEÇAR COM UM GRITO DE GUERRA PARA **CRIAR UM SENSO COMPARTILHADO DE URGÊNCIA.**

IDEALIZE >> CASO >> **TOYOTA E AS GRANDES IDEIAS**

DIA 2
IDEAÇÃO

INSIGHT USE TÉCNICAS DE IDEAÇÃO PARA FORÇAR AS PESSOAS A PENSAR FORA DA CAIXA.

No dia seguinte, os participantes começaram a idear novos modelos de negócios, usando os incentivadores como ponto de partida.

Eles foram instruídos a garantir que os lados esquerdo e direito de seus canvas de modelo de negócios fossem conectados por metas de criar, entregar e capturar valor. Eles garantiram que cada um dos blocos de construção apoiava a meta e estava ligado a outros blocos de construção.

No final do dia, cada grupo selecionou sua ideia mais promissora para um novo modelo de negócios, com base nos critérios de design e em seu entusiasmo, e apresentou-a no palco. O público classificou cada ideia como se fosse o CEO, alocando fundos apenas para aqueles modelos que resultariam em duplicar os lucros.

Ao final do segundo dia, o grupo criara quatro modelos muito concretos para impulsionar a empresa para frente.

DIA 3
O LOOP DUPLO

Encerrar o offsite foi tão importante quanto começá-lo, e a equipe se certificou de que as próximas etapas fossem estabelecidas.

"Desta vez, concretizamos as ideias antes de ir embora e sabíamos como impulsioná-las para frente. Não faltam voluntários que queiram trabalhar nela de alguma maneira. Nunca vi isso acontecer", disse Chris Ballinger, o CFO.

Borst concluiu o offsite defendendo as novas ferramentas de maneira bem real, enfatizando que o offsite não era um terreno no céu e que este trabalho precisava continuar de forma regular para que a TFS chegasse aonde precisava. Ele declarou que seu trabalho era permitir que a equipe executiva e os gerentes dessem continuidade aos esforços iniciados naquela semana.

INSIGHT PODEMOS DISCUTIR, DEBATER E DISCORDAR, MAS **PRECISAMOS DECIDIR E FAZER!**

Planejar um futuro melhor não é algo que se faz à parte; é seu trabalho. ■

Visualizamos os incentivadores e os grudamos nas paredes no espaço do workshop para dar às equipes um norte enquanto ideavam.

INTRODUÇÃO ÀS **FERRAMENTAS DE IDEAÇÃO**

Enquanto todo mundo pode e deve compartilhar as ideias que teve no banho, expandir e explorar ideias é muito mais fácil com o grupo do lado direito, usando as ferramentas certas. Aqui estão algumas maneiras de idear juntos.

COMEÇANDO
Quando você estiver começando o processo de ideação, precisa mudar sua mentalidade — e de sua equipe — para longe da avaliação. Isto nem sempre é fácil, especialmente quando você tem um trabalho que envolve pensamento crítico, tomar muitas decisões e avaliar o trabalho de outras pessoas. Mas não se preocupe. Com um pouco de prática e usando as ferramentas e técnicas feitas para idear, você conseguirá rapidinho!

VÁ COM CALMA
Pode levar algum tempo para você e sua equipe — talvez até 15–20 minutos — passarem para o modo de ideação. É aí que atividades para quebrar o gelo fazem uma grande diferença! Mudar para uma mentalidade brincalhona e divertida ajudará a transição mental de execução para ideação. Como tudo, quanto mais você pratica, melhor fica.

Um aviso: não passe o dia inteiro no modo ideação. Isto não só é contraprodutivo, como você ficará rapidamente sem energia e, muito provavelmente, começará a discutir sobre as ideias em vez de expandi-las.

NÃO BLOQUEIE
Fique atento a comportamentos "bloqueadores" que interrompem o fluxo da criatividade. Avaliar prematuramente e julgar ideias bloquearão o fluxo criativo. Para superar isto, tente usar afirmações "sim, e..." em vez de "sim, mas...". E certifique-se de que sua equipe esteja usando seus chapéus amarelos de pensar; eles podem usar os chapéus pretos mais tarde.

NÃO PENSE DEMAIS
O segredo para criar é não pensar demais em cada ideia ou palavra na nota adesiva à sua frente. Deixe seu cérebro criar o que quiser, e assuma o papel de registrador em vez de tentar direcionar o fluxo de seus pensamentos. Isto também é algo que você aperfeiçoa com a prática.

USE UM CANVAS
Às vezes, é difícil começar os motores criativos. Claro, pessoas vão ao trabalho com suas ideias de banho favoritas. Mas, na ideação, você quer construir e expandir além das ideias que teve no banho. Frequentemente, a melhor maneira de fazer isso é usar um canvas, como o Canvas de Modelo de Negócios ou de Proposta de Valor, para ajudar a estruturar a sessão de ideação e expandir a partir daí. O Canvas de

Modelo de Negócios tem o benefício adicional de exigir que as pessoas se aprofundem mais.

VÁ PARA O ESPAÇO

Às vezes é necessário forçar a si mesmo e à equipe a viajar para o espaço. E se você tivesse que começar do zero? E se parasse de fazer o que faz hoje? Fazer estas perguntas ajudará sua equipe a se expandir além das fronteiras de sua estratégia atual e suas limitações. À medida que deixa a realidade para trás, começa a construir outras ideias, tornando a principal ainda maior. Quando você voltar à terra, provavelmente descobrirá que aprendeu algo novo que pode aumentar sua estratégia atual — ou criar uma inteiramente nova.

PAREDE DE IDEIAS

A parede de ideias é uma ótima maneira de registrar os resultados de sua sessão de ideação. Quando grudam suas notas adesivas na parede, todos, de introvertidos a extrovertidos, trabalham juntos criativamente e com uma sensação de realização. À medida que as equipes acrescentam ideias na parede, elas, sem dúvida, criarão novas ou apontarão as que são engraçadas ou interessantes.

VOLTANDO À TERRA

Depois de idear com sua equipe por um tempo, o arco de tensão naturalmente chegará ao fim em algum momento.

DICA! Não permita que a poeira baixe sobre os resultados de sua sessão criativa! Processe imediatamente os resultados e procure qualquer joia escondida.

Todo mundo desacelerará sua geração de ideias; começará a ficar mais difícil ter outra ideia. Fique consciente deste estado, já que é o ponto em que a energia coletiva começa a se dissipar. Este é o momento perfeito para fazer um intervalo. Quando voltarem, você e sua equipe podem começar a avaliar as ideias, o que ajudará a aumentar o nível de energia.

OS FRUTOS DO SEU TRABALHO

Depois que a equipe gerou toneladas de ideias — talvez várias centenas (não, sério) — e as colocou na parede de ideias, é hora de começar a organizá-las. É importante não pensar nisto como um trabalho desnecessário. Organizar ideias realmente levará a novas combinações e mais ideias (lembre-se do conceito dos degraus). Uma das melhores maneiras de fazer isso é reunir ideias semelhantes e dar a elas um grande título.

Depois de reuni-las, você vai querer filtrar as que são mais promissoras para se trabalhar. Não é preciso deliberar ou agonizar sobre isto também! No fim deste capítulo, compartilhamos uma ótima ferramenta que o ajudará a fazer isso rapidamente e de maneira estruturada, já que longas discussões sobre quais ideias são melhores no papel são simplesmente uma perda de tempo. ■

FERRAMENTA **MATRIZ CRIATIVA**

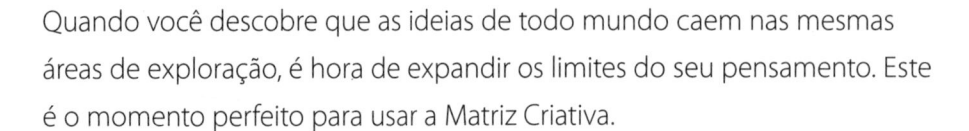

Quando você descobre que as ideias de todo mundo caem nas mesmas áreas de exploração, é hora de expandir os limites do seu pensamento. Este é o momento perfeito para usar a Matriz Criativa.

GERAR
crie ideias

± 15 MIN
panela de pressão

3 – 5
pessoas por grupo

MATRIZ CRIATIVA

O objetivo da ideação é expandir o pensamento e as ideias de todos na equipe, para criar algo que é maior do que a soma de suas partes. Entretanto, sem contexto e prática, a maioria de nós tem dificuldades em expandir além do que sabemos (ou ter alguma ideia no banho).

A Matriz Criativa foi elaborada com isto em mente. Basicamente, ela é uma ferramenta que ajudará a dar início a novas ideias nas interseções de categorias distintas. Esta ferramenta trata do pensamento divergente. O melhor de tudo, você pode projetar a própria Matriz Criativa com base em seus critérios de design, no mercado em que atua ou nos clientes a que atende (ou deseja atender).

A GRADE

Para projetar a própria Matriz Criativa, desenhe uma grade em um quadro branco ou papel pôster com não mais do que cinco linhas e cinco colunas. Atribua a ela um assunto ou pergunta central: "Como poderíamos...?"

Para cada uma das colunas, designe um segmento de clientes (existente ou novo). Para cada uma das linhas, discrimine uma tecnologia em particular, solução ou proposta de valor. Você também pode optar por selecionar o fim da coluna e/ou linha como uma categoria coringa, para colocar ideias abertas.

PREENCHA AS CÉLULAS

Com sua matriz no lugar, é hora de idear! Usando notas adesivas, faça com que cada pessoa adicione aleatória e rapidamente o máximo de ideias que conseguir criar nas células da matriz. Palavras são boas. Imagens são melhores! O objetivo é preencher todas as células da Matriz Criativa com, pelo menos, uma ideia.

Para incentivar pessoas a gerar mais ideias, atribua um ponto para cada nota adesiva. A maior pontuação ganha.

Depois que cada célula foi preenchida e o tempo tiver acabado, é hora de rever as ideias. Reúna a equipe em volta da matriz criativa. Quando todos tiverem a chance de observar o trabalho do outro, faça com que cada pessoa fale quais são suas ideias favoritas (ou as duas melhores). A partir daí, a equipe seleciona as ideias mais promissoras para ir adiante. ■

IDEALIZE >> FERRAMENTA >> **MATRIZ CRIATIVA**

Acrescente coisas diferentes que queira criar, por exemplo, um canal, proposta de valor e modelo de renda, para cada segmento. Ou idealize por variações da mesma coisa.

Tente colocar diferentes segmentos de clientes no topo. Desta maneira você pode gerar ideias para cada segmento e acomodar suas necessidades.

Você pode adicionar quantas colunas quiser. No entanto, para um resultado eficaz, não aconselhamos passar de 20 células.

DOWNLOAD
Faça o download do modelo de Matriz Criativa em www.altabooks.com.br

COMO PODERÍAMOS... INSPIRAR PESSOAS A IR EMBORA DO ESCRITÓRIO ANTES DA MEIA-NOITE?

Post-its na matriz:
- SEGMENTO DE CLIENTES 1 — DESIGNERS DE LIVROS
- SEGMENTO DE CLIENTES 2 — AUTORES DE LIVROS
- SEGMENTO DE CLIENTES ...
- CANAL 1 — MÍDIAS SOCIAIS
- CANAL 2 — TECNOLOGIA WEARABLE
- CANAL ...
- FOTOS DE PRAIAS
- CUPONS PARA DRINKS
- AUTOMAGICAMENTE
- IDEIA
- BLOQUEIO DE RUÍDO
- LEMBRETES PARA FICAR EM PÉ
- CONTROLAR A LUZ NATURAL
- DISPARAR DESLIGAMENTO DO LAPTOP
- PEDIR HAMBÚRGUERES

Crie ideias diferentes para cada célula e evite pegar o caminho mais fácil fazendo apenas variações de um tema.

Dica: Para apimentar o exercício, adicione uma linha "coringa", em que sua equipe precise criar ideias que não se encaixam nas outras categorias.

143

CHECKLIST

☐ Todas as células estão preenchidas com ideias que fazem sentido.

☐ As ideias são concretas e bem definidas.

☐ Você não consegue pensar em nenhuma categoria que tenha deixado de fora.

PRÓXIMO PASSO
> Valide suas novas ideias.

FERRAMENTA IDEAÇÃO DO **CANVAS DE MODELO DE NEGÓCIOS**

GERAR
crie ideias

± 30 MIN
panela de pressão

3–5
pessoas por grupo

O Canvas de Modelo de Negócios está descrito na página 118.

O Canvas de Modelo de Negócios pode ser uma ótima ferramenta de ideação se você souber usá-lo. As ferramentas nesta página o ajudam a gerar diferentes opções que pode explorar ainda mais ou guardar para mais tarde.

FRESHWATCHING

Precisa de um pontapé para idear com base em seu modelo de negócios atual? Por que não usar o modelo de negócios de outra empresa para acelerar seu motor criativo? Este é o propósito da técnica de ideação freshwatching.

O freshwatching mistura e combina modelos de negócios de outras empresas — muitas vezes, totalmente fora do seu negócio ou indústria — para ver o que você consegue criar. Por exemplo, e se você aplicasse o modelo de negócios da Uber ou da Amazon a seu negócio? E se operasse como a Netflix ou o Spotify? Como sua proposta de valor mudaria se fosse informada pela EasyJet ou Apple?

Não importa se a empresa é um negócio bem conhecido, online ou varejista offline. Com o freshwatching, você simplesmente olha sua empresa pelos olhos de outra.

REMOVA SUA ESSÊNCIA

Examine seu modelo de negócios para encontrar o molho secreto de sua empresa — aquela coisa que você tem certeza absoluta que define como sua empresa cria, entrega ou captura valor. Por exemplo, se administra um negócio de softwares, pode ser o software de propriedade que você desenvolve e vende. Também poderia ser um parceiro insubstituível ou um segmento específico de clientes.

Remova esta nota adesiva. As chances são de que seu modelo de negócios agora tenha um grande furo nele. Sua tarefa: tentar consertá-lo. Sem roubar: não coloque a nota adesiva de volta! Esta limitação definitivamente lhe dará novas ideias.

EPICENTROS

O Canvas de Modelo de Negócios representa um sistema dinâmico. Há interação — causa e efeito — entre cada um dos blocos; mudar um elemento em um afetará o outro. Isto se presta bem para uma técnica chamada ideação baseada em epicentro.

Com ela, você tem nove caixas diferentes, ou epicentros, para gerar mais ideias. Isto funciona se você eliminar oito caixas de seu modelo de negócios, deixando o foco em uma. O que construiria se mantivesse aquela? Por exemplo, e se você usasse os recursos de sua empresa para criar um modelo de negócios totalmente novo?

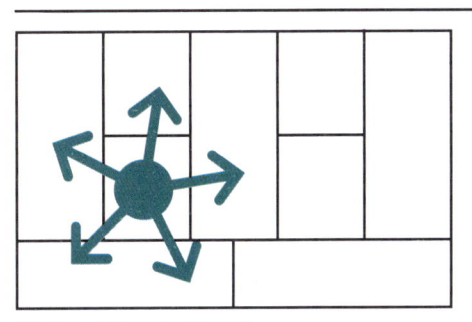

IDEALIZE » FERRAMENTA » **IDEAÇÃO DO CANVAS DE MODELO DE NEGÓCIOS**

DOWNLOAD
Faça o download do Canvas de Modelo de Negócios em www.altabooks.com.br

EPICENTRO: CONDUZIDO POR RECURSOS
Todos os negócios contêm recursos-chave que são elementos fundamentais do motor sob o capô. No caso da Amazon, era sua infraestrutura de TI. Se você fosse começar de novo apenas com seus recursos-chave intactos, o que faria com eles que não está fazendo agora?

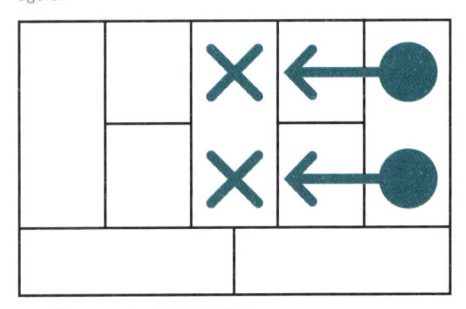

A Amazon fez exatamente isto quando descobriu que podia usar sua infraestrutura de nuvem para gerar renda.

Outras áreas para usar este método podem ser seu segmento de clientes (o que mais você poderia oferecer a eles?); sua proposta de valor (que outros segmentos de clientes poderia abordar?); fluxos de renda (de quais outras maneiras venderia, arrendaria ou alugaria seu produto/serviço?); e até seus canais (o que mais poderia aproveitar que seus canais fizessem?).

SIGA PADRÕES

Quando você examinar a paisagem de modelos de negócios existentes, perceberá que existem muitos padrões. Eles são como fórmulas que podem ser aplicadas a um modelo de negócios para lidar com uma nova necessidade de cliente, criar um novo fluxo de renda etc. Alguns exemplos bem conhecidos de padrões de modelos de negócios usam fluxos de plataformas de assinaturas por meio da qual uma parte do produto depende da outra para ganhar dinheiro (pense em cabos baratos, lâminas de barbear caras; ou impressoras baratas, tinta cara). ■

PADRÃO: PLATAFORMA MULTILATERAL
Plataformas multilaterais são modelos de negócios que servem dois ou mais segmentos de clientes, onde um segmento normalmente usa a plataforma como o canal para trocar valor com o outro segmento de cliente. A Google ganha dinheiro com anúncios via AdWords usando uma plataforma multilateral.

CHECKLIST

☐ Você criou mais de seis opções novas de modelos de negócios.

☐ As opções que criou são todas bem diferentes.

☐ Você tornou as opções concretas e específicas para seu negócio.

PRÓXIMOS PASSOS

› Apresente-os e veja quais ideias combinam com outras.

› Selecione um modelo de negócios que queira transformar em um Canvas de Proposta de Valor.

› Selecione um modelo de negócios que queira transformar em protótipo.

145

FERRAMENTA **PAREDE DE IDEIAS**

Perguntar "e se?" é uma maneira poderosa de preencher uma parede com ótimas ideias. Sinta-se à vontade para usar essas perguntas-gatilho ou criar as suas! Faça-as à equipe em um ritmo rápido, desafiando cada pessoa a criar várias ideias.

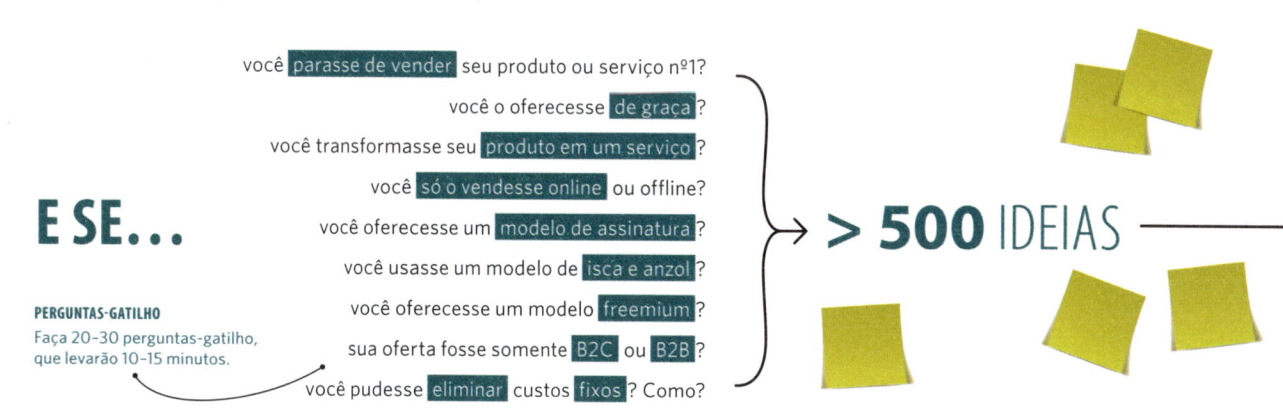

GERAR
crie ideias

± 30 MIN
panela de pressão

SOLO
mas todos juntos

E SE…

você `parasse de vender` seu produto ou serviço nº1?
você o oferecesse `de graça`?
você transformasse seu `produto em um serviço`?
você `só o vendesse online` ou offline?
você oferecesse um `modelo de assinatura`?
você usasse um modelo de `isca e anzol`?
você oferecesse um modelo `freemium`?
sua oferta fosse somente `B2C` ou `B2B`?
você pudesse `eliminar` custos `fixos`? Como?

→ **> 500** IDEIAS

PERGUNTAS-GATILHO
Faça 20–30 perguntas-gatilho, que levarão 10–15 minutos.

FAÇA PERGUNTAS-GATILHO

O propósito desta ferramenta é encher uma parede com ideias geradas por uma equipe em um curto espaço de tempo. Esta técnica usa perguntas-gatilho para fazer a criatividade fluir.

A parede de ideias requer preparação. Primeiro, decida uma lista de `perguntas-gatilho` que você fará para a equipe em uma sucessão rápida (uma a cada 30 segundos, mais ou menos). Use os exemplos acima para começar, eliminando as que não se aplicam a seu negócio. Use seu Canvas de Modelo de Negócios existente como base para criar novas perguntas.

Se, por exemplo, você vende um produto hoje através de varejistas, o que aconteceria se vendesse diretamente para os clientes através do seu canal online? Como seria? Você entende a ideia.

À medida que as perguntas-gatilho são respondidas, cada pessoa simplesmente escreverá o que vier à cabeça em uma nota adesiva usando um marcador permanente. No final deste exercício deverá haver uma pilha de, pelo menos, a mesma quantidade de notas adesivas que perguntas em frente a cada participante.

IDEALIZE >> FERRAMENTA >> **PAREDE DE IDEIAS**

ESTACIONAMENTO

REUNINDO SUAS IDEIAS
Você pode usar mapeamento de afinidade (p.ex., reunir coisas similares) para juntar ideias parecidas.

ESTACIONAMENTO
Talvez você descubra coisas que não são úteis ou relacionadas. Um estacionamento facilita guardá-las para mais tarde.

DEIXE VISÍVEL
Manter a parede de ideias visível faz as pessoas voltarem às ideias que tiveram. Verifique a parede uma última vez: o que você deixou passar?

DOWNLOAD
Faça o download do exemplo de perguntas-gatilho em www.altabooks.com.br

AGRUPAMENTO 1

AGRUPAMENTO 3

3–5 AGRUPAMENTOS

AGRUPAMENTO 2

REGISTRE SEU TRABALHO
Faça uma foto de sua parede visual.

REÚNA SUAS IDEIAS

Quando as perguntas acabarem, faça com que todos grudem suas notas adesivas na parede, uma de cada vez, falando sua ideia, para que fique claro para todo mundo o que está sendo adicionado. Não se preocupe com a organização em um primeiro momento.

Em seguida, organize as ideias em um máximo de cinco agrupamentos de alto nível. Você pode definir os agrupamentos de antemão ou pode usar o mapeamento de afinidade e deixá-los surgir.

Quando terminar de agrupá-las, registre seu resultado. Fotos facilitam isso. Envie-as para a equipe e não se esqueça de mantê-la informada sobre o progresso futuro!

CHECKLIST

☐ Você criou mais de 500 ideias (ou cerca de 25 por pessoa).

☐ Você as reuniu em temas.

PRÓXIMO PASSO

› Faça uma seleção: separe as ideias mais promissoras para seguir trabalhando.

FERRAMENTA **MATRIZ DE INOVAÇÃO**

Sua parede de ideias está cheia de centenas de ideias e chegou a hora de fazer uma seleção. Quais são as ideias realmente promissoras? Use a Matriz de Inovação e o sistema de classificação nesta página para filtrar as melhores.

FOCO
selecione ideias

± 45 MIN
sessão

3–5
pessoas por grupo

CATEGORIZE SUAS IDEIAS

Nós, seres humanos, somos fantásticos em categorizar coisas. Passamos grande parte de nossa vida profissional categorizando e subcategorizando o trabalho que fazemos. Quando se trata de combinar sua parede de ideias, uma matriz 2x2 é uma ferramenta perfeita para aproveitar nossa habilidade inata de categorização.

A Matriz de Inovação estabelece linhas delineando mudanças complementares e substanciais e colunas que destacam redução de custos e aumento de rendas. Você certamente pode usar os próprios critérios de decisão para linhas e colunas. Quaisquer que sejam eles, certifique-se de que tenham distinções claras que o ajudarão a organizar suas ideias e selecionar aquelas que seguirão para prototipação e validação.

PENSE GRANDE OU VÁ EMBORA

Esta ferramenta é projetada para separar as ideias que resultam em mudanças complementares e fáceis de realizar daquelas que farão uma diferença grande. Por exemplo, uma ideia para reduzir custos ao exigir que todos imprimam páginas frente e verso é complementar e pequena. Claro, para uma empresa grande, isto certamente reduziria custos operacionais. Entretanto, é uma mudança que pode e deve ser implementada de qualquer maneira. Uma grande mudança causará trocas maiores. Essas ideias aparecerão nos principais quadrantes da matriz.

USANDO A MATRIZ

Para usar a Matriz de Inovação, tire suas ideias da parede ou canvas e, como equipe, discutam o lugar de cada uma na matriz. A não ser que você tenha modificado o canvas para representar os próprios eixos, as discussões que terá neste ponto não são sobre praticabilidade ou viabilidade. Elas são sobre o potencial para mudança. É uma mudança complementar que sua empresa poderia assumir com pouco trabalho ou recursos? Essa ideia dever ficar na metade inferior da matriz. É uma ideia para gerar mais renda? Ela pertence à parte direita.

PENSE GRANDE

Como descrito no caso da Toyota Financial Services, quando você encontrar pessoas apegadas a ideias pequenas e complementares na metade inferior da matriz, precisará descobrir maneiras, como as perguntas estimulantes ou um exercício "vá para o espaço", de ultrapassar os limites e fazer as pessoas pensarem grande.

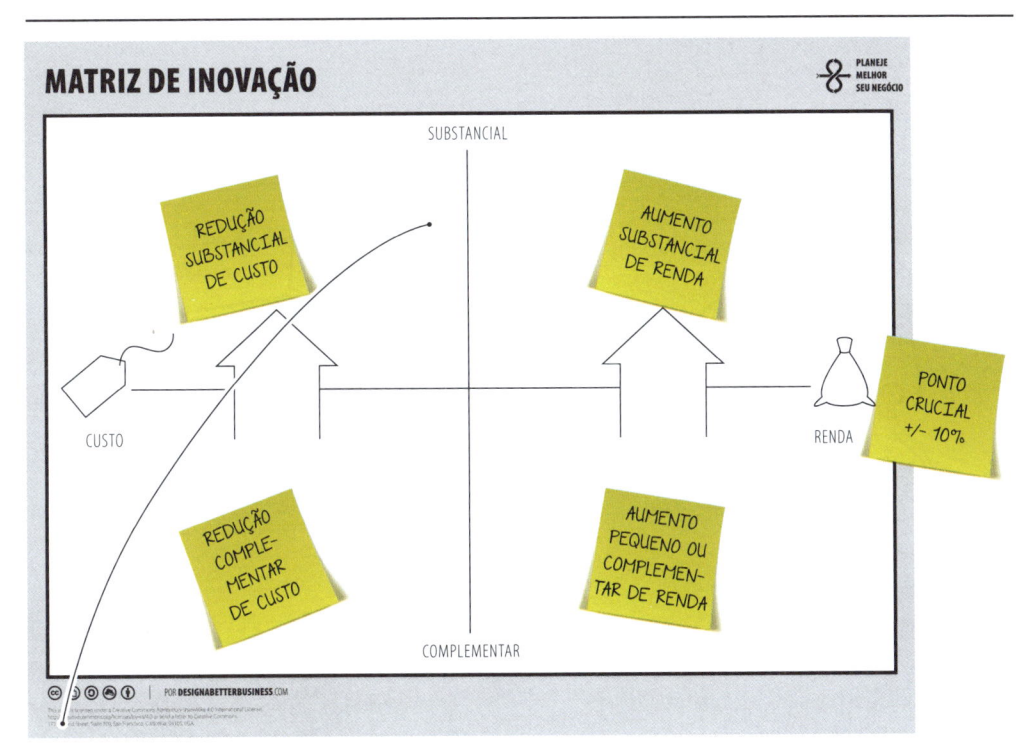

IDEALIZE >> FERRAMENTA >> **MATRIZ DE INOVAÇÃO**

DOWNLOAD
Faça o download da Matriz de Inovação em www.altabooks.com.br

149

OS QUADRANTES SUPERIORES
Aqueles em que você quer que suas ideias fiquem.

NÃO PARE
Se categorizou suas ideias e os quadrantes superiores não estão bem preenchidos, tente outra sessão de ideação.

COISA MAIS FÁCIL

Pode haver uma coisa mais fácil em qualquer um dos quadrantes que represente vitória rápida. Quando a matriz está completamente preenchida, você pode até distribuir essas coisas para pessoas que podem levá-las além. Mas as ideias no topo provocam as maiores mudanças. ∎

CHECKLIST

☐ A maioria de suas ideias está nos dois quadrantes superiores.

☐ O resultado da votação foi significativo.

☐ Você foi capaz de fazer uma seleção clara baseada nos critérios de design.

PRÓXIMO PASSO
› Você pode validar suas ideias?

DICAS DE **IDEAÇÃO**

SEU PIOR PESADELO

Um ótimo exercício de ideação baseado no Canvas de Modelo de Negócios é imaginar o pior pesadelo de sua empresa.

E se você tivesse que começar do zero sem um legado para se apoiar? Qual negócio concorrente tiraria o seu completamente da jogada? Esses são os piores pesadelos de sua organização. E se você não os está explorando, provavelmente outra pessoa está...

IDEAÇÃO LÚDICA

Desvie a atenção dos participantes da qualidade de suas ideias e concentre-a na quantidade.

Talvez a pessoa contribuindo com mais ideias ganhe um prêmio.

O ponto não é o prêmio, mas o fato de que um pouco de competição saudável pode fazer as pessoas superarem a incerteza e o medo.

PENSE COMO UMA STARTUP

E se você olhasse as oportunidades e desafios de sua empresa através dos olhos do fundador de uma startup? Para usar este método, comece com um novo Canvas de Modelo de Negócios e reinvente sua empresa.

O que você faria de diferente? O que os clientes precisam e querem e como você alinharia suas propostas de valor para que combinem?

IDEALIZE >> DICAS >> **IDEAÇÃO**

IMAGINE

Faça as pessoas desenharem as próprias ideias, ou as dos outros, em vez de escrevê-las. É divertido e as força a serem práticas em vez de subjetivas.

Se as pessoas ficarem nervosas com suas habilidades de desenho, podem usar o Lego Serious Play.

IDEAÇÃO DO LADO DE FORA

Leve a equipe para o lado de fora, para uma área barulhenta e movimentada na cidade, com vários estímulos. Faça a sessão de ideação nesse local.

Chame a atenção dos participantes para os vários sinais e dados à sua volta como fonte de inspiração. Ajustar-se ao barulho pode ajudar seu cérebro a dar saltos ainda maiores.

AS PESSOAS INCOMUNS

A ideação não é domínio exclusivo dos departamentos criativos e de pesquisa e desenvolvimento. Peça que algumas pessoas incomuns se juntem a você; elas o surpreenderão.

Liberte-se de suas perspectivas comuns. Não idealize apenas a partir do seu ponto de vista atual. Se continuar voltando ao que já tem e já sabe, tente começar com uma base completamente diferente.

AGORA VOCÊ TEM…

> **4–6 NOVOS CANVAS DE MODELO DE NEGÓCIOS** PREENCHIDOS P144

> UMA PAREDE DE IDEIAS COM **PELO MENOS 500 IDEIAS** P146

> **4–6 NOVOS CANVAS DE PROPOSTA DE VALOR** PREENCHIDOS P108

PRÓXIMOS PASSOS

> **TESTE SUAS IDEIAS** P158
> Usando protótipos.

> **REVISITE SEU PONTO DE VISTA** P48
> Você desafiou sua visão o suficiente? Precisa reajustar seu ponto de vista?

> **SELECIONE MODELOS DE NEGÓCIOS** P70
> Com base em seus critérios de design.

> **PLANEJE PROPOSTAS DE VALOR** P108
> Com base em seu(s) modelo(s) de negócios.

RECAPITULAÇÃO

NÃO HÁ UMA **ÚNICA SOLUÇÃO CERTA.** IDEIAS SÃO DEGRAUS.

DIVERSÃO É O MELHOR **ELIXIR PARA A IDEAÇÃO.**

IDEIAS NÃO VÊM DE UMA DIMENSÃO MÁGICA. **AQUEÇA SEUS MOTORES CRIATIVOS.**

USE UMA FERRAMENTA PARA EXPANDIR SEU PENSAMENTO. VÁ MAIS FUNDO PARA IDEIAS MELHORES.

SELECIONE IDEIAS ANTES DE SEGUIR EM FRENTE. VOCÊ NÃO PODE TESTAR 500 IDEIAS AO MESMO TEMPO.

IDEALIZE >> **RECAPITULAÇÃO**

LIBERE ESPAÇO PARA O PENSAMENTO MAIS PROFUNDO. «

153

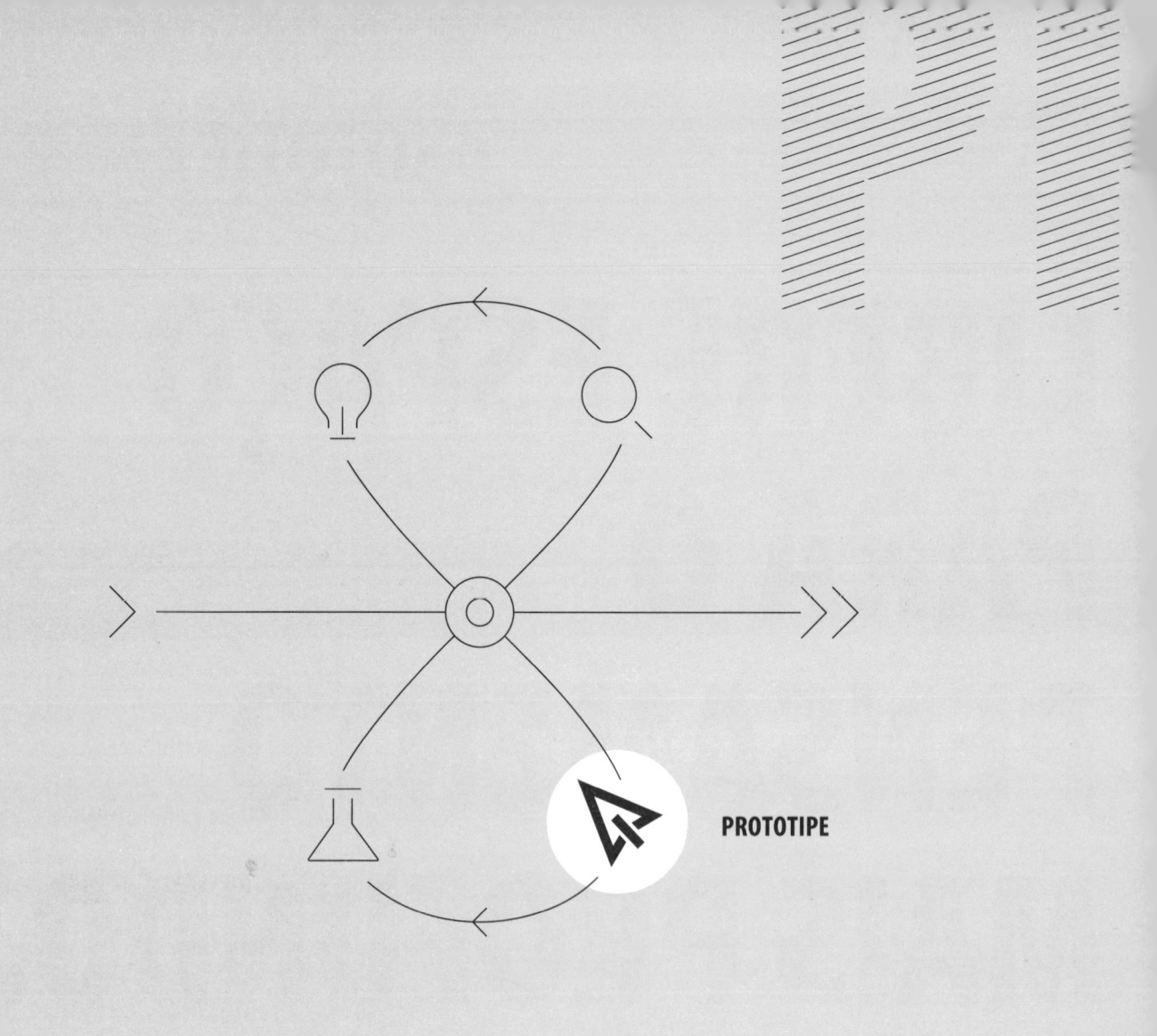

PROTOTIPE

A JORNADA DO DESIGN **PROTOTIPE**

APRENDA A **DAR VIDA ÀS IDEIAS**

ESBOCE UM PROTÓTIPO

FAÇA UM PROTÓTIPO

INTRODUÇÃO	**A MENTALIDADE DO FABRICANTE**	P156
HABILIDADE	**DOMINE A PROTOTIPAGEM**	P160
CASO	**AUTODESK PROTOTIPANDO O FUTURO**	P166
FERRAMENTA	**ESBOÇANDO**	P174
FERRAMENTA	**PROTOTIPAGEM NO PAPEL**	P176

A MENTALIDADE DO FABRICANTE

Provavelmente, parece seguro dedicar tempo e energia aos aspectos da ideia que você consegue compreender. Os desafios técnicos são, muitas vezes, mais visíveis e bem conhecidos. É tentador pular etapas e passar um tempo "resolvendo os grandes problemas", como desenvolver os algoritmos certos. Mas para que fazer isto?

O MITO DO "FABRIQUE E ELES VIRÃO"

Quando você está sozinho ou com sua equipe, muitas vezes parece animador (e bem seguro) repetir suas ideias o dia inteiro. Você provavelmente dedicou incontáveis horas, energia e capacidade intelectual aos detalhes "mais legais" de sua ideia. Quando você é uma pessoa técnica, ou faz parte de uma equipe técnica, provavelmente até começa a seguir a estrada de como resolver desafios técnicos de sua ideia antes mesmo de ter explorado como testar a ideia em si.

Fazemos isso porque as coisas que sabemos e podemos entender sozinhos, sem ter que sair de nossa caixa, parecem confortáveis e, francamente, são quebra-cabeças pessoais recompensadores de resolver. Por isso, ficamos tentados em pular etapas e passar um tempo "resolvendo grandes problemas", como desenvolver os algoritmos certos, os canais de distribuição ou os sistemas de fabricação.

Enquanto resolver quebra-cabeças é divertido e pode criar muita energia sozinho, quando se trata de produtos voltados para o cliente, simplesmente não há atalhos. Você deve descobrir como resolver o desafio mais difícil: essa ideia agradará nossos clientes? Não há razão em resolver os problemas futuros se você não resolver primeiro os atuais. Comece pelo começo!

COMECE DEVAGAR

Pense como um engenheiro ou arquiteto. Assim como os irmãos Wright montaram pipas antes de tentar projetar um avião, arquitetos sempre começam com modelos. É claro que você sabe por que eles fazem isso: se estiver projetando o Stonehenge, é muito mais barato testá-lo em pequena escala antes de contratar centenas de pessoas para mover megálitos de 60 toneladas.

Da mesma forma, Leonardo da Vinci criou centenas de esboços e construiu modelos em escala de suas máquinas em sua oficina, solucionando problemas antes mesmo de ter desembolsado dinheiro de verdade para construi-los. Esboços não só ajudaram da Vinci a resolver problemas de construção em potencial; eles também o ajudaram a explicar e vender suas ideias para seus patrões.

Os irmãos Wright, os arquitetos do Stonehenge e Leonardo da Vinci foram mestres da prototipagem. Eles entendiam em seus corações que é imprudente supor que você entende sua ideia abstrata bem o suficiente para construi-la sem falhas na primeira tentativa. Além do mais, esses mestres de seus ofícios entendiam que outras pessoas precisam entender melhor uma ideia antes de ficar entusiasmadas com ela. As ideias precisam ser tangíveis primeiro!

IDEIAS NÃO SÃO REAIS

Afinal de contas, uma ideia não é nada mais do que uma ideia: algo que parece ótimo no papel, baseado em várias suposições. Ideias são abstratas e têm pouca substância própria. Claro, algumas são ótimas e têm potencial de ser transformadoras. Mas este potencial só pode ser descoberto introduzindo a ideia na realidade. A parte legal disto é que construir protótipos simples no início da jornada de design facilitará encontrar esse potencial.

PROTÓTIPOS SÃO TANGÍVEIS; ELES SÃO ARTEFATOS

Há uma história bem conhecida sobre como os fundadores do Dropbox prototiparam sua ideia com clientes. A ideia parece simples hoje: permitir que pessoas salvem e sincronizem seus arquivos em qualquer lugar. Entretanto, quando o Dropbox estava começando, não havia nada igual no mercado. Embora fosse tecnicamente viável, o que Drew Houston, o CEO do Dropbox, realmente queria saber era se os clientes estariam dispostos a experimentar seu produto. Então, em vez de perder tempo e dinheiro compartilhando um código com o mundo, que não faria justiça à sua ideia em termos da experiência e visão, ele colocou um vídeo que mostrava a experiência. Não era um vídeo de vendas. Era um protótipo da experiência que custou a

PROTOTIPAR DÁ FORMA E FUNÇÃO ÀS IDEIAS.

ele apenas o tempo de fazê-lo. Por fim, o protótipo ajudou Drew e sua equipe a aprender o suficiente sobre seus clientes para que lançassem o que é hoje uma marca de renome.

Protótipos, como o vídeo do Dropbox, não são projetados para ser um produto desenvolvido. São construídos para que possam ser testados pelos clientes, com o valor real sendo as lições aprendidas que, por fim, levarão a uma ideia melhor. Desta maneira, um protótipo é muito mais rico do que uma ideia, ou até uma descrição no papel. Ele permite que você explore diferentes perspectivas.

Por que protótipos — especialmente os visuais — funcionam melhor na ciência: nós somos visuais, auditivos e ansiamos por experiência. Poder ver, tocar e manipular algo, para sentir seu peso e vê-lo responder a uma ação, nos dá uma compreensão mais profunda e visceral do que uma descrição. É isso que os protótipos podem fazer por nós.

A MENTALIDADE DO FABRICANTE

> **DICA!** Pratique dar forma a uma ideia usando as ferramentas nas pontas dos seus dedos. Seja uma caneta e um papel, notas adesivas ou software de apresentação, às vezes, as coisas simples se tornam as ferramentas de prototipagem mais práticas.

TESTE SUAS IDEIAS

Dê vida à sua ideia e acelere seu aprendizado ao fazê-lo. É disso que se trata a prototipagem. Pense em seu protótipo como um experimento controlado. Qual é o aspecto sobre o qual você quer aprender mais? É a experiência geral, a de download, a de dirigir pela cidade? Não importa qual seja sua ideia, há um protótipo que pode ajudá-lo a testá-la no mundo real. Além disso, eles vêm em dois sabores principais: protótipos destinados para você obter uma ==compreensão melhor== do que funciona e não funciona; e aqueles para ==testar algo com um cliente== (ou usuário).

Em ambos os casos, você precisa perguntar a si mesmo o que está testando. O que você realmente quer saber? No capítulo sobre validação há toneladas de ótimas ferramentas e pontos de início para prototipagem caso você queira testar seu design com clientes. Mas mesmo quando você está fazendo uma maquete rápida com sua equipe para ver como as coisas se encaixariam, é importante saber qual aspecto individual da ideia você quer prototipar.

PROJETE SEU PROTÓTIPO PARA TESTAR ESSE ASPECTO

Após definir o que você realmente quer saber (e testar), é hora de desenhar o protótipo que lhe dará o que precisa. Comece simples, e só deixe mais complexo quando realmente precisar. Sempre pergunte a si mesmo: ==isso pode ser feito de maneira ainda mais simples?== O que pode ser deixado de fora? Todas essas características são realmente necessárias?

Lembre-se de que nunca é cedo demais para começar a prototipar. Esteja você prototipando um único elemento de sua ideia ou a coisa toda, os segredos são os mesmos: definir o que você quer aprender, começar e manter a simplicidade. Drew Houston, do Dropbox, disse bem: "Não lançar [é] doloroso; não aprender [é] fatal."

FRAGMENTADO NÃO É RUIM

Especialmente no início, seus protótipos não devem ser sofisticados. Na verdade, eles podem ser bem feios. Devem ser construídos bem o suficiente para servir a seu propósito, seja testá-los com clientes ou simplesmente olhar para eles com sua equipe e ver se o protótipo funciona.

Isso retoma desenhar o protótipo certo para o trabalho. No começo de sua jornada, simplesmente não há necessidade de gastar recursos e testar aspectos em alta fidelidade do seu design. Isso é um desperdício de recursos que você pode usar em outro lugar. Ao prototipar, você quer testar o básico, o fundamental. E não só está tudo bem em fingir, como é o esperado. Mantenha a fidelidade baixa e aprenda o máximo que puder. Mas faça isso rápido e repetidamente.

NÃO PRECISA ESPERAR

Interessantemente, designers experientes ficam desconfiados da falácia de protótipos bonitos. Um protótipo bonito pode parecer tão fantástico que cega você ou outros para os problemas inerentes subjacentes à ideia.

Pessoas simplesmente gostarão de como ele se parece e você não será capaz de provocar o que realmente quer aprender com estes testes. Muitas vezes, isto significa que você será conduzido na direção errada. O nível de detalhe do seu protótipo deveria estar ligado ao estágio de sua jornada. Faça primeiro com baixa fidelidade, e mais tarde com alta fidelidade.

No restante deste capítulo, daremos a você vários exemplos e ferramentas para ajudá-lo a começar a construir seus próprios protótipos. Nunca é cedo demais para começar! Não, sério. ◼

PROTOTIPE >> INTRODUÇÃO >> **MENTALIDADE DO FABRICANTE**

SEJA A PRÓPRIA **COBAIA**

Não pense que pode compreender tudo em sua cabeça. É preciso prototipar seu design, não só para seus clientes, mas também para você mesmo.

Em qualquer processo de design, é vital que a equipe o entenda o mais intimamente possível. O que você está criando? Como funciona? Como é sentido? Se for um serviço digital, como você poderia fazer uma maquete rápida para vê-lo ganhar vida em sua tela (ou em uma folha de papel)? Talvez possa usar o PowerPoint ou o Keynote para isso. Se é um produto físico, existem outras coisas que você pode modificar para aproximar formato e peso?

Em cada nova etapa de sua jornada, familiarize-se com o design. A melhor maneira de fazer isto é testá-lo você mesmo. Como designer, você é a própria cobaia.

Fazer o protótipo, e interagir com ele, lhe dará mais ideias sobre como você pode resolver problemas, como seus clientes reagirão e quais serão seus próximos passos.

Se você está desenhando um produto, é melhor usar o protótipo, como os clientes o fariam, primeiro. Se está desenhando um processo ou serviço, você é seu primeiro usuário.

DOMINE A PROTOTIPAGEM

1 ESBOCE PRIMEIRO

Esboçar é uma ótima maneira de sentir o clima do seu protótipo e abordá-lo rapidamente de diferentes ângulos. Você pode rabiscar em um guardanapo, cartolina, código, tabelas, peças de Lego, equipamento de solda ou saleiros e pimenteiros de sua mesa no almoço.

O que caracteriza um esboço é que ele tem baixa fidelidade. É bruto; não trata dos detalhes. Eles podem ser trabalhados mais tarde.

2 MANTENHA A SIMPLICIDADE

E se você não tivesse orçamento ou tempo? O que consegue realizar em 30 minutos ou menos? O engraçado é que adicionar limitações aumentará sua habilidade de ser criativo. Elas libertam você do desejo de deixar perfeito e o ajudam a evitar reações condicionadas, como terceirização ou contratar desenvolvedores imediatamente para construir um produto final.

Dê uma de MacGyver (sim, agora este termo é aceito nos Dicionários Oxford!) e faça o protótipo mais fragmentado que puder, usando apenas os materiais disponíveis em sua gaveta. Ele ficará pronto rapidamente e certamente ensinará algo novo.

3 SEUS MATERIAIS ESTÃO A SEU REDOR

No início da prototipagem, você não precisa de materiais requintados se souber o que quer testar. Mexer com materiais de escritório, papel e tudo o mais que estiver à mão é tudo do que precisa. Uma caneca de café se transforma em um cliente, seu telefone é o gerente da loja e você pode representar a interação na loja. Evite a armadilha de pensar que você precisa de um componente caro ou processo complexo antes de testar: tente descobrir como imitá-lo primeiro.

4 PROTOTIPE O PROTÓTIPO

Uma coisa é gerar, compartilhar e expandir várias ideias. Mas você também precisará explorar algumas dessas ideias em maior profundidade — especialmente quando se trata de selecionar algumas ideias para prototipar e validá-las. Sobre o que é a ideia central? Quais problemas ela visa resolver e para quem? Quanto os clientes pagarão e como a encontrarão?

Você não será capaz de explorar cada ideia profundamente. Mas há algumas que exigirão mais contexto para realmente entender sobre o que são e quais suposições você (ou sua equipe) fez ao gerá-las.

> **DICA!** Pergunte-se o seguinte: Você realmente precisa construir isso? Há alguma outra maneira de obter (a maior parte) o que você precisa de algo que já está na prateleira? Você pode conectar produtos existentes?

5 A APRESENTAÇÃO É IMPORTANTE

A apresentação é parte do protótipo. Mesmo sendo apenas uma nota escrita, se quiser que alguém valorize e lhe dê uma opinião honesta, você precisa apresentá-la como se fosse a coisa de verdade. A maneira que você a mostra estabelece expectativas, e estabelecer as expectativas erradas significa que você não aprenderá o que quer com ela.

6 MANTENHA-SE NO PRAZO

Certifique-se de ter um prazo apertado: estipular prazos torna você mais criativo e significa que você tentará encontrar o protótipo que pode construir o mais rápido possível. Caso contrário, você arrisca transformar seu protótipo em um produto e adicionar características desnecessárias. ∎

Prototipando votos como foi feito pela Team MACCR, Innovation Studio 2015, DMBA. (Riley Moynes, Cynthia Randolph, Meghan Luce, Amodini Chhabra e Chandrima Deuri.)

PROTOTIPE ≫ INTRODUÇÃO ≫ **DOMINE A PROTOTIPAGEM**

PROTOTIPANDO **VOTOS**

Como você faz a prototipagem de ideias para resolver um problema cabeludo como compromisso de eleitores? Procure pela dor!

A dor da votação é encontrada no processo de registro. Um grupo de alunos de MBA usou um protótipo para testar sua ideia.

Eles fizeram isso reunindo uma nova experiência de registro e gravando as pessoas recebendo seus protótipos. Inestimável!

FINJA **ANTES DE FAZER**

Há muitas maneiras de "fingir" antes de gastar muita grana em prototipagem. O método você escolhe depende da ideia que quer prototipar. A disponibilidade de recursos é outro fator determinante. Às vezes, um protótipo simples funcionará. Outras vezes, você precisa de algo mais elaborado. Aqui está uma visão geral de técnicas simples para aqueles que exigem mais recursos.

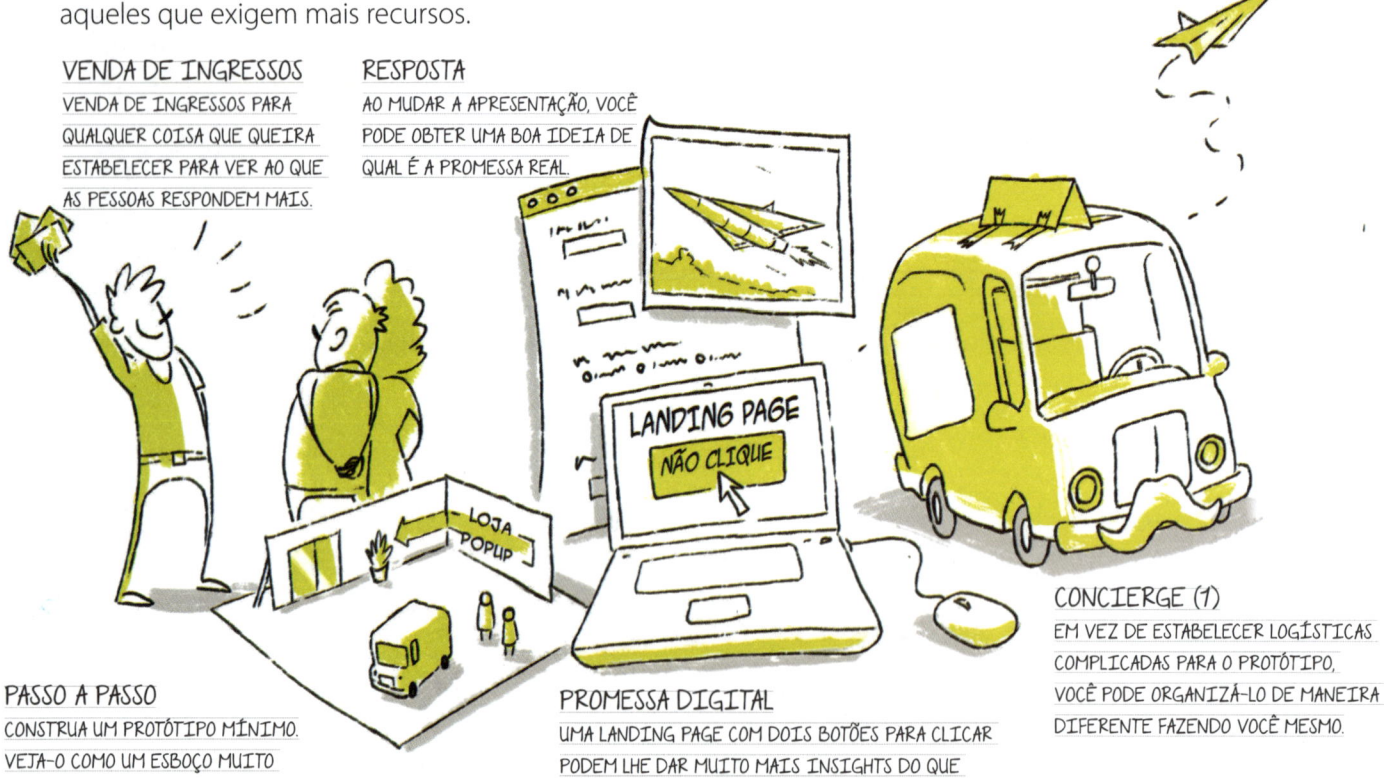

VENDA DE INGRESSOS
VENDA DE INGRESSOS PARA QUALQUER COISA QUE QUEIRA ESTABELECER PARA VER AO QUE AS PESSOAS RESPONDEM MAIS.

RESPOSTA
AO MUDAR A APRESENTAÇÃO, VOCÊ PODE OBTER UMA BOA IDEIA DE QUAL É A PROMESSA REAL.

PASSO A PASSO
CONSTRUA UM PROTÓTIPO MÍNIMO. VEJA-O COMO UM ESBOÇO MUITO BRUTO DO QUE VOCÊ IMAGINOU.

PROMESSA DIGITAL
UMA LANDING PAGE COM DOIS BOTÕES PARA CLICAR PODEM LHE DAR MUITO MAIS INSIGHTS DO QUE PERGUNTAR ÀS PESSOAS QUAL SERVIÇO PREFEREM.

CONCIERGE (1)
EM VEZ DE ESTABELECER LOGÍSTICAS COMPLICADAS PARA O PROTÓTIPO, VOCÊ PODE ORGANIZÁ-LO DE MANEIRA DIFERENTE FAZENDO VOCÊ MESMO.

PROTÓTIPO >> INTRODUÇÃO >> **FINJA ANTES DE FAZER**

LOJA POP-UP
Pretende vender coisas? Tanto offline quanto online: a configuração de uma loja pop-up permite que você teste muitas interações, posicionamentos de produtos, entonação. E a natureza espontânea facilita que as pessoas interajam com ela.

MÁGICO DE OZ
Para que construir um mundo inteiro se uma ilusão é suficiente? Para o mágico, pelo menos, funcionou. Ele enganou a todos com fumaça e espelhos.

Essa "trapaça" pode ter várias formas. A ideia básica é que, de fora, pareça adequado. Os funcionamentos internos (de um serviço, máquina, evento) são tratados por você ou outra pessoa.

CONCIERGE (2)
A vantagem, novamente, é que você observa as respostas, vendo onde as coisas dão errado, o que funciona ou o que falta.

IMPRESSÃO 3D
Uma impressora 3D pode ser uma ótima substituição para um processo de produção inteiro. Outra vantagem é que você terá que simplificar seu produto. Um ótimo momento para você mesmo verificar se há feature creep.

163

HISTÓRIAS DE **PROTOTIPAGEM**

BARALHO

Trabalhando em um formato de storytelling, começamos com este protótipo: um baralho para ajudar pessoas a construir e compartilhar histórias em 10 passos. Enquanto prototipamos, também descobrimos uma ótima versão light.

Para saber mais sobre esta forma de storytelling, veja a página 76.

PROTOTIPANDO UMA FILA VIP

Quando um grande banco de remessas surgiu com a ideia de adicionar um serviço VIP em seus escritórios na Rússia, para que clientes fiéis fossem atendidos mais rapidamente, eles queriam, inicialmente, fazer um questionário de pesquisa de mercado para medir as respostas dos clientes. Nós os convencemos a prototipar a abordagem em um de seus escritórios e a fazê-lo pessoalmente. O feedback resultante dos clientes validou a ideia e deu a eles informações para melhorias ainda maiores.

PROTOTIPANDO A EXPERIÊNCIA DO JATO EXECUTIVO

Para descobrir se uma nova ideia para um serviço de jato executivo entre Amsterdã e Paris era viável, os fundadores da startup sentaram no trem de alta velocidade da Thalys por alguns dias e mostraram aos executivos a oferta, perguntando se gostariam de comprar uma passagem. Os fundadores não só escolheram a suposição certa para testar, eles o fizeram com o público certo. Esse protótipo simples, mas eficaz, custou apenas o valor das passagens de trem. As descobertas que receberam em troca foram impagáveis.

PASSO A PASSO PLAYMOBIL®

Enquanto nos preparávamos para um grande evento de estratégia envolvendo centenas de executivos com um grande banco europeu, seu CFO chegou com a ideia de prototipar as etapas de todo o evento usando bonecos Playmobil. Isto ajudou todos participantes a entenderem seus papéis e onde deveriam estar, e também removeu alguns problemas que eram impossíveis de enxergar no papel.

EXPLODINDO A BOLHA

Na Impact Hub Amsterdã, ajudamos startups sociais a transformar suas ideias em negócios. Um dos participantes, com uma ideia para um recipiente de xampu para quando você esquecesse o seu na academia, teve um valioso momento de inspiração. Em sua mente, o primeiro passo em direção a um negócio era desenvolver um recipiente caro, para que pudesse colocar nas academias locais. Nós o convencemos a levar alguns dos seus xampus e colocá-los em uma mesa, com uma placa bonita, na academia local. Em vez de gastar centenas de euros e muito tempo, ele conseguiu seu feedback no mesmo dia.

PROTÓTIPO DE ETIQUETAS

Uma startup queria prototipar uma experiência de preço de seu produto pronto para ser lançado.

Eles colocaram uma maquete em várias lojas, com diferentes preços, para ver o que acontecia. Por que seu produto deveria ter o mesmo preço em todos os lugares?

DÊ UMA MARCA A SEU PROTÓTIPO

Em um workshop de inovação em uma grande empresa de bens de consumo, as equipes foram desafiadas a pensar e trabalhar como uma startup. Para deixar mais "real", toda a configuração do workshop foi modificada e as equipes receberam marcas para suas startups, impressas em camisetas. Isto realmente colocou as equipes na mentalidade certa!

PROTOTIPANDO O FUTURO

ESTUDO DE CASO ⬥ **AUTODESK**®

PROTOTIPANDO O FUTURO

Autodesk, uma grande empresa de software muito conhecida por seu software de design principal, o AutoCAD, tem desenvolvido e vendido softwares relacionados a design há mais de 30 anos.

ALÉM DO DESIGN AUXILIADO PELO COMPUTADOR

Enquanto muitas pessoas podem não conhecer a Autodesk por nome, seu software tocou a vida de muitas pessoas. A maioria das coisas criadas por seres humanos na terra (projetadas e feitas nos últimos 30 anos) — da cadeira em que você está sentado, o prédio em que está e o carro que dirige a efeitos especiais nos filmes a que assistiu — provavelmente foram feitas, pelo menos em parte, pelo software da Autodesk.

Por mais que o software da Autodesk seja penetrante, a liderança da empresa, na última década, tem explorado agressivamente o que mais há para a companhia. Além de melhorias complementares de seus produtos de legado, a Autodesk tem desenvolvido novas ferramentas para resolver problemas de design que seus clientes enfrentarão no futuro.

Carl Bass, CEO da Autodesk, um "fabricante" hardcore, não estava só interessado em encontrar mercados potenciais para expansão. Ele também estava interessado em prototipar cedo e com frequência para obter insights reais sobre o que importaria para a empresa — e seus clientes — no futuro. Carl é um inovador com um alto grau de

PROTOTIPE >> ESTUDO >> **PROTOTIPANDO O FUTURO**

Uma ilustração do San Francisco Ferry Building, do romance gráfico *Prelude to Then*.

tolerância para risco. Como tal, ele gosta de prototipar e experimentar para entender o que funciona e o que não funciona. Este princípio permeia a cultura da Autodesk hoje.

Entra Maurice Conti, chefe do Laboratório de Pesquisa Aplicada da Autodesk e diretor de inovação estratégica no escritório da empresa de CTO.

CARL BASS: PROVE OU REFUTE SUPOSIÇÕES RAPIDAMENTE PARA APRENDER.

O DESAFIO

De volta a 2010, o CTO da Autodesk, Jeff Kowalski, deu uma tarefa a Conti para "buscar nossos pontos cegos", que Conti sabia, por definição, que não poderia ser direcionado a encontrar. Ele tinha que procurar onde a empresa não estava, buscar novas oportunidades para focar >>

ESTUDO DE CASO AUTODESK: **PROTOTIPANDO O FUTURO**

e considerar coisas que ninguém havia ponderado ainda. Então, a busca de Conti começou.

A-HÁ

À medida que Conti buscava pontos cegos no horizonte, começou a olhar diferentes áreas adjacentes àquelas que a Autodesk tradicionalmente focava. Por exemplo, enquanto ele analisou a indústria de produção — uma das áreas de foco mais importantes da Autodesk —, viu uma oportunidade na robótica avançada. "Nós [não tínhamos] nada realmente acontecendo [lá]", disse Conti. "Nenhuma estratégia, nenhum projeto, nenhum ponto de vista. Eu pensei que estávamos deixando passar algo realmente importante para o futuro."

Ainda mais interessante para Conti era a ideia de que robôs poderiam ser usados para aumentar as capacidades humanas. Em vez do debate atual sobre como aumentar o uso de robôs removerá seres humanos da equação, Conti tinha um ponto de vista diferente. Em sua mente, há muitos trabalhos que nem seres humanos nem robôs fazem bem sozinhos. Ao fazê-los trabalhar juntos, em um tipo de relacionamento simbiótico, você poderia mudar como o trabalho é feito, permitindo que muitas coisas sejam feitas com mais segurança, eficiência e eficácia.

Conti e sua equipe mergulharam de cabeça na oportunidade. Depois de fazer várias perguntas (ou seja, observando), a equipe decidiu prototipar um cenário em que seres humanos e robôs poderiam trabalhar lado a lado (sem o medo de que os robôs esmagassem as pessoas). Para testar isto, David Thomasson, um engenheiro de pesquisa da equipe de Conti, começou a programar pequenos robôs para observar e aprender com as pessoas. "Há um robô observando um artesão, por exemplo, esculpindo madeira. E está aprendendo os tipos de cortes que você prefere, e pode repeti-los ou fazer variações do que você faz, em seu estilo, para que ambos possam trabalhar em algo juntos."

À medida que a equipe continuava a prototipar esta ideia, mais questões surgiram com os novos insights. Como podemos facilitar a programação de robôs industriais? O software que vem dos fabricantes é focado em fazer o robô realizar uma coisa milhares de vezes. E se você quiser fazer milhares de coisas de uma só vez? Podemos interagir com o robô em tempo real, sem precisar de CAD e CAM? Apenas com gestos e linguagem natural? Ou podemos só ensinar para que o robô aprenda a fazer coisas sozinho, com sistemas profundos de aprendizado de máquina, para que você não precise dizer a ele o que fazer, só o que você quer?

A filosofia de Conti é que, para entender profundamente esses tipos de questões, deve-se tentar respondê-las através de protótipos.

COZINHA DO FUTURO
Extraída de um romance gráfico do Laboratório de Pesquisa Aplicada da Autodesk.

ESTUDO DE CASO AUTODESK: **PROTOTIPANDO O FUTURO**

VOCÊ IMAGINA E DESENHA, E EU CRIAREI.

JORNADA DE DESIGN
Extraída de um romance gráfico do Laboratório de Pesquisa Aplicada da Autodesk.

A MORAL DA HISTÓRIA É...

A equipe de Conti tem uma abordagem única de pesquisa e desenvolvimento (P&D), que chama de Perigo e Determinação. As equipes de desenvolvimento de produto da Autodesk têm a tarefa de entregar softwares de alta qualidade no prazo. Elas não podem assumir muito risco, e a empresa depende de sua determinação. A equipe de Conti, por outro lado, assume grandes riscos para que as equipes de produtos não precisem. Sua pequena equipe de cerca de meia dúzia de designers e engenheiros faz protótipos de novas ideias e conceitos de forma rápida e iterativa. Eles desenvolvem prontamente uma compreensão dos desafios e oportunidades centrais sem ter que investir muito em recursos.

Na mente de Conti, o segredo absoluto do sucesso de seu grupo é uma conexão direta com a gerência, o que dá a eles a cobertura para correr riscos reais necessários para desenvolver ideias inovadoras. Também cria um loop de feedback bem curto para que as descobertas do laboratório influenciem rapidamente a estratégia.

Prazos curtos e agressivos para prototipar e demonstrar valor são uma necessidade. Normalmente, o Laboratório de Pesquisa Aplicada trabalha em períodos de três meses. Alguns conceitos podem demorar mais tempo para ser desenvolvidos completamente, mas o protótipo é feito rápida e iterativamente.

Além disso, ideias e protótipos devem, no fim, conectar-se com a visão e estratégia central da empresa. A equipe tem um foco afiado em garantir que seu trabalho agregue valor à empresa.

Por fim, prototipar não tem que ser físico ou custar muito dinheiro. Na verdade, storytelling pode ser uma ótima maneira de prototipar ideias cedo.

Neste âmbito, Conti e sua equipe têm desenvolvido metodologias para explorar conceitos futuros profundamente. Eles chamam de Futuros Estratégicos, mas a técnica é chamada, às vezes, de Futuros SciFi, planejamento de cenário ou construção de mundo.

Ao usar storytelling, na forma de romances gráficos, para explorar futuros que são relevantes para a empresa, a Autodesk pode validar e executar novos modelos de negócios sem perder tempo e dinheiro tentando dar vida a cada ideia. ■

FUTUROS DISTANTES
PELO LABORATÓRIO DE PESQUISA APLICADA DA AUTODESK

Prototipar futuros distantes requer muita criatividade e um ponto de vista forte.

ESBOÇANDO

Muito do que acontece na Autodesk trata de prototipar futuros possíveis, muitas vezes não mais do que 18 meses à frente. Entretanto, quando se trata de prototipar futuros distantes, entra em ação o Laboratório de Pesquisa Aplicada.

Quando você pensa sobre os futuros distantes do design, pode imaginar robôs e interfaces de usuário no estilo *Minority Report*. Vá além, e mais fundo, e você encontrará campos de estudos inteiros que, à primeira vista, parecem de outro mundo. Veja a biologia sintética, por exemplo. Neste exato momento, pesquisadores e engenheiros da Autodesk prototipam softwares para projetar estruturas biológicas em nanoescala. Como caixas de segurança que carregam moléculas individuais de remédio de câncer pela corrente sanguínea de uma pessoa e só se abre quando encontram células cancerosas. Ou impressão 3D de células de levedura com genomas personalizados.

O desafio em gastar recursos em futuros distantes é que fica difícil descrever, porque essa pesquisa e os protótipos subsequentes são importantes. É aí que entra o storytelling.

STORYTELLING

No último ano, Evan Atherton, um engenheiro pesquisador sênior da equipe de Pesquisa Aplicada da Autodesk, e um pequeno grupo de estagiários escreveram romances gráficos para prototipar histórias sobre futuros distantes. Essa equipe cria ambientes exuberantes, em futuros bem distantes, às vezes 300 anos à frente, para ajudar a transmitir as possibilidades de algumas das tecnologias em que a Autodesk trabalha hoje. Esses não são materiais de marketing. Em vez disso, a ideia por trás da publicação dessas histórias é conectar-se com pessoas dentro e fora da empresa, dando a elas uma plataforma para fazer perguntas. E, enquanto os resultados falam por si, o custo do empreendimento é mínimo. ■

LEGOS SÃO ÓTIMOS PARA CONSTRUIR UMA RÁPIDA REPRESENTAÇÃO DE PROTÓTIPO. O BOM É QUE VOCÊ NÃO PRECISA SE PREOCUPAR SE VAI PARECER LEGAL.

DADOS DE HISTÓRIA

BRINQUEDOS E OUTROS BONECOS SÃO ÓTIMOS, PORQUE SÃO ACESSÍVEIS E CONVIDAM VOCÊ A SER CRIATIVO, TRABALHANDO COM O QUE TEM.

DADOS PODEM INTRODUZIR UM ELEMENTO ALEATÓRIO EM SEUS TESTES, GARANTINDO QUE VOCÊ NÃO ESTÁ APENAS SEGUINDO UMA TENDÊNCIA.

BRINCAR COM SEU PROCESSO PASSO A PASSO USANDO PEÇAS BÁSICAS DE JOGOS PODE AJUDÁ-LO A IDENTIFICAR PROBLEMAS CEDO.

PAPEL, MARCADORES E CANETAS SÃO FERRAMENTAS BÁSICAS PARA ESBOÇAR. NA PRÓXIMA PÁGINA VOCÊ PODE VÊ-LOS EM AÇÃO.

FERRAMENTAS DE PROTOTIPAGEM

QUE MATERIAIS VOCÊ USA?

Foi o autor Mokokoma Mokhonoana quem disse: "Um cheque em branco mata a criatividade." Limitações são o combustível para a criatividade. Quando você está em um estágio muito inicial, só brincando com diferentes conceitos, use materiais que estejam facilmente disponíveis e

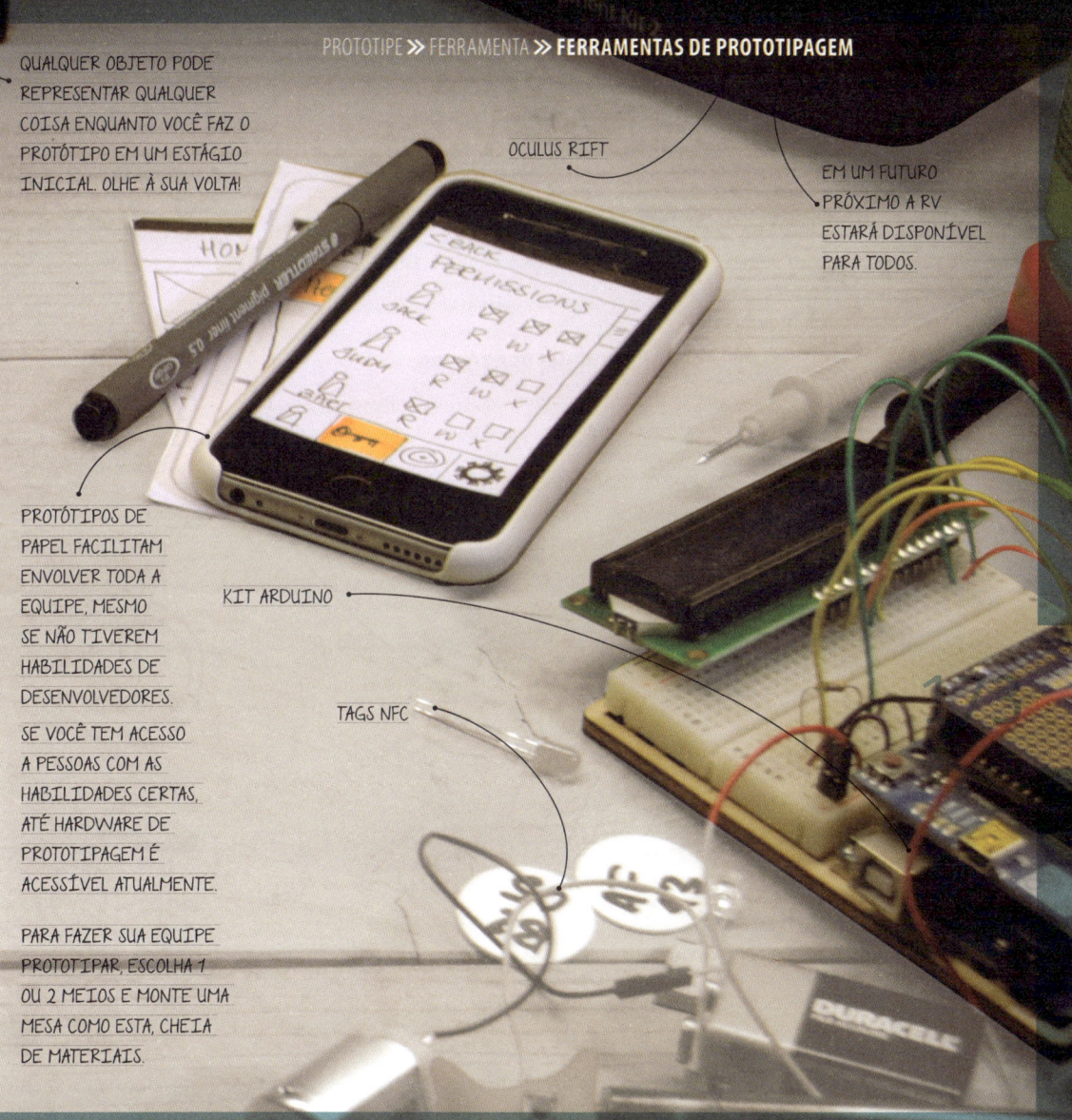

PROTOTIPE >> FERRAMENTA >> **FERRAMENTAS DE PROTOTIPAGEM**

QUALQUER OBJETO PODE REPRESENTAR QUALQUER COISA ENQUANTO VOCÊ FAZ O PROTÓTIPO EM UM ESTÁGIO INICIAL. OLHE À SUA VOLTA!

OCULUS RIFT

EM UM FUTURO PRÓXIMO A RV ESTARÁ DISPONÍVEL PARA TODOS.

FAÇA UMA APRESENTAÇÃO TANGÍVEL USANDO MASSA DE MODELAR OU ARGILA PARA EXPLORAR FORMAS.

NOTAS ADESIVAS E PAPEL COLORIDO, OS PILARES DA PROTOTIPAGEM.

PROTÓTIPOS DE PAPEL FACILITAM ENVOLVER TODA A EQUIPE, MESMO SE NÃO TIVEREM HABILIDADES DE DESENVOLVEDORES.

KIT ARDUINO

TAGS NFC

SE VOCÊ TEM ACESSO A PESSOAS COM AS HABILIDADES CERTAS, ATÉ HARDWARE DE PROTOTIPAGEM É ACESSÍVEL ATUALMENTE.

PARA FAZER SUA EQUIPE PROTOTIPAR, ESCOLHA 1 OU 2 MEIOS E MONTE UMA MESA COMO ESTA, CHEIA DE MATERIAIS.

sejam baratos e acessíveis. Um material que limita suas opções estéticas ajuda a remover o medo e evita focar a aparência. Isto é algo para abordar em um estágio mais avançado. Uma vez que estiver um pouco além, ainda faz sentido criar protótipos "descartáveis", mas estarão mais envolvidos. Prototipagem em papel mantém toda a equipe de design envolvida, mesmo se não tiver habilidades de desenvolvedores. ∎

FERRAMENTA **ESBOÇANDO**

TANGÍVEL
esboce um protótipo

± 30 MIN
sessão

SOLO/EQUIPE
compartilhe os resultados

Um marcador e um pedaço de papel são tudo que você precisa para resolver problemas!

ESBOÇANDO UM PROTÓTIPO

É muito eficaz começar seu protótipo esboçando-o com sua equipe.

Veremos esta ferramenta na prática usando um exemplo fictício: uma empresa quer desenvolver um meio de transporte sustentável com base na bicicleta.

① QUAL É O PROBLEMA QUE VOCÊ QUER RESOLVER? USE OS CRITÉRIOS DE DESIGN QUE REUNIU ANTERIORMENTE (VEJA "PONTO DE VISTA", P70) PARA CRIAR O ESCOPO.

BASEADO NO DESIGN DA BICICLETA

SAUDÁVEL

TODOS NÓS PRECISAMOS DE MAIS EXERCÍCIOS

QUEIMADOR DE CALORIAS

FÁCIL DE USAR

BONITO!

② ABORDE UM PROBLEMA DE CADA VEZ. QUAL É O PROBLEMA QUE VOCÊ QUER ABORDAR PRIMEIRO? SEJA CLARO SOBRE O CONTEXTO, PARA SI MESMO E PARA OS OUTROS ENVOLVIDOS. TODO MUNDO ENTENDE O QUE VOCÊ ESTÁ PROTOTIPANDO?

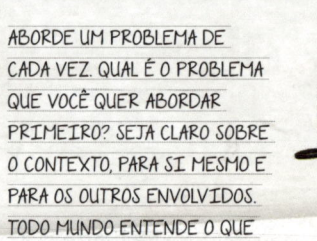

QUANTAS RODAS SERIAM LEGAIS NA BICICLETA?

PROTOTIPE >> FERRAMENTA >> ESBOÇANDO

ESBOÇAR É PROTOTIPAR

O pensamento visual e o esboço tratam de tirar vantagem de nossa habilidade inata de ver — tanto com os olhos físicos quanto com os da mente — para descobrir ideias que, do contrário, são invisíveis; desenvolvê-las rápida e intuitivamente e, então, compartilhá-las com outras pessoas de uma maneira que elas simplesmente entendam.

Seja bem-vindo a uma maneira totalmente nova de olhar o design nos negócios. Esteja você rascunhando um novo organograma na lousa branca ou sentado em uma mesa desenhando imagens simples — talvez engraçadas — em notas adesivas, esboçar é uma maneira incrivelmente poderosa e eficaz de comunicar seu ponto de vista e suas ideias.

Se você pode desenhar formas simples, como um retângulo, triângulo, círculo e linha, pode visualizar suas ideias esboçando-as.

Dan Roam
Autor, *Rabiscos num Guardanapo*

Para mais sobre esboços, leia: *Rabiscos num Guardanapo*, de Dan Roam.

LEIA ISTO!

③ DECIDA A QUANTIDADE DE DETALHES QUE VOCÊ PRECISA COLOCAR NO ESBOÇO/PROTÓTIPO. QUANTO MENOS DETALHES, MELHOR O FOCO NO PROBLEMA EM QUESTÃO. QUERER VER O QUE O NÚMERO DE RODAS FAZ PARA O VEÍCULO, COR, MATERIAL, POSICIONAMENTO DO FAROL ETC. NÃO É IMPORTANTE.

ASSIM COMO TODAS AS HABILIDADES, QUANTO MAIS VOCÊ PRATICA, MELHOR FICA. MAS SAIBA: VOCÊ NÃO PRECISA SER LEONARDO DA VINCI PARA RESOLVER PROBLEMAS!

④ QUANDO VOCÊ USAR SEU PROTÓTIPO PARA "CONFRONTAR" OUTROS COM O PROBLEMA QUE ESTÁ ABORDANDO, LEMBRE-SE DE CRIAR UM CENÁRIO. VOCÊ NÃO DARÁ A ELES UM PEDAÇO DE PAPEL, MAS APRESENTARÁ UMA POSSÍVEL INOVAÇÃO! VOCÊ QUER QUE FIQUEM ENVOLVIDOS E NÃO JULGANDO SUAS HABILIDADES DE DESENHO. PRECISAM ENTENDER QUE ESTE ASSUNTO É IMPORTANTE PARA VOCÊ E PARA ELES!

CHECKLIST
- ☐ Você criou mais de 20 variações que são bem diferentes.
- ☐ Você é capaz de apresentar os esboços.

PRÓXIMOS PASSOS
> Reúna feedback de outros sobre o protótipo.
> Use o protótipo em um experimento.

DOWNLOAD
Faça o download de exemplos de pensamento visual em www.altabooks.com.br

FERRAMENTA
PROTÓTIPO DE PAPEL

Quatre maneiras de dar vida à ideia com prototipagem em papel

TANGÍVEL
construa um protótipo de papel

± 30 MIN
sessão

MÁX 5
por grupo

1 FAÇA O PROTÓTIPO DE UM PROCESSO

CRIE UM JOGO DE TABULEIRO
Esboce o processo como um jogo de tabuleiro. Não se esqueça de incluir armadilhas, becos sem saída, vidas, etapas necessárias no processo.

JOGUE COM O PROCESSO
Use um peão para cada departamento. Jogue com os diferentes cenários baseados em processos diários. Registre o que acontece.

ADICIONE CARTAS DE SORTE OU REVÉS PARA APIMENTAR
Crie cartas para situações inesperadas para adicionar realidade.

LIGAÇÃO DE CLIENTE! 1 PONTO POR INFORMAÇÃO RELEVANTE

HORA DA REUNIÃO! ENTREGUE SUA APRESENTAÇÃO

PROBLEMAS DE ENTREGA! QUAL DEPARTAMENTO PROCURAR?

2 FAÇA O PROTÓTIPO DE UM PRODUTO

HACKEIE A CONCORRÊNCIA
Faça o protótipo de um produto usando um existente, por exemplo, feito pela concorrência.

MARCA FALSA
Crie o layout de uma marca falsa e imprima.

GRUDE
Cole seu design em caixas de produtos existentes.

VOCÊ CONSEGUE SENTIR?
Pegue a caixa e observe-a, obtenha feedback de outros.

COLOQUE EM UMA PRATELEIRA
Por que não colocá-la em uma loja de verdade para ver como as pessoas respondem e como fica perto de outros produtos?

PROTOTIPE >> FERRAMENTA >> **PROTÓTIP**O DE PAPEL

3. FAÇA O PROTÓTIPO DE UM APLICATIVO OU WEB SITE

ANTES DE COMEÇAR A FAZER WIREFRAMES
Não fale por wireframes se você primeiro precisa ver se funciona em uma tela pequena.

SEJA SELETIVO
Resuma ao que você realmente precisa validar.

NÃO MOSTRE TUDO
Deixe de fora os detalhes e as coisas que não precisa testar necessariamente — agora — ao mostrá-lo para suas cobaias.

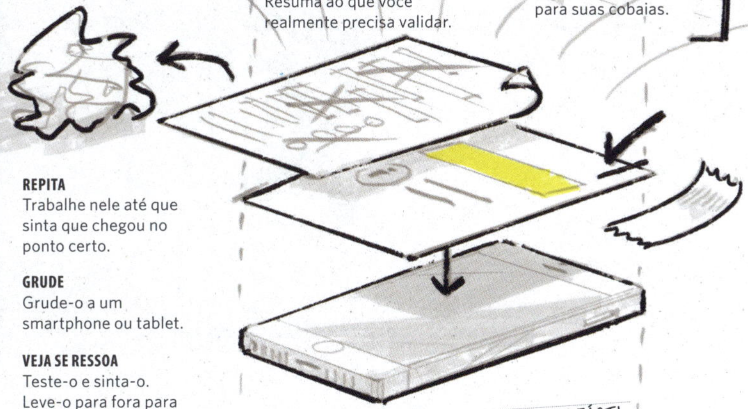

REPITA
Trabalhe nele até que sinta que chegou no ponto certo.

GRUDE
Grude-o a um smartphone ou tablet.

VEJA SE RESSOA
Teste-o e sinta-o. Leve-o para fora para o ambiente em que você usaria o app.

SINTA-O
Parece pequeno demais? Grande? Muito abarrotado? Você consegue alcançar os botões facilmente?

ISSO FOI FÁCIL DE PROTOTIPAR!

?!
A-HÁ!

4. PROTÓTIPO INTERATIVO

USE UMA FERRAMENTA ONLINE
Precisa testar um pouco mais de interatividade? Você pode usar ferramentas online de maquetes para dar vida a seus esboços!

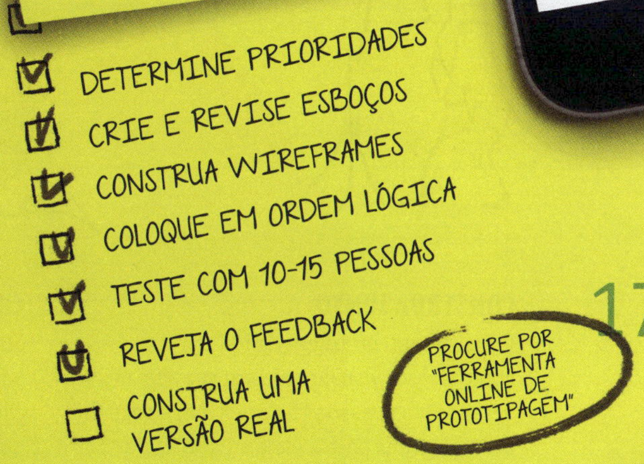

- ☑ DETERMINE PRIORIDADES
- ☑ CRIE E REVISE ESBOÇOS
- ☑ CONSTRUA WIREFRAMES
- ☑ COLOQUE EM ORDEM LÓGICA
- ☑ TESTE COM 10-15 PESSOAS
- ☑ REVEJA O FEEDBACK
- ☐ CONSTRUA UMA VERSÃO REAL

PROCURE POR "FERRAMENTA ONLINE DE PROTOTIPAGEM"

CHECKLIST

☐ Você construiu algo com o qual consegue interagir e mostrar aos outros.

☐ Pessoas respondem a seu protótipo e lhe dão novos insights.

PRÓXIMOS PASSOS

▸ Reúna feedback de outros sobre o protótipo.

▸ Use o protótipo em um experimento.

DICAS DE **PROTOTIPAGEM**

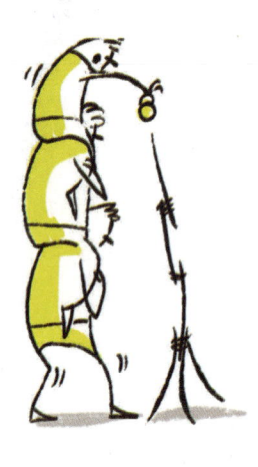

CONSTRUA JUNTO

Construir um protótipo junto funciona como pensar visualmente em voz alta: mais iterações, as pessoas se envolvem e você cria embaixadores para a ideia e o protótipo.

Todo mundo sairá ganhando. Um aviso rápido: grupos não devem ter mais do que cinco pessoas. Este é o máximo (comprovado) para manter a dinâmica em movimento e todo mundo ativo.

CRIE COM CLIENTES

Se você quiser partir para o inesperado e fora do reino da segurança, deixe seus clientes abordarem por você o problema que quer resolver!

Certifique-se de que vocês concordam com os critérios de design e escopo. Uma coisa é certa: eles nunca olharão para o problema em questão da perspectiva da empresa. Uma abordagem de fora certamente ajudará a encontrar seus pontos cegos.

HACKEIE A CONCORRÊNCIA

Use o produto (e a embalagem) de um concorrente e modifique-a com o nome e outras particularidades do seu produto.

Esta abordagem economiza o tempo de fazer a maquete do seu futuro produto.

Isto funciona perfeitamente se você quiser prototipar, por exemplo, marca, cor, dimensões, peso e quiser aprender o que as pessoas acham de produtos existentes.

INTERPRETE

Faça pessoas desenharem suas ideias em vez de escrevê-las. Você pode fazê-las desenhar suas próprias ideias ou desenhar ideias de outras pessoas. É divertido e as força a serem concretas ao invés de abstratas.

Uma alternativa é usar o Lego Serious Play, quando pessoas ficam nervosas com suas habilidades de desenho.

USE SUA FERRAMENTA DE ESCRITÓRIO FAVORITA

No livro *Sprint*, de Jake Knapp, John Zeratsky e Braden Kowitz, da Google Ventures, a equipe de design fez a maquete de uma interface para um robô usando apenas Keynote, o popular software de apresentação.

O protótipo não só pareceu real o suficiente para obter reações de clientes, mas custou a eles apenas algumas horas e dinheiro nenhum, pois já possuíam o software.

BEBIDA VISUAL

Onde ocorrem os brainstormings mais interessantes e abertos? Em cafeterias e bares! Fora do ambiente corporativo, as pessoas tendem a ficar menos inibidas por regras, compromissos e questionamentos.

O lugar ideal para introduzir a bebida visual é fora do trabalho. Lembre-se de sempre levar um marcador. Use porta-copos, guardanapos, tampos de mesa e cardápios para fazer o brainstorming visualmente. Sua próxima grande ideia pode estar em um desses porta-copos!

AGORA VOCÊ...

› APRENDEU A DAR VIDA A SUAS IDEIAS ATRAVÉS DO **ESBOÇO** — P174

› FEZ PELO MENOS UM **PROTÓTIPO DE PAPEL** — P176

› VIVENCIOU O QUE SIGNIFICA **OBTER FEEDBACK SOBRE UM PROTÓTIPO** DE CLIENTES — P178

PRÓXIMOS PASSOS

› **VALIDE SEU PROTÓTIPO** — P204
Crie e conduza experimentos.

› **REGISTRE SUAS DESCOBERTAS** — P208
Veja como você progrediu ao longo do tempo.

› **ITERE SEU PROTÓTIPO** — P176
Baseado em suas descobertas, reconstrua seu protótipo.

RECAPITULAÇÃO

PROTÓTIPO ≠ SOLUÇÃO. SEJA A PRÓPRIA COBAIA E **TESTE SUAS IDEIAS.**

VOCÊ NÃO PODE DESCOBRIR TUDO EM SUA CABEÇA. **PROTOTIPAR SIGNIFICA RESOLVER PROBLEMAS (DESCONHECIDOS).**

ADOTE A MENTALIDADE DO FABRICANTE. FRAGMENTADO NÃO É IGUAL A RUIM. **SÓ COMECE!**

MANTENHA SIMPLES, **DÊ UMA DE MACGYVER E JUNTE TUDO.**

VOCÊ PODE PROTOTIPAR O FUTURO COM **STORYTELLING.**

PROTOTIPE >> **RECAPITULAÇÃO**

LEMBRE-SE, NÃO CHEIRE A COLA.

181

«

VALIDE

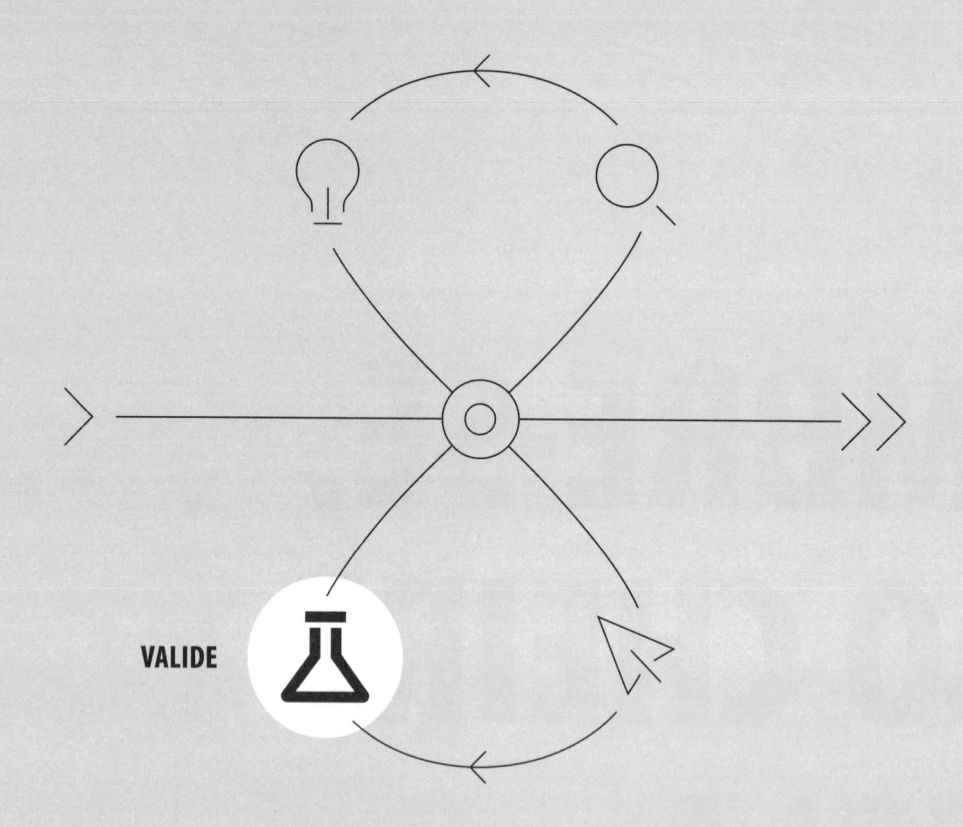

A JORNADA DO DESIGN **VALIDE**

ENCONTRE A SUPOSIÇÃO MAIS ARRISCADA

CONDUZA EXPERIMENTOS

ACOMPANHE SEUS PIVÔS

INTRODUÇÃO	**MATE SEUS QUERIDINHOS**	P184
HABILIDADE	**DOMINE A VALIDAÇÃO**	P186
CASO	**GOSPARC, MESTRE DO PIVÔ**	P190
CASO	**ONETAB, PIVÔ PARA A VITÓRIA**	P196
FERRAMENTA	**CANVAS DE SUPOSIÇÃO MAIS ARRISCADA**	P202
FERRAMENTA	**CANVAS DE EXPERIMENTO**	P206
FERRAMENTA	**CANVAS DE VALIDAÇÃO**	P208

MATE SEUS **QUERIDINHOS**

Todos nós temos ideias. Às vezes, as ideias que aparecem em nossas cabeças nos mantêm acordados à noite — ideias que sentimos que devemos seguir até o fim; que devem ser executadas. Certamente elas são as melhores ideias do mundo. Mas a verdade é, não importa o quanto sejam boas, elas são só ideias. O impacto é criado quando se tornam aditivas e expansivas: mais é melhor.

A MELHOR IDEIA DO MUNDO

Todos nós, cada um de nós, temos a resposta para resolver os problemas de negócios (ou abordar as oportunidades de negócios) que enfrentamos. Durante todo o dia vemos outras empresas lançando apps, produtos e serviços impactantes e executando estratégias que as levam à estratosfera.

Você pode estar pensando: "Certamente nossa ideia é boa assim. Deve ser. Conhecemos nossa empresa e nossos produtos melhor do que ninguém, certo?"

Mas, não. Antes de ser testada no mundo real, é apenas uma ideia, baseada em suposições. Como o conhecido jogo de empilhar blocos Jenga®, se qualquer uma das suposições centrais — a que segura a pilha — estiver errada, toda a pilha cairá e sua ideia vai junto. O que, muitas vezes, não reconhecemos é que nossa ideia é apenas uma das muitas possibilidades. Na jornada de inovação e design, não existe uma única solução certa — só muitas opções. É sua tarefa usar a validação para encontrar as melhores e ajudar sua ideia a evoluir para se tornar viável.

> **AS MELHORES IDEIAS SÃO INÚTEIS ATÉ QUE SEJAM TESTADAS**

NADA DE DVD PARA VOCÊ

Em 2011, a gigante do entretenimento de streaming, Netflix, decidiu separar seu negócio de streaming e DVD em dois negócios distintos, com nomes e sites separados. Eles seriam Netflix, o serviço de streaming, e Qwikster, o de DVD por correspondência. No papel esta ideia provavelmente pareceu ótima. Ao separar totalmente seus modelos de negócios, a empresa seria capaz de desenvolver estratégias operacionais e de marketing específicas para cada um. Faz sentido.

Na verdade, para o cliente, não fazia sentido nenhum. A Netflix entrega um conjunto de serviços para satisfazer clientes. A própria natureza da ascensão da Netflix foi sua habilidade de lidar continuamente com as necessidades específicas de entretenimento de seus clientes. A ideia e a decisão resultantes de separar a empresa e os serviços em dois nunca foi validada com os clientes da Netflix. Subsequentemente, logo depois da divisão, Reed Hastings, CEO da Netflix, fez o seguinte anúncio: "Está claro que, para muitos de nossos membros, dois sites dificultariam muito as coisas, então, manteremos a Netflix como um lugar para buscar streaming e DVDs."

No fim, ao não validar suas suposições antes de separar a empresa em dois segmentos, a Netflix gastou muito tempo e recursos executando algo que afastou clientes — apenas para reverter sua decisão logo depois.

VALIDE SUAS SUPOSIÇÕES

Ao validar suposições, você aprenderá algo novo todos os dias. E, com a mesma frequência, descobrirá que suas suposições iniciais estavam erradas. Seus experimentos e testes falharão. Isto, na verdade, é uma boa notícia. Significa que você aprenderá muito sobre sua ideia no início. E aprenderá a melhorá-la, antes de comprometer investimentos e correr grandes riscos.

SEJA IMPLACÁVEL

Mas validação também significa que sua ideia terá que evoluir. Nada de sua ideia inicial, nem mesmo os aspectos que você mais ama, seus "queridinhos", são intocáveis. Crença não é o bastante: trata-se da prova. Assim como um cientista ou detetive, você precisará ser implacável na busca por provas, seguindo as evidências aonde quer que elas levem. E é essencial que você aprenda a "matar seus queridinhos". É disso que se trata o design e a inovação.

Então, da próxima vez que tiver uma ideia inovadora, considere validá-la antes de a executar. Você economizará tempo e recursos, além de chegar a algo ainda melhor — e com a evidência para lhe dar suporte. Seus clientes o amarão por isso! ■

VALIDE » INTRODUÇÃO » **MATE SEUS QUERIDINHOS**

SUA PRIMEIRA IDEIA É UMA DROGA

Em mais de 500 startups que vimos, nenhuma acabou construindo a ideia com a qual começou. As bem-sucedidas foram as que fizeram o pivô.

Pivô é a palavra do momento para startups. O termo, introduzido por Eric Ries, descreve como as startups mudam de direção rapidamente com base em insights de clientes e outras tecnologias ou descobertas contextuais que reúnem de prototipagem e validação.

Aproveitando novas descobertas, uma equipe de startup pode decidir utilizar o que já construiu para testar um novo segmento de clientes, tentar algo diferente com o mesmo segmento, voltar a uma ideia antiga e testá-la, jogar fora sua linha de pensamento inteira e começar do zero ou até seguir em frente completamente.

O importante é que os fundadores se movem rapidamente, mantendo a base em seu ponto de vista e em como ele foi informado; eles precisam ser resilientes para fazer esses pivôs. A alternativa é mais arriscada, simplesmente pular compulsivamente de uma visão para outra, o que provavelmente levará a uma espiral da morte.

Startups estão apaixonadas por suas ideias e que não querem mudança de direção têm uma taxa de sucesso dramaticamente baixa.

Para mais informações, leia: *A Startup Enxuta*, de Eric Ries.

DOMINE A **VALIDAÇÃO**

1. FRACASSE CEDO, FRACASSE COM FREQUÊNCIA

Provavelmente, sua primeira ideia não sobreviverá ao contato com o cliente. Você precisará aprender e adaptar rápido! Como é possível aprender o máximo sobre seu cliente, o problema a ser resolvido e a solução em potencial no início, quando a ideia de simplesmente mudar de direção parece tão mais fácil? É isso o que queremos dizer com fracassar cedo.

De certo modo, fracassar dessa maneira não é realmente fracassar. Claro, você precisará dar adeus à ideia original e mudar a direção. Ao fazê-lo, você dá outro passo a caminho do sucesso.

Na validação, experimentos são as ferramentas que você usa para tentar aprender mais rápido. Experimentos permitem que você "fracasse" de maneira controlada.

2. PIVÔ

Quando um experimento lhe diz que uma suposição fundamental por trás de sua ideia é falha, você precisará mudar de direção: precisará fazer um pivô.

Um pivô pode ser relativamente simples, como mudar o preço de um produto, ou, mais complexo. Por exemplo, suas descobertas podem indicar que você precisa abordar um segmento de cliente totalmente diferente, resolver um

QUATRO PIVÔS DIFERENTES

PIVÔ DA NECESSIDADE DO CLIENTE
O feedback indica que os clientes não se importam com o problema que você resolveu. Encontre um problema com o qual seus clientes se importem e pelo qual estejam dispostos a pagar.

PIVÔ DO SEGMENTO DE CLIENTES
Seus clientes atuais não se importam com seu produto, mas o feedback mostra que outro segmento de clientes é mais receptivo. Mude de segmento.

PIVÔ DE MODELO DE RENDA
A maneira que você cobra não parece funcionar. Outro modelo de renda pode servir melhor. O modelo "grátis" não gera renda. Alguém precisa pagar.

PIVÔ DE CONTEXTO
O mercado não está pronto para sua proposta de valor. Talvez a concorrência estivesse lá antes de você ou as regras e regulamentações impedem que você entre no mercado. Tente encontrar outro segmento.

problema específico para seu cliente ou que os clientes que está atingindo têm uma necessidade completamente diferente.

3 PERSEVERE

Inversamente, seu experimento também pode lhe dizer que você está certo sobre sua suposição. Neste caso, você deve seguir em frente e abordar a próxima suposição. Você deve perseverar e continuar a seguir em frente.

Em relação a ambos os resultados, há um porém: você poderia também simplesmente ter feito o experimento errado. Talvez perguntou às pessoas erradas ou conduziu o teste errado. Antes de tomar qualquer decisão grande sobre fazer o pivô ou perseverar, tente excluir isto primeiro.

4 FAÇA DE NOVO

Então, quando a validação de sua ideia para? Bem, para ser sincero, como designer, ela nunca deve realmente parar. Você continua aprendendo coisas novas sobre seus clientes que lhe dirão como as abordar de forma ainda melhor.

E você continuará fazendo suposições erradas. A boa notícia é que cada experimento fracassado deixará você um passo mais próximo de um resultado melhor.

VALIDE » FERRAMENTA » DOMINE A VALIDAÇÃO

LIÇÕES SOBRE **VALIDAÇÃO**

Marc lançou, vendeu e fechou várias empresas, e passou por 22 cirurgias durante sua vida; ele teve que aprender a andar mais de quatro vezes. Marc é uma startup e compartilhou algumas de suas lições sobre validação abaixo.

Marc: "Às vezes, quando as startups começam, querem construir um Rolls-Royce, mas eu não ligo, só quero ir de A até B. A pergunta é, a startup entenderá isto ou se apaixonará pela própria ideia?"

"Equipes que se apaixonam pelo produto só validam o que querem. Fazem acrobacias para confirmar a ideia. Você precisa observá-la como um empreendedor e focar a visão geral."

"Nós aprendemos através da validação. As equipes que fizeram pivôs em seus modelos de negócios são as mais propensas a ser bem-sucedidas."

Marc Wesselink
Recrutador e ex-aluno
Startupbootcamp

HISTÓRIAS DE **VALIDAÇÃO**

GRUDE NISSO

Nós amamos o Post-it que a 3M faz, porque eles simplesmente grudam melhor. Acontece que a 3M, agora famosa por Post-its, teve a ideia por acidente. Em 1968, um cientista da 3M tentou fazer um novo adesivo superforte, mas, acidentalmente, descobriu uma cola que era de "baixa aderência" e reutilizável.

Cinco anos depois, um colega começou a usar a cola para fixar um pedaço de papel amarelo como marcador de página. Esta ideia ganhou espaço dentro da 3M e abriu caminho para uma linha de produtos e segmento de clientes totalmente novos.

MASTIGUE ISSO

A famosa fabricante norte-americana de goma de mascar realmente não começou vendendo este produto. No começo, William Wrigley Jr. dava pedaços de goma de mascar como incentivo para o sabão que vendia. Então, ele percebeu que a goma era mais popular que o sabão. Rapidamente, ele mudou seu negócio e começou a produzir a própria linha de goma de mascar.

UM PÚBLICO CATIVO

Hoje, o Twitch.tv é um lugar em que fãs de e-sports assistem a transmissões ao vivo de seus astros enquanto jogam videogames e realizam campeonatos. Fãs de e-sports são um público muito fiel, assistindo a milhões de horas de transmissões ao vivo por ano. O Twitch.tv é um spin-off do Justin.tv, um transmissor ao vivo anterior, que visava um público muito mais amplo.

O PIVÔ. ELE COSTUMAVA SER CHAMADO DE "O ERRO".

//Marc Andreessen, investidor, empreendedor, engenheiro

PAYPAL

O Paypal sempre focou pagamentos, mas passou por muitas transformações. Foi desenvolvido pela empresa chamada Confinity, em 1999, para permitir que pessoas "emitissem" pagamentos de seus PDAs (computadores digitais portáteis, como o Palm Pilot, uma encarnação antiga do smartphone).

Depois de se fundir a uma empresa de serviços financeiros chamada X.com, o Paypal tornou-se o sistema de pagamento online preferido por vendedores do eBay, que impulsionaram seu nome para a fama do processamento de pagamentos.

CABEÇA NO JOGO

O popular app de bate-papo para trabalho, Slack, atualmente avaliado em $2 bi, começou como algo completamente diferente: um videogame social, chamado Glitch. Quando se descobriu que Glitch não seria um negócio popular, a empresa fez o pivô para um novo nome e um novo produto.

O engraçado é que Stewart Butterfield, o fundador do Slack, fez esse pivô antes. Em 2004, ele começou a construir o jogo Neverending, que, por fim, fez pivô para... o popular site de compartilhamento de fotos Flickr.

VALIDE » HISTÓRIAS » **VALIDAÇÃO**

LEIA SOBRE O MESTRE DO PIVÔ »

GOSPARC MESTRE

AS MUITAS FACES DOS PIVÔS

//EMANUELE FRANCIONI
COFUNDADOR, GOSPARC

VALIDE >> CASO >> **GOSPARC, MESTRE DO PIVÔ**

DO PIVÔ

Qualquer negócio evolui e precisa se transformar. Do contrário, será extinto. Foi o que aconteceu com o Commodore, um ótimo produto técnico que encontrou grande força e interesse de clientes pelo mundo. Mas se esqueceram de bolar a próxima transformação.

Se você me perguntar o que e como fizemos o pivô, eu perguntaria a você o que quer dizer com pivô. Do meu ponto de vista, um pivô é um jargão no mundo das startups que tem diferentes significados para diferentes pessoas. Eu acredito que a transformação do seu negócio é o segredo para a sobrevivência. Você precisa estar aberto para as necessidades não atendidas de clientes e que devem ser atendidas.

Nossa equipe veio da Tom Tom, a empresa de navegação no carro. Obviamente, tínhamos uma paixão por geoposicionamento. Nosso primeiro pensamento foi desenvolver o melhor produto de geoposicionamento do mundo. Nós trabalhamos por quase 1,5 ano e desenvolvemos o que achávamos ser a melhor tecnologia de posicionamento externo do mundo. Só precisávamos encontrar o público e o modelo de negócios certos.

ESTUDO DE CASO GOSPARC: **MESTRE DO PIVÔ**

1º PIVÔ = BUROCRACIA

Identificamos uma necessidade para nosso software no setor de educação no Reino Unido. Estudantes que recebem seu visto para estudar no Reino Unido nem sempre chegam à sala de aula. Para lidar com isto, as universidades implementaram uma infraestrutura cara. Enquanto a nossa era mais barata e tecnicamente melhor. Descobrimos uma necessidade do cliente, tínhamos uma solução e identificamos mais clientes que queriam pagar por ela. Mas tínhamos que fazer o pivô. Para vender nossa tecnologia, precisávamos submeter uma proposta para cada uma das universidades, um processo que levaria três anos. Decidimos fugir (rapidamente).

2º PIVÔ = NENHUM GOSTO PARA DADOS

Começamos a observar outros mercados. O de esportes parecia interessante para nós. Poderíamos oferecer dados de posicionamento para atletas obterem insights e terem melhor desempenho. Essa era a necessidade do cliente que buscávamos. Entretanto, nossa base de clientes não se desenvolveu muito bem. Estávamos resolvendo um problema, mas não tínhamos ideia de como empregar a solução. Precisávamos obter muito conteúdo (dados) para que nossos clientes entregassem informações relevantes de volta para nós. Sinceramente, teríamos que fazer muito esforço em um mercado com o qual não nos importávamos tanto. Se você não é um especialista em algo, esqueça. Você precisa saber essas coisas de cor. Fizemos o pivô novamente. Bem, um meio pivô, porque vendemos a solução para nossos parceiros canadenses.

3º PIVÔ = PRIORIDADES DIFERENTES

Através de nossos pivôs, chegamos ao estágio em que poderíamos fornecer licenças (para propriedade intelectual) para partes interessadas, enquanto podíamos desenvolver algo juntos. Com este plano, podíamos implementar um modelo de negócios de compartilhamento de renda. Neste modelo, seguiríamos desenvolvendo soluções e criaríamos vários produtos diferentes, comercializados por outros. Isto significava menos exploração por nós. Podíamos ganhar dinheiro se e quando nossos parceiros o fizessem.

VALIDE » CASO » **GOSPARC, MESTRE DO PIVÔ**

> SURPRESAS ACONTECEM, MAS VOCÊ PRECISA CONHECER SEUS CLIENTES.
>
> A NECESSIDADE ESTÁ LÁ, MAS VOCÊ PRECISA EXPLORAR PARA VER.

4

4º PIVÔ = VÁRIOS PEQUENOS PIVÔS

A fase atual em que estamos trata de vários pequenos pivôs. Pequenas e diferentes transformações. Decidimos fazer nossa própria tecnologia e nossas próprias vendas. Nossa primeira solução foi só para estacionamento: um problema claro que todo mundo entende. A ferramenta que desenvolvemos era baseada em uma pequena ideia no cobrador de estacionamento, que pode ser colocado no carro e pagará pelo estacionamento. Isso nos levou a outra pergunta: isso é para consumidores ou negócios?

CONSUMIDORES

A solução precisa ser precificada adequadamente e os consumidores devem gostar dela. Suas necessidades são diferentes dos negócios. Uma dessas necessidades é o fator "maneiro"; nossa solução precisa ser maneira. Também descobrimos

O melhor de tudo, inicialmente, essa ideia veio para nós dos mesmos parceiros. Parecia que tudo tinha dado certo. Havia crescimento. Nós tínhamos parceiros querendo vender por nós. Tínhamos a base de clientes deles. Venderíamos em grande quantidade. Implementamos este modelo com quatro parceiros. Mas houve um problema com isso também: não tínhamos nenhum controle de vendas e estratégia. Quando seus parceiros têm outros planos, têm pouca razão para o incluir neles. A tecnologia estava pronta, mas, de repente, eles tinham prioridades diferentes. Ótima base de clientes, dinheiro no banco, uma combinação de produto-mercado e eram todos líderes de mercado. Mas tínhamos que fazer o pivô novamente. Sem controle, era a única escolha.

ESTUDO DE CASO GOSPARC: **MESTRE DO PIVÔ**

duas outras necessidades do cliente durante a validação: a necessidade de 1) verificar o espaço de estacionamento para que não seja superfaturado; e 2) pagar pelo estacionamento sem usar moedas. Nossa proposta de valor atual é a seguinte: economize. Não é exatamente o que eles querem. Não é muito maneira ainda. Mas funciona. Também descobrimos que alguns adotantes iniciais são ligados em tecnologia. Eles querem algo que possam fazer funcionar com outras coisas. Certamente poderíamos buscar essa oportunidade também. Mas precisaríamos apoiar a comunidade de uma maneira totalmente nova. Neste estágio, precisamos encontrar outros clientes para escalar.

NEGÓCIOS

Negócios não se importam muito em economizar. Mas eles querem pagar estacionamento para seus funcionários bem como administrar suas frotas. Para testar nossa solução com negócios, adicionamos um controle de frota em tempo real. De repente, tornou-se um produto para operações de negócios. Medimos o sucesso observando pelo menos 10 pilotos pagos. Conseguimos ganhar mais do que perdemos. Até mesmo autoridades de impostos queriam isso. Mas, novamente, não é o suficiente. Com prova em mãos, estamos felizes em fazer um piloto. Mas, é claro, não foi o que aconteceu...

AGORA: **NÓS TEMOS UM APP MATADOR!**

Temos um app matador. Conversamos com várias empresas de trânsito durante os pilotos e chegamos à mesma pergunta repetidamente: como podemos fazer check-in e check-out de passageiros?

Um passageiro pode se marcar em um ônibus? Isto é mais escalável do que o sistema de chip Dutch OV, que custa 8 mil euros para instalar e outros 15 mil por mês, por veículo, para manutenção? Nossa solução parece satisfazer as necessidades dos clientes muito bem.

Agora, temos algo ótimo!
Ou assim acreditamos.

CONECTA DIRETAMENTE AOS VEÍCULOS E PERMITE QUE QUALQUER UM COM UM CARTÃO OU CHIP TENHA ACESSO.

ESTE SISTEMA PODE SER USADO EM QUALQUER VEÍCULO DE TRANSPORTE INTERCAMBIAVELMENTE.

EI! VOCÊ DEVERIA RASTREAR ANIMAIS!

Que tal rastrear e localizar animais ou crianças?

Nós pensamos nisso. Vimos um interesse inicial, mas, no fim, donos de cachorros e pais não se importam muito e não têm uma necessidade forte de comprar tal ferramenta. Seríamos ingênuos se seguíssemos esse caminho.

PIVÔS DIFÍCEIS E FÁCEIS

Acredito que há dois pivôs: um difícil e um fácil. O difícil faz você mudar seu produto inteiramente, da tecnologia até ele mesmo. De um segmento para o outro.

Pequenos pivôs. Pivôs fáceis. Você não os entende de verdade. Você se vê em uma posição diferente. Não sabe como chegou lá, mas a consequência de uma pequena mudança no seu negócio o levou aonde está.

SEJA UM ROCKSTAR

O Canvas de Modelo de Negócios e o pensamento enxuto são como tocar guitarra. Você vê os acordes e precisa tocar repetidamente, até que a música seja internalizada.

Então, você volta ao início. No fim, estará cantando e tocando ao mesmo tempo. E antes que perceba, terá um grupo inteiro cantando com você!

VALIDE >> CASO >> **GOSPARC, MESTRE DO PIVÔ**

COMO FAZER SEU PIVÔ ALCANÇAR A VITÓRIA >>

CASO ONETAB: DESENVOLVENDO MODELOS DE NEGÓCIOS ATRAVÉS DE PIVÔS

Se você quer abrir uma conta em um pub na Austrália (como em muitos outros países), precisa entregar seu cartão de crédito. E isto é um problema. Scott e Paul tiveram uma epifania em seu bar favorito Cha Cha Char (Austrália): um app que resolveria tudo.

DEPOIS DE TRÊS GARRAFAS DE VINHO ESTÁVAMOS "PRONTOS PARA LANÇAR..."

❶ CASTELO DE CARTAS
Scott Cross e Paul Wyatt estavam convencidos de que pagar uma conta poderia ser muito mais fácil através de um app. Resolveria a espera, perda de cartão, esquecer de assinar ou até de coletar seu cartão.

❷ NÃO É PROBLEMA MEU
Eles tinham um app construído com base na suposição de que os clientes pagariam pelo app para ter seu problema resolvido. Scott e Paul estavam errados. Não tinha nada a ver com o ap

VALIDE >> CASO >> **ONETAB, PIVÔ PARA VITÓRIA**

③ O PROBLEMA DOS BARMANS
O problema real estava com o dono do bar: fraude, administração, perda ou cartões de crédito esquecidos, contas não pagas. Eles certamente estavam dispostos a pagar por uma solução conveniente que resolvesse esses problemas.

④ UMA COMBINAÇÃO PERFEITA
Na OneTab eles perceberam que mais conveniência para o cliente e menos problemas burocráticos para o barman poderiam ser resolvidos com uma plataforma (multilateral). O último pagaria pelo uso já que o primeiro certamente faria mais pedidos!

⑤ ACESSO AO CONHECIMENTO
Usar provedores POS como canais facilitou que os pubs tivessem acesso. Um incentivo extra foi o rico comportamento/dados de usuário que a OneTab havia sido capaz de registrar. De um "app" para plataforma multilateral: sucesso em quatro pivôs. ■

CONDUZINDO **EXPERIMENTOS**

Se prototipar trata de dar vida a suas ideias para as ver, sentir e rapidamente identificar suas suposições, então, o foco da validação é adicionar rigor ao processo de design. A validação pede experimentação para testar suas suposições e medir os resultados.

O QUE VOCÊ REALMENTE SABE?

Quando você acredita tanto em sua ideia que ignora evidências que sugerem que os clientes realmente não gostam dela, ou pior, estão totalmente desinteressados, segue por um caminho perigoso, como muitas startups fracassadas já ilustraram. Lembre-se, sua ideia nada mais é do que uma pilha de suposições não validadas, suposições que precisam ser classificadas e validadas para ver se são realmente verdadeiras. Esta é a única maneira que você saberá o que é verdadeiro e o que não é.

Antes de tomar qualquer grande decisão (e investimento), faz sentido usar seu outro lado racional e aprender o máximo possível sobre o que está acontecendo.

EXPERIMENTOS

Você precisará aprender e precisará aprender rápido. Assim como crianças pequenas aprendem a andar caindo muito, você realizará vários experimentos para descobrir a verdade. Para validar suposições, você criará, conduzirá e analisará experimentos que entregarão os dados de que precisa como evidência para apoiar ou destruir suas suposições. Usar fatos, evidências e dados trará sua mente racional para a equação e facilitará provar para si e para sua equipe que você está no caminho certo (ou errado).

O JOGO DE SUPOSIÇÃO MAIS ARRISCADO

Então, vamos começar a validar e experimentar. Mas o que você deveria testar primeiro? Usando nossa metáfora favorita de Jenga, pense em suas ideias como sendo uma torre, em que todos os tijolos são as suposições. Quando uma das suposições na base da pilha é invalidada e o tijolo é removido, a torre inteira pode cair. Quando você remove uma do topo, nada de mais acontecerá. Está incluso neste livro um modelo visual para encontrar as suposições mais arriscadas com sua equipe.

COMO EU CONFIGURO UM EXPERIMENTO?

Depois de encontrar sua suposição mais arriscada, está na hora de começar a experimentar. Nas próximas páginas, você aprenderá a configurar seu experimento passo a passo, usando o Canvas de Experimento para construir e conduzir rapidamente o próximo experimento.

REFUTANDO VS. VERIFICANDO

A finalidade do seu experimento não é confirmar sua hipótese; é tentar refutá-la. Apenas depois de uma quantidade suficiente de esforço, quando ficar comprovado que é impossível construir um experimento que refute a hipótese, você poderá aceitá-la.

Mesmo assim você não está completamente fora do perigo. Do ponto de vista prático, se pode pensar em outro experimento que possa dar um resultado diferente, conduza-o. Procure ativamente por outro resultado. Afinal de contas, pode custar pouco obter esses dados, mas economizará muito para você no fim!

FAÇA PIVÔ OU PERSEVERE

Depois que terminar com seu experimento, é hora de tirar algumas conclusões. Essencialmente, há três resultados possíveis do seu experimento. Seu experimento confirma o resultado que você previu; contradiz a previsão; ou você não tem certeza.

No caso de o experimento confirmar o resultado, e você ter dado seu melhor para o refutar, é hora de marcar a suposição como "validada". Você pode "perseverar" e seguir para a próxima suposição mais arriscada. Se você não tem certeza, é hora de verificar a configuração de seu experimento. Você fez as perguntas certas? Falou com as cobaias certas? E, por fim, se seu experimento contradiz o resultado, você provavelmente precisa mudar de direção: precisa fazer um pivô.

SEU PRÓXIMO EXPERIMENTO

Pode ter certeza: você não cruzará a linha de chegada sem conduzir vários experimentos e experimentando alguns pivôs. Para facilitar a observação de padrões enquanto controla suas descobertas, nós incluímos neste livro o quadro de validação das *Startups Enxutas*.

Para mais informações, leia: *Running Lean*, de Ash Maurya.

VALIDE » FERRAMENTA » **CONDUZINDO EXPERIMENTOS**

CONDUZINDO **EXPERIMENTOS** ENXUTOS

Em 2010, desenvolvi uma abordagem para ajudar startups a se tornarem mais bem-sucedidas, chamada de Canvas Enxuto. Este método foi baseado na validação: conduzir experimentos e testar suposições. Desde então, o Canvas Enxuto transformou-se em um movimento global que usa e desenvolve ainda mais a abordagem enxuta.

Enquanto experimentos são altamente eficazes para testar suposições e hipóteses, simplesmente conduzir experimentos não é o suficiente. O resultado de nossos experimentos só pode ser tão bom quanto a qualidade de nossas suposições.

Torna-se mais importante descobrir as suposições mais arriscadas para testar e construir os experimentos certos para obter os dados de que você precisa.

É por isso que eu criei o Relatório de Experimento, que você também encontrará neste livro.

Ash Maurya
Fundador da Lean Startup
Autor de *Running Lean*

A **SUPOSIÇÃO MAIS ARRISCADA**

Nós todos já estivemos lá: sua ideia é tão boa que você está ansioso por lançá-la o mais rápido possível (talvez até hoje). A maioria de nós se alimenta desta empolgação. Mas como você sabe que está fazendo a aposta certa com sua ideia? De quais apostas depende o sucesso dela? Estas são suas suposições mais arriscadas; precisam ser testadas.

O QUE VOCÊ REALMENTE SABE?

Holandeses amam seus queijos, como fica evidente pelas longas filas que você encontrará em qualquer loja de queijos na Holanda, especialmente as no centro de Amsterdã. Com esse "problema" em mente, uma startup nova e legal, baseada em Amsterdã, partiu para lidar com este problema com um app móvel, em que os clientes poderiam fazer o pedido antecipado de sanduíches e evitar esperar na fila. Parecia bem simples. Depois de mapear a jornada do cliente, a equipe identificou a suposição mais arriscada: os clientes odeiam esperar em longas filas.

Com essa suposição em mente, a equipe da startup foi para as ruas para a validar. Depois de falar com mais de 50 clientes, eles descobriram que os clientes não viam isso como um problema. Clientes estavam dispostos a esperar por sanduíches feitos na hora e preparados por pessoas bonitas atrás dos balcões.

Com apenas o custo do tempo gasto falando com pessoas durante um único horário de almoço, a equipe descobriu que sua suposição mais arriscada era falsa e foi invalidada. Se você trabalha para uma pequena startup ou para uma grande organização existente, valide suas suposições mais arriscadas o mais rápido e barato possível para que não perca tempo e recursos valiosos trabalhando em algo que nunca funcionará. Mas isso é, muitas vezes, mais difícil do que parece.

SUA SUPOSIÇÃO MAIS ARRISCADA NÃO É SEMPRE FÁCIL DE ENCONTRAR

Imagine que sua ideia seja abrir uma loja de jeans feitos sob medida em uma rua principal de comércio. Certamente as pessoas amam seus jeans e estão dispostas a gastar dinheiro em um que fique ótimo e seja feito sob medida. Mas esta é sua suposição mais arriscada?

Se você pensar nos trabalhos a serem feitos, perdas e ganhos dos clientes, bem como em suas jornadas, descobrirá mais suposições e perguntas a serem feitas: eles estão dispostos a gastar algum dinheiro? Eles têm tempo de esperar por uma calça jeans ser feita sob medida? Estão dispostos a voltar algumas semanas depois para a pegar?

> **DICA!** Lembre-se de fazer as perguntas certas enquanto valida suas suposições. Veja *The Mom Test,* na página 91.

VALIDE » FERRAMENTA » **SUPOSIÇÃO MAIS ARRISCADA**

QUANDO OS FUNDADORES SE APAIXONAM POR SEU PRODUTO, VALIDAM O QUE QUEREM VALIDAR. NÃO O QUE É BOM PARA OS NEGÓCIOS.

//Marc Wesselink, Startupbootcamp

Ao interrogar seus Canvas de Modelo de Negócios e Contexto, você descobrirá ainda mais suposições e perguntas a serem feitas: com quais recursos-chave podemos contar para produzir algo que as pessoas queiram comprar? Nossos parceiros-chave enviam materiais no prazo e pelo preço certo? A qual preço poderíamos vender os jeans para ter lucro?

O primeiro segredo para identificar sua lista de suposições mais arriscadas é reunir uma equipe, expor a ideia e fazer um brainstorming juntos. E se você não tem pessoas em sua equipe que tenham experiência profunda em expor o modelo de negócios e o contexto, convide alguns especialistas da indústria de sua rede.

IDENTIFICANDO SUPOSIÇÕES

Como designer, seu foco primário é o cliente. Faz sentido que as primeiras suposições que você identificará venham de algum problema do cliente. Mas estas não são as únicas suposições, e nem as suposições sobre os clientes são sempre as mais arriscadas. Para descobrir mais suposições, você pode também usar o Canvas de Modelo de Negócios, na página 118. Quando você estabelece os segmentos de clientes e algumas supostas propostas de valor no Canvas de Modelo de Negócios, também precisará conectá-los a alguns fluxos de renda e canais. Nessas caixas você encontrará suposições: (1) existem clientes que querem comprar (2) seu produto por (3) algum preço através (4) de um canal específico. Tudo isto existe no lado direito do Canvas de Modelo de Negócios. Essas são suposições que você precisará validar para garantir que poderá entregar algum valor.

Do lado esquerdo do canvas, você também encontrará todas as suposições operacionais, como parceiros-chave e recursos necessários para criar algum valor. E, é claro, você não pode deixar de fora o custo exigido para produzir sua solução.

Com a equipe estabelecida, use suas ferramentas de design (notas adesivas, marcadores e uma parede grande) para classificar as suposições as quais você não poderia viver sem ou que provavelmente são falsas. Quanto antes você descobrir isto, mais será capaz de as validar e seguir em frente ou fazer um pivô. ■

FERRAMENTA **CANVAS DE SUPOSIÇÃO MAIS ARRISCADA**

Em sua pilha de suposições, a mais arriscada é o primeiro portão. Se, ao testá-la, ela continuamente resultar como "falsa", você não poderá passar pelo ponto de partida, não poderá coletar seus $200. Esta ferramenta o ajudará a classificar suas suposições antes de seguir para a experimentação.

FOCO
defina suposições mais arriscadas

± 15–30 MIN
panela de pressão

3–5
pessoas por grupo

DESCOBRINDO A SUPOSIÇÃO MAIS ARRISCADA

Descobrir a suposição mais arriscada nem sempre é fácil. Discutir suposições com sua equipe ajudará a identificar as que vêm depois. Faça isto visualmente para que seja relevante e forneça a você o resultado de que precisa!

JENGA

Jenga é um jogo em que os jogadores, um de cada vez, tentam remover blocos de uma torre de madeira. Cada bloco removido pode fazer a torre cair, mas os blocos na base são essenciais para manter a torre de pé.

Pense em sua ideia como uma grande torre Jenga, em que todos os blocos são suposições. Quando uma das suposições na base da pilha é invalidada e o bloco é removido, a torre inteira pode cair. Quando você remove um do topo, quase nada acontece.

Precisamos garantir que a base da torre esteja segura. Devemos começar pela base, com o que chamamos de suposições mais arriscadas. No momento, todas as outras suposições não são tão importantes.

Afinal de contas, se a suposição mais arriscada estiver incorreta, pode ser totalmente irrelevante pensar sobre qualquer uma das outras: talvez sua ideia precise mudar completamente com base no novo conhecimento!

Para descobrir sua suposição mais arriscada, reveja o Canvas de Modelo de Negócios, proposta de valor, critérios de design e outras coisas que você já aprendeu.

Quais são suas suposições? Quais são as coisas sobre as quais não tem certeza? Use este modelo para as mapear em uma parede, com sua equipe, como uma torre Jenga. As que devem ser absolutamente verdadeiras para sua ideia funcionar ficam na base da pilha. As que são menos importantes ou dependem de outras suposições vão mais para o alto.

TENTE FRACASSAR

O objetivo é tentar fazer a torre cair rápido! Então, pegue a suposição mais da base, que é a mais arriscada. É sobre isso que você quer saber mais. Se estiver certa, você pode seguir para a próxima suposição mais arriscada. Se falhar, sua torre de Jenga cai, e você precisará voltar à prancheta de desenho para encontrar outra abordagem que funcione melhor.

VALIDE >> FERRAMENTA >> **CANVAS DE SUPOSIÇÃO MAIS ARRISCADA**

CANVAS DE SUPOSIÇÃO MAIS ARRISCADA

JÁ VALIDADO — BAIXO IMPACTO

OBA! ESSAS SÃO AS COISAS QUE VOCÊ TESTOU!

COISAS QUE VOCÊ NÃO TEM CERTEZA, MAS TÊM UM GRANDE IMPACTO

ESSAS SÃO COISAS QUE VOCÊ PODE TESTAR MAIS TARDE.

SUPOSIÇÕES QUE PODEM TER ALGUM IMPACTO

SUPOSIÇÃO MAIS ARRISCADA — ALTO IMPACTO

SÓ PODE HAVER UMA!

SE ESTA ESTIVER ERRADA, VOCÊ ESTÁ FERRADO!

DOWNLOAD
Faça o download do Canvas de Suposição Mais Arriscada em www.altabooks.com.br

CHECKLIST

☐ Você identificou claramente uma suposição mais arriscada.

☐ Você descreveu a suposição mais arriscada de maneira concreta.

PRÓXIMO PASSO

> Planeje um experimento para testar a suposição usando o Canvas de Experimento.

ESCREVA AS SUPOSIÇÕES

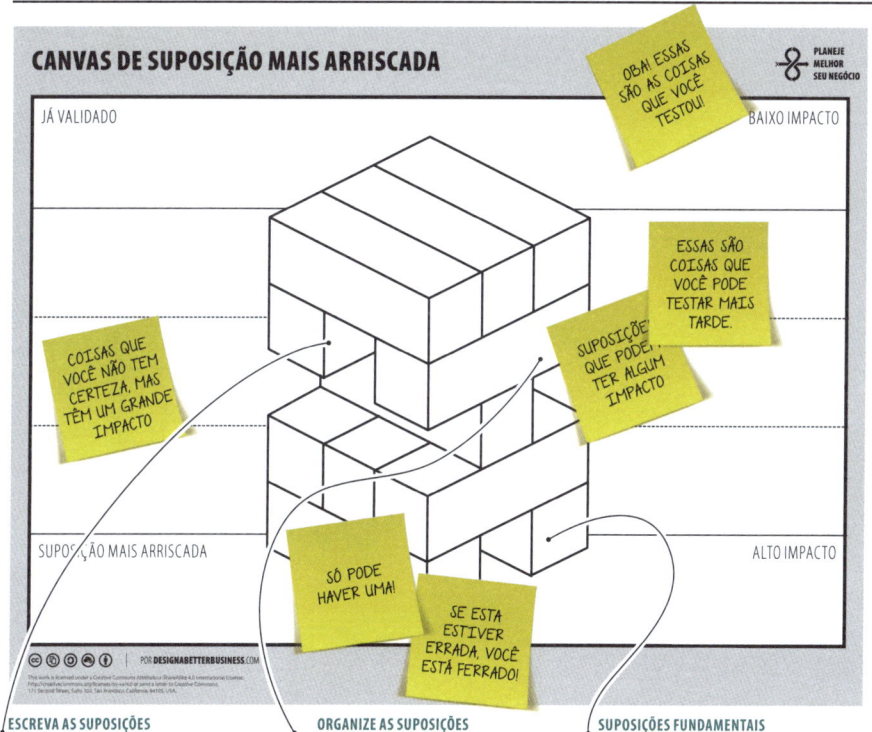

Com sua equipe, comece apenas escrevendo todas as suposições em notas adesivas, mas não as encaixe ainda. Consulte a sala de guerra ou seu ponto de vista para inspiração.

Depois, coloque as suposições no modelo, cada membro da equipe colocando-as no meio dos três quadros, onde acham que é melhor. Não discuta ainda!

ORGANIZE AS SUPOSIÇÕES

Agora, com sua equipe, revezem-se movendo as notas adesivas. Tente descobrir qual suposição é a mais arriscada. Quando as notas adesivas são mudadas para lá e para cá entre os quadros, coloque-as no meio do caminho entre eles.

SUPOSIÇÕES FUNDAMENTAIS

Por fim, passe pelos quadros e veja se há alguma suposição que realmente dependa de outras (mova-as para cima) ou que sejam fundamentais (mova-as para baixo).

Depois de cerca de 15 minutos, você deverá ter apenas algumas sobrando no quadro inferior. Vote com sua equipe sobre quais são as mais fundamentais.

203

USE A **CIÊNCIA**

Se toda essa experimentação, medições e métricas parecem ciência, bem, é porque são.

LOCALIZADOR DE SUPOSIÇÃO MAIS ARRISCADA

ENCONTRE SUA SUPOSIÇÃO MAIS ARRISCADA

Para o Canvas de Suposição Mais Arriscada, veja a página 202.

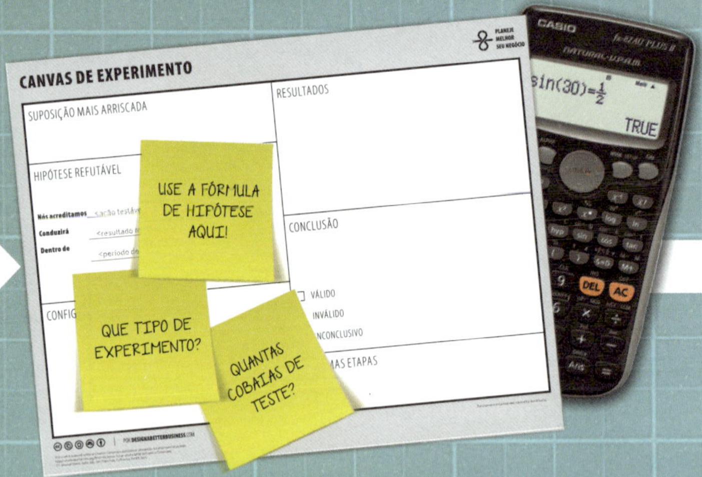

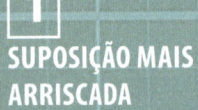

CANVAS DE EXPERIMENTO

USE A FÓRMULA DE HIPÓTESE AQUI!

QUE TIPO DE EXPERIMENTO?

QUANTAS COBAIAS DE TESTE?

Para o Canvas de Experimento, veja a página 206.

ESTIME OS RESULTADOS DO EXPERIMENTO. QUANTAS VEZES VOCÊ O OBTÉM RESULTADO? O QUE AS COBAIAS FARÃO?

1 SUPOSIÇÃO MAIS ARRISCADA
Primeiro, encontre sua suposição mais arriscada. Aquela que, se estiver errada, faz a ideia toda desmoronar.

2 HIPÓTESE
Em seguida, crie uma hipótese para sua suposição. O que ela realmente significa? Como você pode medi-la?

3 COBAIAS
Selecione um grupo representativo de cobaias para o experimento. Regra de ouro: consiga pelo menos de 20 a 30 pessoas.

4 PROTÓTIPO
Crie o protótipo mais simples possível para testar sua hipótese. Obtenha inspiração no capítulo sobre protótipos.

VALIDE » FERRAMENTA » **USE A CIÊNCIA**

MANTENHA UM LIVRO DE REGISTROS PARA ACOMPANHAR SEUS RESULTADOS E AS ETAPAS DOS EXPERIMENTOS. DESSA MANEIRA VOCÊ PODE TER CERTEZA DE QUE SEU RESULTADO É VÁLIDO.

O OBJETIVO DO EXPERIMENTO NÃO É CONFIRMAR SUA HIPÓTESE, É TENTAR REFUTÁ-LA. SE VOCÊ NÃO CONSEGUIR FAZER ISTO, SUA SUPOSIÇÃO DEVE SER VERDADEIRA!

DEPOIS DE UM RESULTADO POSITIVO, FAZ SENTIDO VERIFICAR NOVAMENTE. VOCÊ FEZ AS PERGUNTAS CERTAS? FOI CRÍTICO O SUFICIENTE? SERIA UMA NOTÍCIA RUIM SE VOCÊ SE LIBERASSE TÃO FACILMENTE!

NA MOSCA →

PERSEVERE
Escolha a próxima suposição mais arriscada e comece a validá-la.

BEM DISTANTE →

PIVÔ
De volta à prancheta de desenho! Reavalie seu ponto de vista e veja se pode encontrar uma solução diferente para validar.

PASSOU PERTO →

REFAÇA O EXPERIMENTO
Podemos ter estragado o teste. Verifique a configuração, cobaias e hipóteses. Tente replicar seu resultado.

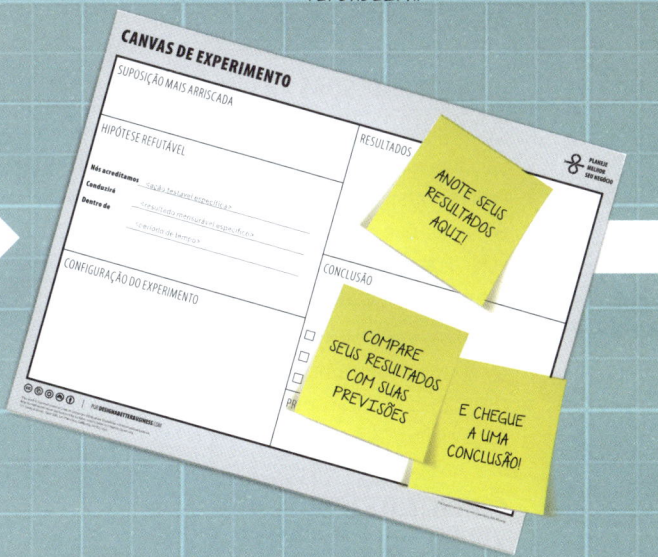

205

5
CONDUZA O EXPERIMENTO
Conduza o experimento que você planejou. Não se preocupe se as coisas não saírem como o planejado. O objetivo é aprender.

6
OBTENHA SEUS DADOS
Compare seus dados com as previsões que você fez. Elas estavam muito distantes? Bem na mosca? Ou passou perto?

7
TOME UMA DECISÃO
Com base nos resultados que obteve, você pode decidir fazer um pivô, perseverar ou refazer o experimento.

FERRAMENTA **CANVAS DE EXPERIMENTO**

Criada por Ash Maurya

Depois de encontrar suas suposições mais arriscadas, você precisará de uma maneira de descobrir qual é o melhor teste para as medir de forma quantitativa. O Canvas de Experimento fornece uma maneira direta de desmembrar suas suposições em experimentos mensuráveis e observáveis.

TANGÍVEL
experimente e crie

± 15–30 MIN
panela de pressão

3–5
pessoas por grupo

O modelo do Canvas de Experimento foi originalmente criado por Ash Maurya e levemente adaptado para esta publicação.

O EXPERIMENTO CERTO

O propósito do Canvas de Experimento é planejar o experimento certo, na hora certa, facilitando que a equipe tenha a conversa certa. Com o Canvas de Experimento, é fácil planejar um experimento bem definido: comece identificando a suposição mais arriscada atual, depois, especifique uma hipótese clara e refutável e a configuração do experimento. Após conduzir o experimento, confira os resultados e planeje seus próximos passos.

CRIANDO UMA BOA HIPÓTESE

Sua hipótese é uma afirmação que você acredita ser verdadeira sobre sua suposição mais arriscada. Escreva-a antes de conduzir o experimento. É muito fácil mudar as condições e depois fazer os dados se encaixarem, e isto rouba de você insights valiosos.

QUANTIFIQUE SUAS PREVISÕES

Quantifique sua hipótese. Quantos clientes serão necessários? Quantas vezes? Em que período de tempo? Tudo bem usar um limite para isto, contanto que você especifique com antecedência. A métrica que você define precisa ser acionável (ou seja, ela precisa estar diretamente relacionada à hipótese) e acessível (ou seja, você precisa ser capaz de ver os resultados).

Ligue os números à suposição que está testando. Por que ter 10 resultados positivos a validam? Especifique quaisquer resultados qualitativos e variáveis. Quais respostas diferentes você espera? Como as reunirá?

CONDUZA O EXPERIMENTO

Armado com esta hipótese, você está pronto para começar seu experimento. Controle os dados imediatamente e escreva tudo, para que mais tarde você possa conferir se interpretou os resultados corretamente.

USE A **FÓRMULA DA HIPÓTESE**

Nós acreditamos que (especifique ação testável) conduzirá (especifique resultado mensurável) dentro de (período de tempo)

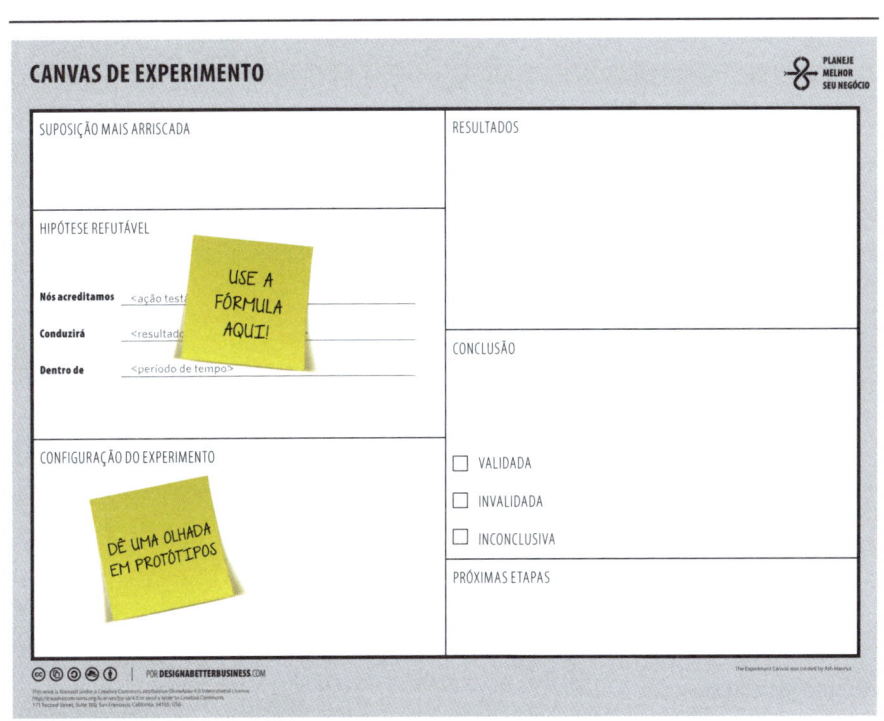

VALIDE >> FERRAMENTA >> **CANVAS DE EXPERIMENTO**

CANVAS DE EXPERIMENTO

SUPOSIÇÃO MAIS ARRISCADA

HIPÓTESE REFUTÁVEL

Nós acreditamos <ação testada>
Conduzirá <resultado>
Dentro de <período de tempo>

USE A FÓRMULA AQUI!

CONFIGURAÇÃO DO EXPERIMENTO

Dê uma olhada em protótipos

RESULTADOS

CONCLUSÃO

☐ VALIDADA
☐ INVALIDADA
☐ INCONCLUSIVA

PRÓXIMAS ETAPAS

DOWNLOAD
Faça o download do Canvas de Experimento em www.altabooks.com.br

CHECKLIST
☐ Você criou uma hipótese para testar a suposição mais arriscada.
☐ Sua hipótese se encaixa na estrutura.
☐ Você definiu resultados mensuráveis.
☐ Seus dados são significativos.

PRÓXIMOS PASSOS
> Crie um protótipo para dar suporte a seu experimento.
> Faça o experimento e colete dados.
> Faça um pivô, persevere ou refaça.

SUPOSIÇÃO MAIS ARRISCADA
Qual é a suposição mais arriscada que você quer validar? E por que ela é tão importante?

HIPÓTESE REFUTÁVEL
Declare o resultado esperado com antecedência. Tente ter uma boa estimativa em vez de precisão falsa!

CONFIGURAÇÃO DO EXPERIMENTO
Qual é o protótipo que você usará para o teste? Quais são as variáveis e métricas importantes? É quantitativo ou qualitativo?

RESULTADOS
Insira os dados quantitativos e/ou qualitativos resultantes do seu experimento.

CONCLUSÃO
Resuma suas descobertas. Seu resultado validou ou invalidou a hipótese? Ou foi inconclusivo?

PRÓXIMAS ETAPAS
Você precisa fazer um pivô, perseverar ou refazer o experimento?

FERRAMENTA **CANVAS DE VALIDAÇÃO**

Conceito original por Ash Maurya

Com seu experimento estabelecido, é hora de começar a testar e acompanhar o progresso ao longo do tempo. Às vezes, seus testes serão positivos, outras, negativos. Ao longo do caminho você fará iterações — adicionando e mudando com o tempo. Esta ferramenta ajudará a acompanhar seu progresso com o passar do tempo.

FOCO
verifique o progresso

± 15 MIN
sessão

EQUIPE
todos juntos

O Canvas de Validação foi criado pelo movimento Startup Enxuta, de Ash Maurya, e adaptado para esta publicação.

ACOMPANHE SEUS PIVÔS

Conduzir um experimento quase nunca é suficiente para saber se você está certo. Algumas startups fazem muitos pivôs antes de encontrar a combinação certa de produto-mercado. Em todo caso, é absolutamente essencial que você saiba onde esteve antes de seguir em frente. Seria um desperdício de tempo e recursos conduzir o mesmo experimento repetidamente e esperar que os resultados mudem magicamente. Olhar para o passado o ajudará a entender as escolhas que já fez e evitar o ressurgimento de suposições invalidadas mais tarde no processo.

PROCESSO DE VALIDAÇÃO

O objetivo do processo de validação é aprender o máximo possível, o mais rápido possível. Você querer o mínimo de tempo e esforço possível neste processo, enquanto maximiza o resultado. Com isto em mente, você precisará conduzir experimentos iterativamente. O Canvas de Validação é o sistema nervoso central deste processo.

SEU MELHOR PALPITE

Comece com a proposta de valor que você tem no momento. Este é seu "melhor palpite" em relação a quem é seu cliente, qual problema você resolve para ele e qual é sua solução para este problema. Não é preciso complicar demais. Comece devagar, com a solução mais simples que puder testar. Ao longo do tempo, os pivôs mudarão seu melhor palpite.

EXPERIMENTO

Seu melhor palpite atual é baseado em suposições. Encontre a mais arriscada: aquela que, se estiver errada, refuta completamente seu melhor palpite. Escolha uma maneira de testar essa suposição e defina quais são os critérios mínimos para o sucesso. Insira isso no Canvas de Experimento e conduza-o.

Quando se trata de métodos de experimentação, você pode escolher entre exploração, apresentação ou até mesmo um modelo de concierge. Através da exploração, você aprenderá mais sobre o problema que está tentando resolver.

Apresentar ajudará a entender o quão importante seu cliente acha que é o problema. É uma necessidade ou algo apenas desejável? Um modelo de concierge ajudará a entender se você pode atender às expectativas do cliente em primeiro lugar, fazendo-o à mão. ■

VALIDE » FERRAMENTA » **CANVAS DE VALIDAÇÃO**

CANVAS DE VALIDAÇÃO

PLANEJE MELHOR SEU NEGÓCIO

	COMEÇO	PIVÔ 1	PIVÔ 2	PIVÔ 3	PIVÔ 4
SUPOSIÇÃO MAIS ARRISCADA					
SEGMENTO DE CLIENTES					
NECESSIDADE DOS CLIENTES					
PROTOTIPAR PARA VALIDAR COM					
MÉTODO					
CRITÉRIO MÍNIMO DE SUCESSO					
RESULTADO: PIVÔ OU PERSEVERAR					

DOWNLOAD
Faça o download do Canvas de Validação em www.altabooks.com.br

SUPOSIÇÃO MAIS ARRISCADA
Qual é sua suposição mais arriscada a ser testada com o experimento?

CLIENTE
Defina sua proposta de valor. Divida-a em partes: seu cliente, a necessidade do cliente que você está resolvendo e a solução que garante que solucione o problema.

VALIDE
Descreva o método com o qual quer testar. Que tipo de experimento é esse?

Quais são os critérios mínimos para o sucesso?

RESULTADOS
Acompanhe se seu experimento valida ou invalida a suposição e quais foram suas descobertas. Você fez pivô? Ou perseverou?

Ao longo do tempo, você pode ver como foi seu progresso.

CHECKLIST
☐ Você acompanhou seu experimento.

PRÓXIMO PASSO
> Faça o pivô, persevere ou refaça.

209

EXEMPLO **A JORNADA DE Abrella**
LET IT RAIN

Há três anos, um feriado chuvoso em Taiwan fez Andreas Søgaard começar uma startup social chamada Abrella.

1 ANDREAS ESTAVA EM UM FERIADO MOLHADO NA CHUVOSA TAIWAN, QUANDO AVISTOU UM ESTANDE DE GUARDA-CHUVAS PERDIDOS. ELE DECIDIU LEVAR UM CONSIGO E TRAZER DE VOLTA PARA ESPERAR POR SEU DONO QUANDO A CHUVA PARASSE.

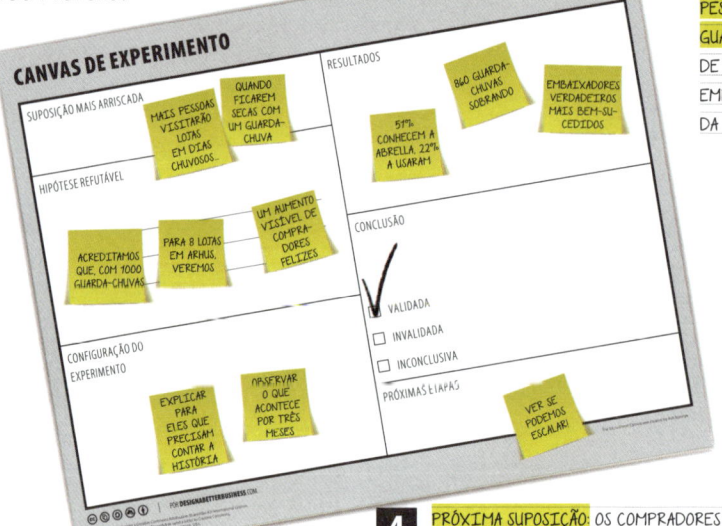

2 ISSO DEU A ELE UMA IDEIA. SUA DINAMARCA NATAL É ABENÇOADA COM MAIS DE 171 DIAS DE CHUVA TODOS OS ANOS. TALVEZ ELE PUDESSE TORNAR ESSES DIAS UM POUCO MELHORES PARA TODOS COMEÇANDO UM NEGÓCIO DE GUARDA-CHUVA SOCIAL! SUA PRIMEIRA SUPOSIÇÃO: OS LOJISTAS ADORARÃO ESTA IDEIA. NASCEU A ABRELLA.

171 DIAS/ANO NA DINAMARCA.

CANVAS DE EXPERIMENTO

SUPOSIÇÃO MAIS ARRISCADA
- MAIS PESSOAS VISITARÃO LOJAS EM DIAS CHUVOSOS...
- QUANDO FICAREM SECAS COM UM GUARDA-CHUVA

HIPÓTESE REFUTÁVEL
- ACREDITAMOS QUE, COM 1000 GUARDA-CHUVAS
- PARA 8 LOJAS EM ARHUS, VEREMOS
- UM AUMENTO VISÍVEL DE COMPRADORES FELIZES

CONFIGURAÇÃO DO EXPERIMENTO
- EXPLICAR PARA ELES QUE PRECISAM CONTAR A HISTÓRIA
- OBSERVAR O QUE ACONTECE POR TRÊS MESES

RESULTADOS
- 51% CONHECEM A ABRELLA, 22% A USARAM
- 860 GUARDA-CHUVAS SOBRANDO
- EMBAIXADORES VERDADEIROS MAIS BEM-SUCEDIDOS

CONCLUSÃO
- ✓ VALIDADA
- ☐ INVALIDADA
- ☐ INCONCLUSIVA

PRÓXIMAS ETAPAS
- VER SE PODEMOS ESCALAR!

3 DE VOLTA À DINAMARCA, ELE FEZ SEU PRIMEIRO EXPERIMENTO: FALOU COM DONOS DE LOJAS EM DIAS CHUVOSOS E PERGUNTOU A ELES COMO ESTAVAM OS NEGÓCIOS. ELES RESPONDERAM QUE PERDIAM 75% DE SUA RENDA QUANDO CHOVIA.

4 PRÓXIMA SUPOSIÇÃO: OS COMPRADORES NÃO VISITAM AS LOJAS PORQUE NÃO QUEREM SE MOLHAR. UM GUARDA-CHUVA FAZ O PROBLEMA DESAPARECER.

5 PARA TESTAR ESSA SUPOSIÇÃO, ANDREAS COMEÇOU UM PROJETO-PILOTO. ELE TAMBÉM QUERIA DESCOBRIR SE AS PESSOAS JOGARIAM FORA OU ROUBARIAM OS GUARDA-CHUVAS. ELE ENCONTROU 8 DONOS DE LOJA QUE SE TORNARAM OS MELHORES EMBAIXADORES DA ABRELLA.

-75% DE RENDA SE CHOVE

LOJA ARHUS

8x

O PILOTO FOI UM SUCESSO, COM AS ==MAIORES DESCOBERTAS== DE QUE AS PESSOAS NÃO QUEBRARAM OU ROUBARAM MUITOS GUARDA-CHUVAS E QUE OS DONOS DAS LOJAS QUE ESTAVAM CONTANDO A HISTÓRIA DIREITO VIRAM MAIS CLIENTES FELIZES RETORNANDO QUANDO CHOVIA. PARA ESSES LOJISTAS, ESTA FOI UMA NOVA MANEIRA DE CONSTRUIR UM RELACIONAMENTO MAIS LONGO COM SEUS CLIENTES. EMBAIXADORES SÃO IMPORTANTES.

1000 GUARDA-CHUVAS FORAM ARMAZENADOS EM SUPORTES BEM VISÍVEIS. A ÁGUA DOS GUARDA-CHUVAS MOLHADOS FAZ FLORES CRESCEREM EM CIMA DO SUPORTE.

ANDREAS PERGUNTOU A 200 PESSOAS NAS RUAS DE ARHUS SE CONHECIAM A ABRELLA, E IMPRESSIONANTES 52% DISSERAM QUE "SIM" DEPOIS DO PILOTO. AS PESSOAS GOSTARAM DA HISTÓRIA E CONTARAM A SEUS AMIGOS.

==REFLEXÃO:== EM VEZ DE PEDIR 1000 GUARDA-CHUVAS DA CHINA E ESPERAR 3 MESES PARA RECEBÊ-LOS, TERIA SIDO MUITO MAIS RÁPIDO E FÁCIL COMPRAR 100 NA IKEA...

9 DURANTE SUA JORNADA, ELES DESCOBRIRAM QUE AS ==PESSOAS QUE REALMENTE PRECISAVAM DE UM GUARDA-CHUVA ERAM DE FORA DA CIDADE.== OS LOCAIS SEMPRE VÃO PARA ALGUM LUGAR PARA SE SECAR, MAS VISITANTES E TURISTAS NÃO TÊM OPÇÃO. ENTÃO, AGORA, ADICIONAM HOTÉIS E OUTROS PONTOS DE ENTRADA COM OS NOVOS EMBAIXADORES.

8 ESCALANDO, ELES COMEÇARAM A FOCAR OUTROS PROBLEMAS, COMO LOGÍSTICA: ALGUNS LUGARES PERDERAM MUITOS GUARDA-CHUVAS. EM DADO MOMENTO, DESCOBRIRAM QUE NÃO HAVIA MAIS GUARDA-CHUVAS ARMAZENADOS! NO FIM, ==FIZERAM UM PIVÔ PARA UMA PARTE MAIS ENGAJADA DE SEU SEGMENTO DE CLIENTES:== APENAS LOJAS QUE FOSSEM EMBAIXADORES DE VERDADE. ELES MANTIVERAM CONTATO COM OS EMBAIXADORES ENTREGANDO OS GUARDA-CHUVAS DE BICICLETA.

7 DEPOIS DO PILOTO, MATTIAS EDSTRØM JUNTOU-SE À ABRELLA COMO COFUNDADOR E ELES COMEÇARAM A ESCALAR. MAIS ANUNCIANTES, MAIS LOJAS, MAIS GUARDA-CHUVAS... ELES FORAM VOTADOS A STARTUP MAIS INOVADORA DA DINAMARCA EM 2015. AS COISAS ESTAVAM ÓTIMAS!

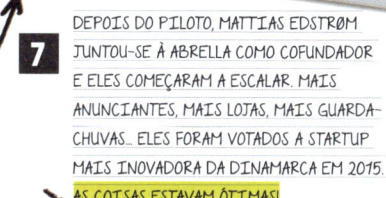

DICAS DE **VALIDAÇÃO**

> **DICA!** Da próxima vez que você planejar um experimento, realize-o primeiro com alguns de seus colegas e conserte qualquer problema. Afinal de contas, seria terrível se você saísse e fizesse a pergunta errada a milhares de pessoas.

QUALITATIVO VS. QUANTITATIVO

Embora os resultados de um teste quantitativo costumem ser fáceis de interpretar, seu primeiro passo na experimentação é descobrir o que testar. Faça um experimento qualitativo para isso. Quais são as coisas típicas que as pessoas fazem? Lembre-se, realizar um teste qualitativo não significa que você não pode obter dados numéricos.

Experimentos qualitativos são ótimos quando você quer capturar dados mais ricos sobre o que os clientes vivenciam. Certifique-se de testar o que as pessoas realmente fazem em vez do que dizem que fazem. Também é importante não perguntar sobre comportamento futuro, já que seu cliente provavelmente não saberá responder sem adivinhar (o futuro é incerto). Em vez disso, pergunte sobre o comportamento atual.

Depois de fazer isto, costuma ser ótimo respaldar com um teste quantitativo para ver quantas pessoas realmente exibem os mesmos comportamentos. Um teste qualitativo fornecerá insight sobre o quão bem seu teste quantitativo está equipado para medir as coisas que você quer.

Lembre-se de que testes qualitativos são difíceis de usar em situações em que você testa a resposta a uma mudança muito pequena. Se você quer testar duas cores diferentes de um botão online, os dados que receberá de um teste qualitativo seriam bem inúteis.

Outra coisa que as pessoas lhe dirão com prazer quando perguntar a elas é se comprarão (ou não) o seu produto. Entretanto, essa informação é inútil. Apenas um teste em que realmente comprem o produto tem valor real.

REALIZE UM TESTE EM PEQUENA ESCALA

Realizar um experimento exige tempo e esforço. Antes de sair e fazer um experimento em larga escala, tente, primeiro, em pequena escala para remover quaisquer problemas com o teste em si.

No programa *Mythbusters,* do Discovery Channel, os apresentadores realizam seus experimentos em pequena escala para ver quais poderiam ser os possíveis resultados e para se certificar de que seus testes em grande escala produzirão resultados confiáveis.

NÃO INFLUENCIE O RESULTADO

Ao executar seu teste, tenha certeza absoluta de que nada que você faça ou diga influencia secretamente seu resultado. Não "venda" seu protótipo para as cobaias. Deixe-as experimentá-lo como fariam sem você presente.

Online, isso é bem fácil de fazer usando análises, mas offline pode ser mais difícil. Apresente o protótipo da maneira mais natural possível.

Uma maneira de colocar isto em prática é fazer com que os testadores registrem a experiência usando uma câmera ou caderno, que você entrega a eles antecipadamente.

TESTANDO A CONCORRÊNCIA

Quando você ainda não tem um protótipo para testar, ou quer ter uma vantagem, tente isto: faça com que as pessoas testem um produto ou serviço concorrente. Descubra o que falam sobre ele.

Mesmo que você ainda não tenha nenhum concorrente direto, isso pode lhe dar insights valiosos. Algumas das suposições que você tem sobre a própria ideia são verdadeiras para outras coisas também.

Há exemplos bem legais de empresas de eletrodomésticos que empregaram este simples experimento usando um produto de cozinha similar e comercialmente disponível, e invalidaram algumas de suas suposições mais importantes. Pelo preço de um processador de alimentos e uma tarde de seu tempo, eles descobriram que precisavam fazer um pivô grande.

TESTE OFFLINE A-B

O teste A-B online é muito popular. Ele mostra aos usuários versões diferentes do mesmo anúncio ou página da web e descobre quais são os mais clicados. Os dados lhe dirão, sem dúvida, se faz sentido implementar a mudança.

Offline, você pode usar a mesma tática. Você não precisa mostrar a todas as cobaias o mesmo protótipo. Faça a maquete de uma brochura do seu produto (usando o Keynote ou o PowerPoint) e mude o preço, mostre cores diferentes ou brinque com outra variável, e veja como isto influencia o resultado.

Mude apenas uma variável por vez ou seu resultado será confuso!

Se você realizar alguns experimentos ao mesmo tempo com um valor diferente para a variável que está testando, pode economizar muito tempo. ■

DICA! Inclua algumas versões que estejam fora de sua zona de conforto. Se você está testando uma faixa de preço, inclua um preço que também esteja no limite do ridículo. Talvez você descubra que os clientes acham esse preço menos ridículo do que você pensava.

AGORA VOCÊ...

> IDENTIFICOU SUA **SUPOSIÇÃO MAIS ARRISCADA** P202

> FEZ PELO MENOS 1 **EXPERIMENTO** P206

> VALIDOU SUA **SUPOSIÇÃO MAIS ARRISCADA** P208

PRÓXIMOS PASSOS

> **EXECUTE SEU PRÓXIMO EXPERIMENTO** P202
> Aborde a próxima suposição mais arriscada.

> **REVEJA SEU PONTO DE VISTA** P70
> Você desafiou o suficiente sua visão? Precisa reajustar seu ponto de vista?

> **VOLTE PARA O LOOP** P48
> Reveja.

> **VOCÊ ESTÁ PRONTO?** P246
> Confira seu nível de prontidão de investimento.

RECAPITULAÇÃO

AS MELHORES IDEIAS NO MUNDO SÃO **INÚTEIS ATÉ SEREM TESTADAS.**

SUA PRIMEIRA IDEIA É UMA DROGA; VOCÊ PRECISA **FRACASSAR LOGO E FRACASSAR COM FREQUÊNCIA.**

FRACASSO É APRENDIZADO. **MATE SEUS QUERIDINHOS.**

NÃO VERIFIQUE, MAS **REFUTE.** TENTE FAZER SUA IDEIA FRACASSAR.

FAÇA O PIVÔ OU PERSEVERE. O PIVÔ COSTUMAVA SER CHAMADO DE ERRO. NÃO EXISTE UM ÚNICO PIVÔ; ELES SÃO TODOS DIFERENTES.

VALIDE >> **RECAPITULAÇÃO**

ISSO NÃO É UM TESTE.

215

《《

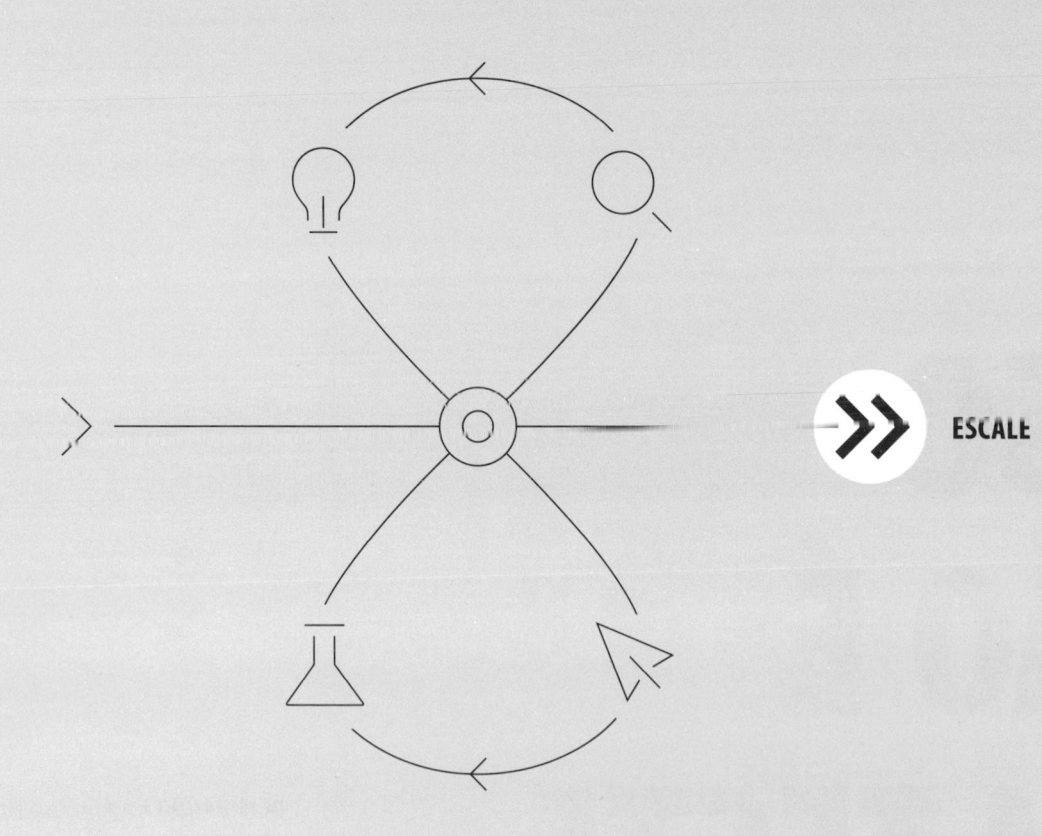

ESCALE

A JORNADA DO DESIGN ESCALE

APRENDENDO A QUANDO **ESCALAR**

VEJA MANEIRAS DIFERENTES DE **ESCALAR**

NÍVEL DE PRONTIDÃO DE INVESTIMENTO

INTRODUÇÃO	**QUANDO ESCALAR**	P218
	O CONTINUUM DA ESCALA	P220
CASO	**DIFERENTES MANEIRAS DE ESCALAR**	P222
CASO	**MATTER.** O ACELERADOR CONDUZIDO POR DESIGN	P230
CASO	**DOMINANDO A AMBIGUIDADE DOS NEGÓCIOS** CCA	P234
FERRAMENTA	**NÍVEL DE PRONTIDÃO DE INVESTIMENTO**	P246

QUANDO **ESCALAR**

Se você embarca na jornada de design como uma startup ou como uma empresa existente, uma coisa é certa: é um passeio de montanha-russa, e não acaba quando você tem uma ideia. É uma jornada destinada a escalar o processo de design e a execução da ideia.

O FIM DA LINHA

Esta é a última parte da jornada... bem, desta jornada. Depois de passar pelo loop duplo, criar um negócio melhor e aprender com seus clientes, com o mundo e consigo, você deveria bater palmas para si mesmo. Você conseguiu! Pelo menos uma vez.

Agora, aperte os cintos, é hora de voltar para o passeio.

Projetar uma inovação não é o suficiente. Simplesmente não é uma coisa única. Como acontece com qualquer profissão, o design exige prática. Repeti-lo o levará à maestria. Só assim a prática de criar um negócio melhor se tornará uma mentalidade.

MANIPULANDO O JOGO

Manipular o jogo mudará os números a seu favor; usar processos de design para criar negócios melhores aperfeiçoará suas chances (e as da organização) de sucesso. Uma mentalidade de design que favoreça compreensão, ideação, prototipagem e validação permitirá que você execute e escale.

> **A DESCONFIANÇA MATA A INOVAÇÃO.**

O melhor de tudo é que quando você começar a desenvolver esta mentalidade e a ver o mundo através dos próprios óculos com cores de design, descobrirá que suas chances não só são melhores, mas que você também será capaz de apostar com confiança em múltiplos jogos ao mesmo tempo.

Se a história recente provou algo, é que as organizações que constroem esse impulso por exploração e aprendizado em seu DNA são as que têm as melhores chances de transformar a incerteza em oportunidade. Elas são as que manipulam o jogo com sucesso a seu favor. E nunca é tarde para começar.

APRENDA COM OS OUTROS

Então, como podemos escalar a partir de um resultado projetado com sucesso para incorporar o design em nossa cultura central? A melhor maneira de começar é aprender com a jornada, os sucessos e os fracassos dos outros. Neste capítulo, exploraremos e avaliaremos várias abordagens para escalar o design.

Observaremos um espaço especial de co-working, um acelerador de sucesso, um grande banco estabelecendo um laboratório de inovação próprio e uma grande empresa de energia construindo capacidade de design através de aquisições. Nós também observaremos algumas grandes empresas de software usando o processo de design para incorporar esta mentalidade em suas respectivas culturas.

DICA! Não pense apenas em escalar o design, mas também em escalar a rede de pessoas que sua equipe precisará abordar para obter melhores respostas às suas perguntas.

INGREDIENTES

Há quatro ingredientes principais para escalar o design dentro de sua própria organização.

Primeiro e mais importante, dissemos antes e diremos novamente, não faça sozinho. Para escalar o design você precisará construir uma rede e encontrar maneiras de a abordar. Você precisa de acesso aos clientes; pessoas talentosas com mentalidade similar; feedback; especialistas; e até investidores. Qualquer um pode colocar uma capa com um "D" gigante. Mas sem uma rede, você é só um cara com uma pilha de notas adesivas e um marcador, usando uma capa no trabalho.

Segundo, você precisará de apoio para seus empreendimentos de design. Como Maurice Conti, da Autodesk, afirmou, você deve ter uma conexão direta com a administração ao embarcar na jornada de design. Isto lhe dará acesso aos recursos de que precisa, como tempo, espaço, financiamento, pessoas etc.

Terceiro, você precisará de acesso rápido a conhecimento prático. Uma metodologia validada, como a exibida neste livro, o ajudará muito a ganhar o apoio de que precisa para seguir em frente. Mas você também precisa aprender com os outros que já cometeram muitos dos erros implementando a metodologia.

O ingrediente final e mais importante é a confiança. Você precisará confiar no processo. E precisará que os outros confiem em você, para que se sinta empoderado para cometer erros, correr riscos e fracassar (de pequenas maneiras) em um ambiente seguro para falhas. Para a maioria das empresas existentes, essa confiança é difícil de conseguir. Mas vale muito a pena. Por quê? A desconfiança mata a inovação. E com a desconfiança vem o detalhamento do orçamento e o comportamento de bater ponto.

VOCÊ ESTÁ PRONTO PARA O INVESTIMENTO?

Nós incluímos o Nível de Prontidão de Investimento de Steve Blank como uma maneira de calibrar onde sua empresa está agora e quais poderão ser os próximos passos enquanto você a conduz em direção a um negócio sustentável de sucesso.

Veja o Nível de Prontidão de Investimento, na página 246

DICA! Para escalar você precisará de uma linha direta com a gerência. É aí que os embaixadores realmente ajudam.

O CONTINUUM DA **ESCALA**

Oracle

Eneco Quby P228

Startup-bootcamp P225

RBS P226

Autodesk P166

Matte P230

CONDUZIDO POR PESSOAS
EMPRESAS QUE ESCALAM DESIGN HABILITANDO PESSOAS

DE FORA PARA DENTRO
EMPRESAS QUE FAZEM INVESTIMENTOS EXTERNOS EM STARTUPS, SEM AFETAR A CULTURA CENTRAL OU PROCESSOS DA EMPRESA MAIOR

CONDUZIDO POR PROCESSOS
EMPRESAS QUE FOCAM CONSTRUIR OS PROCESSOS DE DESIGN CENTRA PELOS QUAIS INFUNDIR A ESCALA EM UM NÍVEL MACRO

O continuum de uma escala é uma matriz 2x2 que descreve como diferentes empresas abordam a questão de como escalar processos de design.

O FIM DA LINHA
Escalar é algo que você faz quando sua ideia está pronta para voar para o modo de execução. Para empresas existentes, a execução costuma sinalizar o fim do processo de design. Para startups que ainda buscam seu modelo de negócio sustentável, escalar é construir um produto melhor e maior, talvez um que finalmente dê dinheiro.

PLANEJANDO A ESCALA
O que queremos dizer quando falamos de escala está mais parecido com a startup: escalar aborda um problema diferente, aumentando as apostas e continuando a jornada de design (como uma cultura). Startups nunca param de seguir o loop duplo; elas continuam validando e ajustando seu ponto de vista, baseadas em evoluir a compreensão de seus clientes.

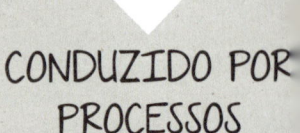

ESCALE >> **CONTINUUM DA ESCALA**

1871
P224

DMBA
P234

Google

SEB LAB
P227

Uber

DE DENTRO PARA FORA

EMPRESAS EM QUE O DESIGN PERMEIA A TODOS EM CADA EQUIPE, POR TODA A CULTURA DA EMPRESA

Amazon

Walmart

Escalar trata de usar o mesmo processo descrito neste livro para descobrir como escalar o processo para uma organização inteira de pessoas, esperando e necessitando de melhores maneiras de criar oportunidades a partir da incerteza. Que meta!

Há muitas maneiras de escalar o design em uma organização. Entretanto, embora este livro descreva ferramentas

Adobe
P229

para planejar e inovar negócios, a escala é menos sobre ferramentas específicas e mais sobre uma mentalidade organizacional. Como cada organização vem com as próprias construções culturais e desafios únicos, oportunidades e composição, não há um processo ou uma ferramenta perfeita para escalar. Em vez disso, escalar permeia a cultura de uma organização de modo que as ferramentas de design prosperem. ∎

ACELERADORES.
O NOVO TERRENO DE CAÇA PARA A ESCALA. »

DIFERENTES MANEIRAS DE **ESCALAR**

Aceleradores, incubadoras e estúdios de startups são construções relativamente novas focadas apenas em escalar. Nesses programas, as startups usam design para produzir pivôs até que encontrem a escala ou acabem. Se você quer escalar o design em sua organização, é importante saber como as mais bem-sucedidas o fazem.

UM POUCO SOBRE ACELERADORES

Se você fizesse uma busca na web por programas de aceleração, encontraria mais de 2 mil deles pelo mundo. Por causa do baixo capital e do sucesso de aceleradores conhecidos, como Y Combinator, Techstars e outros, o espaço de aceleradores testemunhou um crescimento explosivo nos últimos anos. Com toda a imprensa e o sucesso que os aceleradores geraram, grandes empresas como Royal Bank of Scotland, Sephora, Nike, Target, Google e Los Angeles Dodgers começaram os próprios aceleradores.

Aceleradores trabalham para ambos, startups e grandes empresas, embora empresas maiores, com sua rede mais ampla e mais recursos, possam usar aceleradores para patrocinar startups, promover empreendedorismo e nutrir fundadores.

O QUE É UM PROGRAMA DE ACELERAÇÃO DE STARTUP?

Um programa de aceleração de startup é um programa intensivo de desenvolvimento pessoal e de negócios que apoia uma pequena equipe de fundadores, que tem grandes ambições de crescimento e impacto.

O apoio vem em forma de orientação, espaços de escritórios acessíveis e algum capital inicial. Resumindo, um programa consiste dos seguintes elementos centrais:

- Um processo de candidatura altamente competitivo aberto a todos
- Uma provisão de investimento pré-lançamento, normalmente em troca de uma participação na empresa
- Foco em uma quantidade limitada de pequenas equipes
- Apoio com limite de tempo, consistindo de eventos programados e orientação intensiva
- Um "Dia Demo" final quando startups apresentam suas ideias para levantar sua primeira rodada de financiamento

Costumavam ser empresas de gestão de investimento que buscavam os negócios mais promissores, em estágios iniciais, para investir. A esperança era que as startups seguiriam para levantar as próximas rodadas de financiamento e, por fim (e esperançosamente), fossem compradas ou recebessem uma OPI. Hoje, há uma nova mentalidade e tipos diferentes de programas de aceleração, cada um com a própria visão e ambição. ∎

VISÃO GERAL DE ACELERADORES

ESPAÇO DE TRABALHO — Um escritório que forneça mesas, espaço de trabalho e instalações (infraestrutura) a uma taxa reduzida ou baixa para startups e negócios em crescimento.

STARTUP WEEKENDS, HACK-A-THONS E BOOTCAMPS — Os eventos ocorrem por 48-72 horas e são destinados a criar novas equipes de startups que sejam ativamente engajadas em desenvolver uma ideia de negócios com limites de tempo restritos.

ACELERADORES DE STARTUP — Programas conduzidos por lucros (baseados em temas) que aceitam inscrições abertas para atender a classes (ou "grupos") de novas empresas dirigidas por pequenas equipes fundadoras. Espera-se que as ideias iniciais já estejam desenvolvidas pelos fundadores.

ACELERADOR DE STARTUP CORPORATIVA — Programas não conduzidos por lucros que aceitam inscrições abertas para atender a classes de novas empresas dirigidas por pequenas equipes fundadoras. O foco desses programas é construir a rede e o ecossistema, mudar a cultura corporativa, adquirir acesso a ideias e tecnologia e criar trabalhos para beneficiar uma sociedade maior.

ESTÚDIO DE STARTUP — Uma versão menor, mais prática e íntima de um acelerador: um estúdio de startup abriga algumas startups sob seu teto, onde os diretores do estúdio investem tempo e esforço pessoal em cada startup, tentando ajudá-las a escalar.

ESCALE » CASO » **DIFERENTES MANEIRAS DE ESCALAR**

LUGAR CERTO, **HORA CERTA**

Estávamos no lugar certo e na hora certa quando lançamos o Startupbootcamp. Vimos muitos novos aceleradores surgirem no mundo todo e ficamos animados com o interesse em ajudar empreendedores com seus negócios.

Dirigir um acelerador não é coisa de outro mundo, mas requer uma visão de longo prazo, paciência para construir o ecossistema com parceiros fundadores inteligentes e a habilidade de fazer pivô de seu modelo de negócios. Nossas descobertas-chave: parceiros fundadores devem fundar o modelo de negócios, e a maioria dos modelos requer outros fluxos de renda, como programas de inovação e educação corporativa de inovação.

Por algum tempo, a maioria das startups não existirá. Estamos nessa pelo resultado de longo prazo.

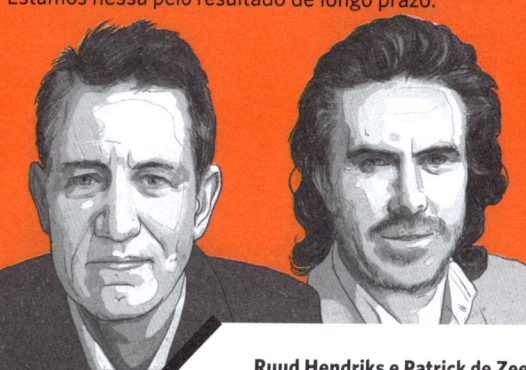

Ruud Hendriks e Patrick de Zeeuw
Fundadores da Startupbootcamp

1871. O LUGAR DE CO-WORKING COM UM TOQUE ESPECIAL

O 1871 foi fundado em Chicago, IL, EUA, como uma comunidade sem fins lucrativos de designers, programadores e empreendedores que aprendem uns com os outros, encorajam uns aos outros e compartilham a jornada para cima da curva de aprendizado de startup.

> **SEJAMOS FRANCOS: A GARAGEM É SOBRESTIMADA. É FRIA NO INVERNO, QUENTE NO VERÃO E SOLITÁRIA O ANO TODO.**
> // Howard Tullman, CEO, 1871

DE VOLTA A 1871

O Grande Incêndio de Chicago (1871) foi um grande golpe na economia exuberante. A necessidade direta de reconstruir a cidade resultou em grandes inovações, polinização cruzada e inexperiência prática. Em 2012, um grupo de impulsionadores de tecnologia de Chicago queria reavivar esta paixão. Isto se tornou o 1871.

Como se parece uma economia exuberante? Uma economia exuberante se refere tanto a criar um ambiente que promove empreendedorismo e inovação quanto a grandes empresas que ficam maiores. O 1871, um hub empreendedor para startups digitais, localizado no 12º andar do histórico Merchandise Mart de Chicago, é um lugar onde empreendedores que buscam um ambiente de trabalho colaborativo e flexível podem ir para planejar e construir o negócio de seus sonhos.

Talvez o mais interessante sobre o 1871 é que ele foi planejado do zero para ajudar empreendedores a fazerem uma rede em escala. Através desta rede, startups existentes têm acesso prontamente disponível a uma base de clientes em potencial que podem validar suas ideias. E startups recém-formadas, ou mesmo fundadores individuais, são capazes de encontrar cofundadores e outros para ajudar a desenvolver ainda mais suas ideias. Desta maneira, o 1871 trata de escala: escalar a rede para escalar as oportunidades para o design prosperar.

PONTOS

É difícil construir um negócio de sucesso. É ainda mais difícil se você não está inserido em uma comunidade de pessoas. O 1871 ajuda os fundadores a formar suas equipes e trabalha para construir resiliência e perseverança.

ORIENTADA A PESSOAS

DE DENTRO PARA FORA

ESPAÇO DE TRABALHO

ESCALE >> CASO >> DIFERENTES MANEIRAS DE ESCALAR

STARTUPBOOTCAMP. O ACELERADOR

Patrick de Zeeuw visitou os EUA e apaixonou-se pelo conceito de Techstars. Ele queria ajudar o máximo de startups possível, mas percebeu que não poderia fazer isto sozinho. Com seu amigo Ruud Hendriks, eles lançaram o Startupbootcamp. Isto foi o que aprenderam.

ORIENTADA A PESSOAS

DE FORA PARA DENTRO

ACELERADOR DE STARTUP

COMO RECRUTAMOS EQUIPES

Aperfeiçoamos nossos critérios de candidatura ao longo dos anos. Você pode se juntar ao Startupbootcamp se atender aos 4 Ms:

MERCADO — Você definiu seu nicho claramente?

MODELO — Você está aqui para ganhar dinheiro?

MANEJO — Você tem três parceiros para começar, incluindo uma pessoa de produto em todas as etapas?

MOMENTO — Este é o momento certo?

Bem, o último é um pouco complicado.

PONTOS

Dirigir um acelerador não se trata de imóveis; trata de adicionar valor através de rede e conhecimento. Trata de fazer equipes saírem do prédio para atender às necessidades dos clientes.

Você não pode ter medo de fracassar. A escola de negócios ou grandes empresas corporativas podem ter lhe ensinado a ter medo do fracasso. Mas, aqui, fracassar quer dizer aprender.

Não tenha medo de dizer: "Eu não sei." Não tem problema. Nós também não sabemos. Seja vulnerável e claro sobre o que você não sabe.

Em algum momento, as coisas ficam caóticas. Algumas empresas se perdem em batalhas internas. Certifique-se de mediar imediatamente: corrija problemas internos antes que se tornem grandes problemas.

> **A DIVERSIDADE É DIFÍCIL DE "ORGANIZAR", MAS ELA DÁ MUITA ENERGIA ÀS EQUIPES.**
>
> // Patrick de Zeeuw, cofundador da Startupbootcamp

RBS. ACELERADORA CORPORATIVA DE STARTUP

NatWest, RBS e Ulster Bank são três bancos com olhos no futuro. Seus hubs de aceleração oferecem espaço de trabalho gratuito e a oportunidade de se unir a colegas empreendedores, funcionários de bancos especialmente treinados e negócios experientes.

> **NÓS AJUDAMOS SEUS NEGÓCIOS A SEGUIR EM FRENTE.**
> // Ross McEwan, CEO, RBS

HUBS DE ACELERAÇÃO

NatWest, RBS e Ulster Bank, em parceria com Entrepreneurial Spark, dirigem hubs de aceleração de negócios gratuitos pelo Reino Unido, visando candidatos de todos os setores e oferecendo espaço de trabalho gratuito e a oportunidade de se unir a colegas empreendedores, funcionários de bancos especialmente treinados e negócios experientes.

No fim do programa, cada um realiza um evento de "graduação", reunindo empreendedores e conselheiros de negócios. Isto dá aos graduandos da aceleradora a oportunidade de apresentar para investidores em potencial.

Alison Rose, diretor executivo de serviços bancários comercial e privado da RBS, diz: "Estamos determinados a apoiar empreendedores pelo Reino Unido e o impacto positivo que causam na economia. É por isso que estamos criando ecossistemas empreendedores por todo o país, o que dá a startups melhor chance de sucesso, e os hubs grátis eliminam preocupações com coisas como instalações, permitindo que se concentrem em seus negócios."

PONTOS

Gordon Merrylees, chefe de empreendedorismo da NatWest, RBS e do Ulster Bank: "Nós apoiaremos, gratuitamente, 7 mil empreendedores, em um período de cinco anos. Com nossos parceiros, Entrepreneurial Spark, ensinamos a eles novas mentalidades, comportamentos, modelos de negócios e como apresentá-los. Trabalhamos com eles como banco, fornecendo experiência, conhecimento e acesso a redes e mercados que ajudam a construir comunidades e culturas empreendedoras fortes. E, tão importante quanto, nossos funcionários se envolvem, não só para ajudar, mas para aprender. Agora, temos nossa própria Academia de Desenvolvimento Empresarial, onde colegas podem desenvolver e aprender sobre empreendedorismo. Isso significa que podem melhorar as conversas com os clientes e a compreensão e apoiar os desafios que os negócios enfrentam."

ORIENTADA A PROCESSOS

DE FORA PARA DENTRO

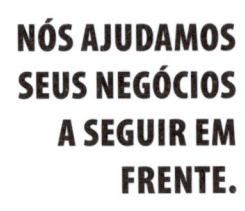

ACELERADORA CORPORATIVA

SEB INNOVATION LAB. A INCUBADORA IN-HOUSE

Mart Maasik, chefe de inovação do SEB LAB, descreve o LAB como um ótimo lugar para colaborar e contribuir com desenvolvedores "amadores" (negócios) e equipes diversificadas. Nós começamos a experimentar com alunos de parceiros externos.

ORIENTADA A PESSOAS

DE DENTRO PARA FORA

ACELERADORA CORPORATIVA

NOSSA AMBIÇÃO

Nossa ambição é simples: queremos habilitar e inspirar nosso pessoal e fazer a inovação acontecer. É principalmente sobre pessoas. Queremos ter uma quantidade crítica de "faróis" que vivenciaram e são inspirados por entregar soluções como parte do LAB. Às vezes, chamamos o LAB de base onde pessoas vêm em busca de desenvolvimento pessoal e para, sistematicamente, tornar a organização à prova de futuro.

PONTOS

Aprendemos muito desde que lançamos o LAB. Muitas dessas coisas aparecem como novas habilidades que as pessoas aprendem como parte de suas experiências. Primeiro, trata-se de aprender a entender os clientes e ver suas experiências como parte de uma jornada maior. Eles também aperfeiçoam a habilidade de ligar os pontos. Se o serviço em questão precisa ser redesenhado ou simplificado, é melhor verificar o sistema inteiro do que colocar um chapéu de engenheiro e mergulhar na tecnologia. Se estamos visando um novo conceito de serviço, é importante aprender a estabelecer uma visão equilibrada com a capacidade de coletar evidências que comprovem a visão e ajudem com a história geral. Por fim, liderar uma equipe é uma grande curva de aprendizado para a maioria das pessoas. Em equipes diversificadas, ser um líder multi-habilidoso ajuda.

Também aprendemos que as pessoas realmente gostam de experimentar se tiverem um ambiente seguro. Também descobrimos que, no início, entrevistas de clientes são difíceis para a maioria das pessoas, mas os insights e as histórias que trazem de volta com elas são realmente poderosas: o aprendizado acelera à medida que a validação aumenta.

> **PARA PESSOAS QUE ESTÃO ACOSTUMADAS A FOCAR A EXECUÇÃO O DIA TODO, O PROCESSO DE INOVAÇÃO PODE PARECER CONFUSO.**
>
> // Mart Maasik
> chefe de Inovação do SEB LAB

QUBY E ENECO. FICANDO JUNTOS

Quando Ivo de la Rive Box juntou-se a Quby, em 2005, para ajudar a startup a escalar, ele não fazia ideia de onde estava se metendo. Depois de cinco anos e vários pivôs, Tako in ´t Veld, da Eneco, convenceu-os a juntar forças e lançar um sistema de termostato de sucesso.

> **UMA CORPORAÇÃO VÊ APENAS RISCO ONDE UMA STARTUP PODE VER OPORTUNIDADE. JUNTAS, ELAS PODEM JOGAR COM SEGURANÇA E FAZER ACONTECER.**
>
> // Tako in ´t Veld, chefe de Energia Inteligente, Quby

NÓS FICAMOS ESCONDIDOS

Para não sufocar a startup enquanto se juntava a eles, Tako blindou-a da força total do exame minucioso e da burocracia corporativa. Apenas mais tarde, quando a equipe havia se integrado com sucesso à organização e os pilotos foram bem-sucedidos, o conselho precisou ter insights completos para a próxima fase de alto risco.

PONTOS

Se você incorpora uma startup com uma cultura e estilos de trabalho diferentes, não espere que os membros se integrem perfeitamente ao ambiente corporativo existente.

Você não quer que isto aconteça. Eles não devem se adaptar a você, mas você, a eles! Torne-se um membro da equipe deles, leve uma caixa de cerveja para a happy hour de sexta-feira e entenda o que é que faz deles atores tão diferentes.

À medida que a startup ganha mais força, convide outros membros da organização para pular no trem em movimento, mas faça isso de maneira consistente. A cultura do mundo corporativo de equipes que mudam frequentemente e lealdade e descrições de trabalho intercambiáveis é estranha para uma pequena startup.

Na Eneco, a energia e o entusiasmo dos membros iniciais da Quby agora se espalharam ainda mais, e as pessoas na organização estão orgulhosas de seu novo produto. A infusão da startup ajudou a mudar a mentalidade da empresa também. Em vez de ser uma empresa de energia em um mercado de commodity, agora a Eneco se vê como uma empresa orientada por dados e baseada em serviços fornecendo um produto de alta qualidade que apoia a venda e a economia de energia.

Quby

ORIENTADA A PESSOAS

DE FORA PARA DENTRO

COMPRA UMA STARTUP

ESCALE >> CASO >> DIFERENTES MANEIRAS DE ESCALAR

ADOBE. A COLMEIA DA INOVAÇÃO

Quando Ann Rich, gerente sênior da equipe de Design e Inovação Acelerada da Adobe, juntou-se à Adobe, ela reconheceu que o processo de design usado na HIVE da Adobe era bom para encontrar soluções para grandes desafios e precisava ser escalado.

ORIENTADA A PROCESSOS

DE DENTRO PARA FORA

PROGRAMA CORPORATIVO

RESOLVENDO PROBLEMAS EM ESCALA

Adobe, uma empresa de software com mais de 14 mil funcionários, não é diferente de muitas outras grandes organizações. Com uma força de trabalho global e muitos produtos que atendem a diferentes mercados, de clientes a profissionais criativos e comerciantes, é um desafio colaborar e resolver problemas em escala.

FASE PILOTO

Em 2014, a CTO chefe de Gabinete, Joy Durling, e Kim Mains, diretor de Planejamento e Operações de Negócios, bolaram uma nova visão para aceleração de inovação e para abordar os maiores desafios da Adobe. Em parceria com a 8Works, uma empresa de consultoria, lançaram um protótipo e transformaram um espaço existente na sede da Adobe no que é agora conhecido como The HIVE. Durling e Mains queriam testar se a Adobe estava pronta para o pensamento conduzido por design em escala e para usar o design para acelerar o desenvolvimento de soluções para (grandes) desafios de negócios.

Mais de 400 pessoas resolveram grandes problemas usando a metodologia HIVE, especificamente projetada para possibilitar a colaboração. A HIVE foi um sucesso comprovado. Agora, era hora de escalar. Em 2015, Ann Rich, uma estrategista de inovação e design, foi contratada para supervisionar a escala dos princípios HIVE na organização inteira.

PONTOS

Um dos pontos-chave desta jornada foi que o engajamento altamente facilitado pôde dificultar a relação de experiências com o trabalho cotidiano. Para escalar, a HIVE deve se mover além de sessões para desenvolvimento de capacidades. O melhor feedback que Ann recebeu foi de um funcionário da Adobe em Bangalore: "Quando pode nos ensinar a fazer isso?"

> **ISSO É MUITO MAIOR QUE O ESPAÇO FÍSICO.**
>
> // Ann Rich, gerente sênior de Design e Inovação Acelerada

Matter. O ACELERADOR CONDUZIDO POR DESIGN

Corey Ford, sócio-administrativo da Matter: "Matter é um programa acelerador conduzido por design que apoia empreendedores que querem mudar o negócio de vez. Trata de aceleração de risco, de chegar aonde você quer mais rápido. É intenso, mas vale a pena."

ACELERAÇÃO DE RISCO

A Matter trata de aceleração de risco. Trata de ir aonde você quer mais rápido. Não trata de espaço de trabalho. Trata de ajudar empresas de portfólio a alcançarem a combinação produto/mercado melhor e mais rápido do que fariam através de suas operações, financiamento e redes de conselheiros existentes.

O programa de aceleração de cinco meses da Matter começa com um bootcamp de uma semana, seguido por quatro intensivos de design de um mês. É muito intenso, mas vale a pena.

O DESIGN THINKING CONDUZ TUDO

O design thinking se aplica em todo o ciclo de vida de uma empresa. Nosso programa está na interseção do design thinking, empreendedorismo e futuro da mídia. O primeiro é absolutamente importante. Como o design thinking é, fundamentalmente, conduzido a partir de um ponto de vista centrado em seres humanos, suas lições não se aplicam somente enquanto você vai em direção a um primeiro beta, também se aplicam a estratégias de venda, financiamento, expansão geográfica e práticas de contratação.

As equipes que passam por nosso programa saem com um conjunto de habilidades que as mantêm aceleradas durante anos depois que iniciam nosso programa.

O QUE TORNA A MATTER DIFERENTE?

Na Matter, criamos uma cultura de experimentação muito intencional. Estamos focados em criar uma experiência para esses empreendedores e nossos parceiros presos em organizações de mídia old-school para os ajudar a alcançar seu maior potencial absoluto. Fazemos muito mais do que fornecer espaço e financiar nossos empreendedores. Não se trata apenas de obter o maior retorno financeiro.

COMO CRIAMOS UMA IDEIA DESEJÁVEL, VIÁVEL E POSSÍVEL EM UM PROCESSO DE 20 SEMANAS?

MENTALIDADES CONDUZEM NOSSO TRABALHO

Há mensagens claras e visíveis sobre as mentalidades únicas que nos guiam. Por trás de cada mentalidade, como "Seja Ousado e Desestabilize" e "Conte Histórias", articulamos comportamentos claros e pedimos ação. Os sinais agem como lembretes de como queremos aparecer para nossos investidores, parceiros, empreendedores, mentores e comunidade. Eles são os "geradores de sinal" da cultura que queremos. Você precisa carregar a cultura em tudo que faz.

TRATA-SE DE FEEDBACK

Ciclos de feedback regulares e disciplinados são o cerne de nosso processo. Todo mês, nossos empreendedores precisam entregar um elevator pitch e demonstrar um produto a um painel de especialistas e um grupo estendido de mentores de confiança, no que chamamos de Revisão de Design. É um espaço seguro para obter crítica construtiva de diferentes ângulos e novas perspectivas. É focado em desvendar o desconhecido sobre o negócio. Cada revisão de design ocorre através de uma rodada de nove perguntas que são penduradas na parede para todos verem. Por exemplo: "Sua animação ultrapassa sua hesitação?" Pedimos a todos que respondam a essas perguntas, incluindo os outros empreendedores no grupo. Isto os torna melhores doadores e recebedores de feedback.

EMPREENDEDORES QUE PODEM MATAR SUAS CRIAS SÃO OS MELHORES DO MUNDO.

Minha hipótese é que a jornada empreendedora é solitária. A maioria das pessoas espera demais antes de obter feedback. Quando o recebem, é tarde demais e o feedback chega de uma forma muito ríspida. O feedback é tudo aqui.

PLANO DE NEGÓCIOS VISUAL DE UMA PÁGINA

O plano de negócios de uma página nos permite entender nosso negócio através de perguntas bem intuitivas e claras. É o condutor da pergunta de viabilidade.

Muitos aspectos dos negócios estão conectados no plano. Ele transforma a fala de negócios em perguntas "como poderíamos". Isto nos ajuda a esclarecer o jargão dos negócios.

Por exemplo, se você perguntasse a meus empreendedores se sabem o que é "vantagem competitiva sustentável", 90% dirão que já ouviram isto antes, mas não sabem exatamente o que significa. »

MATTER. O ACELERADOR CONDUZIDO POR DESIGN

AS COISAS QUE PROCURAMOS

Buscamos equipes capazes de largar suas ideias e planos originais. Nossa equipe GoPop, que foi adquirida pela BuzzFeed e agora está executando seus esforços de prototipagem móvel, é um ótimo exemplo disto. A maioria das equipes agarra-se a algo que não está funcionando durante muito tempo e fica sem tempo.

E, então, algumas equipes reconhecem o momento que a lâmpada acende. Podem matar coisas que um dia foram queridas para elas e o fazem com confiança, sem saber o que vem em seguida. Conhecem histórias de pessoas que o fizeram antes delas e isto lhes dá a força para o fazer, a confiança de mergulhar ainda mais no abismo.

EMPATIA E O FATOR HUMANO

A beleza de seguir uma abordagem de design é que tudo começa com o fator humano. Você baseia todo o processo de descoberta em uma necessidade palpável de pessoas reais. Se tentar construir um negócio que não está baseado nisso, está erguendo o negócio sobre areia.

Quando você começa a entender as pessoas que usarão e comprarão sua oferta em potencial, é muito mais fácil construir e testar os protótipos certos que podem maximizar o desejo, a probabilidade e a viabilidade. Sem esta empatia essencial, startups enxutas frequentemente se veem otimizando em direção à melhor versão do que decidiram criar sem nunca terem descoberto se é isso o que deveriam fazer. Basicamente, a startup enxuta é uma ótima maneira de obter uma máxima local, mas não necessariamente uma global.

É SOBRE VELOCIDADE, NÃO ETAPAS

Quando avaliamos empresas para nosso acelerador, julgamos se são certas para nós com base no conjunto de habilidades e registro de acompanhamento da equipe e nossa empolgação com seus produtos e serviços.

Mais do que qualquer coisa, no entanto, queremos ver que possuem a mentalidade e o impulso de navegar na neblina do empreendedorismo: elas estão alinhadas com a missão, são altamente colaborativas, centradas no usuário, conduzidas por protótipos e prontas para vagar pelo deserto para mudar de vez a mídia.

Elas se aproveitam da rara oportunidade de se beneficiar da contribuição de todos no ecossistema — mentores, parceiros de mídia, investidores e umas às outras. Elas veem o feedback como um presente. E querem alcançar o próximo estágio de seu crescimento muito mais rápido do que poderiam no ritmo atual. ■

Dedique tempo para interagir com mentores e organizações que fornecem feedback.

ESCALE >> CASO >> **MATTER. O ACELERADOR CONDUZIDO POR DESIGN**

Por tudo o que foi dito sobre escalar design dentro de organizações, futuros líderes estão se formando hoje tendo dominado ferramentas e habilidades de design, enquanto assumiam a mentalidade do designer. Também não estão só saindo de programas de arte.

Pelo mundo, programas de MBA, adeptos da pedagogia de gestão de negócios, adotam o design thinking. Em alguns casos, como o descrito nas próximas páginas, o design foi completa e totalmente fundido com o negócio.

À medida que o mundo muda e requer diferentes habilidades e uma nova mentalidade, programas de MBA evoluem com ele para garantir que líderes se formando nesses programas tenham as habilidades e a mentalidade atinentes. Goste você ou não, os futuros líderes de sua empresa são designers. O design está chegando. Você está pronto?

FUTUROS LÍDERES SÃO DESIGNERS >>

DOMINANDO A AMBIGUIDADE DOS NEGÓCIOS

CCA DMBA
CALIFORNIA COLLEGE OF THE ARTS

Nathan Shedroff é o Presidente Fundador do programa de MBA em Estratégia de Design no California College of the Arts. Shedroff imaginou um tipo totalmente diferente de programa de graduação em negócios que exporia líderes emergentes às mentalidades, disciplinas e práticas que permitiriam a eles imaginar e desenhar futuros melhores que não fossem só lucrativos, mas também sustentáveis e significativos.

"Designers aprendem que você não precisa esperar outra pessoa fazer mudanças. No contexto de sustentabilidade e falta de recursos, precisamos de mais de 6 bilhões de pessoas que pensem assim para fazer uma mudança positiva. Vamos introduzir o processo de design na educação, começando no jardim de infância. Em dado momento, entre o jardim de infância e o ensino médio, diremos a eles que não podem mais fazer isso."

Estamos ensinando aos líderes de negócios as habilidades certas para o ambiente dinâmico, imprevisível e, sim, animador de hoje?

Se você cursou um MBA há mais de cinco anos, estudou as disciplinas prescritas para marketing, economia, finanças, operações, comportamento organizacional e liderança através de palestras, livros, estudos de caso e tarefas em grupo. Aprendeu que o marketing circula por quatro Ps, a concorrência compreende cinco forças e a estratégia resume-se a uma de três escolhas: líder de mercado, seguidor rápido ou provedor de baixo custo. Um líder era alguém que poderia comunicar a visão geral, e os gerentes tinham habilidades operacionais para supervisionar projetos e pessoas. Muito mudou desde então. Hoje, a mudança constante está abastecendo novos perturbadores e disrupções, deixando velhas estratégias no chinelo.

DESCUBRA QUAL É A PERGUNTA, NÃO A RESPOSTA

//Nathan Shedroff, professor associado e presidente do Programa, Programas de MBA em Design; designmba.cca.edu

CONDUZINDO PARA INOVAÇÃO

A concorrência não é mais baseada em quem consegue obter a maior fatia das necessidades (fixas) de clientes, mas em quem consegue responder a necessidades reais de clientes de maneiras inteiramente novas, em tempo real, enquanto mudam constantemente. Com um clique, os clientes podem encontrar qualquer serviço ou produto que desejarem. E se não gostam do que é oferecido, seu megafone global pode instantaneamente infligir danos com alguns tuítes ruins.

Conduzir para a inovação é a regra hoje, não a exceção. Agora, modelos viáveis de negócios aparecem em grande variedade, e o sucesso duradouro é muito mais complicado do que é esboçado em estudos de caso em cursos de MBA tradicionais.

Então, o que os futuros líderes de negócios precisam saber e vivenciar para liderar com sucesso no ambiente dinâmico, imprevisível e, sim, animador de hoje?

HABILIDADES INTUITIVAS

Dez anos atrás, o autor Daniel Pink nos desafiou a pensar no "MFA, em inglês, Master's in Fine Arts (Mestrado em Belas-Artes), como o novo MBA". Em seu livro influente, *A Nova Inteligência: Treinar o lado direito do cérebro é o novo caminho para o sucesso*, Pink previu que o mundo ficaria mais automatizado, terceirizado e abundante em suas ofertas. Ele argumentou que uma atenção mais educacional e organizacional seria colocada em habilidades de bastante interação e de alto conceito, como empatia, história, jogo e interpretação. Resumindo, ele encorajou o treinamento disciplinado a apoiar o desenvolvimento de nossas habilidades criativas e intuitivas e nossas habilidades quantitativas conduzidas por processos.

A visão de Pink antecede a maioria das coisas que não poderíamos viver sem hoje, como smartphones e Uber. Suas previsões estavam certas, apenas se enganou sobre quando ocorreriam.

// Emily Robin,
graduada em DMBA, 2016

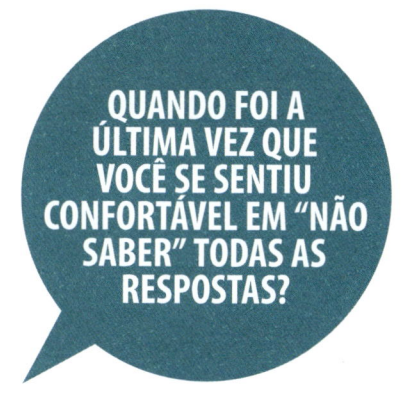

> QUANDO FOI A ÚLTIMA VEZ QUE VOCÊ SE SENTIU CONFORTÁVEL EM "NÃO SABER" TODAS AS RESPOSTAS?

AMBIGUIDADE

O DMBA (MBA em Design) acredita que seja hora de incorporar o MFA de Pink como o novo padrão para programas de MBA. Podemos começar mudando o título desses programas. Já se foram os dias de "Mastering Business Administration" (o que estamos administrando ainda?). Hoje, o modelo que devemos ensinar é mais adequadamente intitulado "Mastering Business Ambiguity" (Dominando a Ambiguidade dos Negócios).

TUDO É UMA SUPOSIÇÃO ATÉ PROVADO O CONTRÁRIO

//Shribalkrishna Patil,
graduado em DMBA, 2016

JÁ SE FORAM OS DIAS DE "MASTERING BUSINESS ADMINISTRATION".

Nos últimos seis anos, Lisa Kay Solomon fez parte do inovador MBA em Estratégia de Design, focado em integrar habilidades criativas e analíticas de resolução de problemas que ajudam a criar, capturar e escalar valor de maneiras sustentáveis e conduzidas por impacto. Como um dos 13 programas de graduação progressiva do California College of the Arts, o currículo "DMBA" é informado pela pedagogia integrada da bem-conceituada escola de arte e design de 109 anos e do espírito empreendedor da Bay Area.

PROBLEMAS ADAPTÁVEIS

No DMBA, cada um dos quatro semestres inclui um curso baseado em estúdio que entrelaça teoria, práticas recomendadas, ferramentas dinâmicas e engajamento prático com clientes reais ou problemas do mundo emergente. As aulas são planejadas para ajudar os alunos a pensar além do lucro, considerando os impactos sociais, comunitários e ambientais de seu trabalho. Em "Estúdio de Inovação", os alunos abordaram problemas adaptáveis complexos como o Futuro do Dinheiro, o Futuro do Trabalho e o Futuro do Engajamento do Eleitor. Esses desafios começam no primeiro dia de sua experiência de graduação, como um iniciador dos processos divergentes e convergentes que eles irão vivenciar e praticar ao longo do programa.

CONSTRUTORES DE EQUIPES

Como qualquer desafio de negócios, esta abordagem exige coragem e uma disposição para lidar com problemas que não têm soluções simples e únicas. Alunos descobrem possíveis soluções, aplicando as mesmas ferramentas e habilidades encontradas neste livro. Eles aprendem habilidades produtivas como pensamento visual e design thinking, tomada de perspectiva e questionamento aberto e empático. Eles aprendem a facilitar equipes colaborativas e produtivas de diversas perspectivas através de quase todo tipo de canal de comunicação. Eles têm a oportunidade de trabalhar diretamente com uma ampla gama de especialistas e líderes da indústria que, frequentemente, não vão a nossas aulas só para ensinar, mas também para aprender com os alunos como cocriadores, mentores e construtores de redes.

> **QUEM EM SUA ORGANIZAÇÃO PODE AJUDÁ-LO A ESCALAR O DESIGN?**

// Sebastian Ibler, graduado em DMBA 2016

PORQUE...

> **TRABALHAR EM EQUIPE É TÃO IMPORTANTE QUANTO TRABALHAR COMO UMA EQUIPE.**
>
> // Jennifer Muhler

IDEIAS EM AÇÃO

Em cada semestre, alunos do DMBA têm oportunidades de criar soluções originais para questões em expansão. Eles usam estruturas dinâmicas e ferramentas para interrogar modelos de negócios existentes — e inventar novos. Eles precisam ser investigadores impiedosamente curiosos e pesquisadores metódicos, enquanto também aprimoram a própria intuição e julgamento estratégico. Eles precisam encontrar maneiras novas e atraentes de traduzir seus insights em experimentos conduzidos por hipóteses para transformar ideias em ação. Eles aprendem a compartilhar suas ideias através de histórias atraentes e apresentações empíricas que destacam necessidades emocionais, não só o lado financeiro de uma ideia. Os alunos ficam mais confortáveis com a incerteza e a ambiguidade. Eles correm riscos e saem de suas zonas de conforto para construir novas competências, mesmo que isto signifique fracasso precoce.

ESTES SÃO NOSSOS NOVOS LÍDERES

Mais importante, alunos de DMBA aprendem uma mentalidade de possibilidade, otimismo e abundância — ficam confiantes de que sua função como líderes não é entregar uma única solução "certa", comprovada, mas criar o espaço, as condições e a equipe para dar vida a algo fundamentalmente novo. Eles carregam consigo uma nova linguagem, ferramentas, capacidades e a habilidade de aproveitar continua e repetidamente as oportunidades originadas na mudança. Se quer fazer a diferença no futuro, esta é a mentalidade que você precisa ter. ■

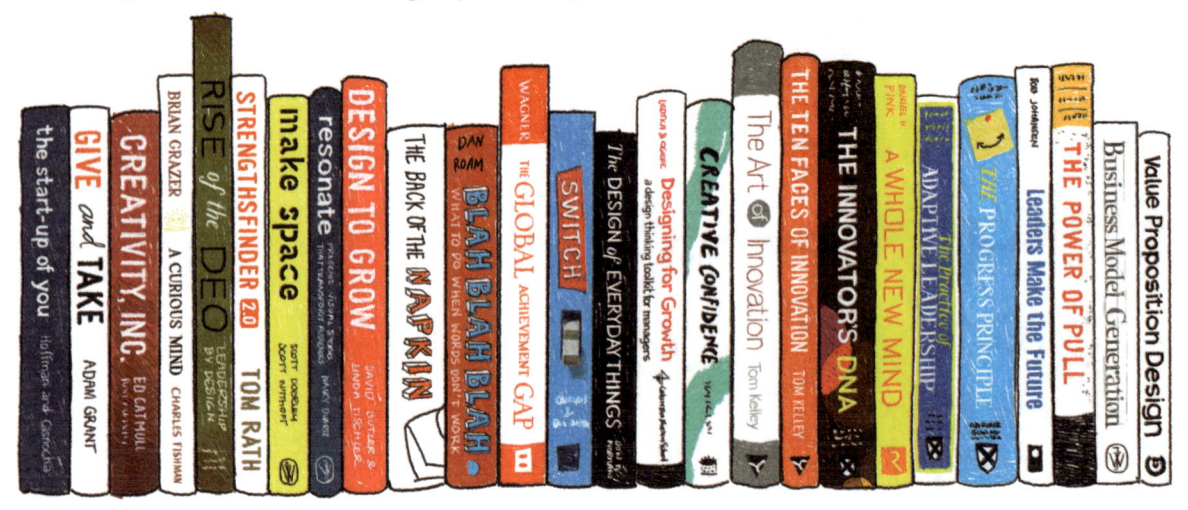

// Prateleira do MBA em Design.

EX-ALUNOS DMBA
DOMINANDO A AMBIGUIDADE NO MUNDO REAL

ADAM DOLE, GRADUADO DMBA 2010
PROJETANDO SISTEMAS ACESSÍVEIS DE CUIDADOS COM A SAÚDE

Logo depois de completar a aula inaugural de DMBA, Adam foi nomeado Presidential Innovation Fellow, trabalhando na Casa Branca, em parceria com o Departamento de Saúde e Serviços Humanos dos Estados Unidos, para acelerar parcerias do setor privado e o crescimento de serviços de saúde nos Estados Unidos.

SUE POLLOCK, GRADUADA DMBA 2013
PROJETANDO UM PLANETA SUSTENTÁVEL

Como Diretora de Projeto para o Desenvolvimento do Programa de Conservação em The Nature Conservancy, Sue usa o design para auxiliar a equipe diversificada de cientistas, conservacionistas, advogados, fundadores e agências sem fins lucrativos a trabalharem juntos em direção a objetivos comuns. "Nosso trabalho é inerentemente sobre problemas complexos. Reunir acionistas e ganhar confiança são os segredos para conseguir realizá-lo."

MOHAMMED BILAL, GRADUADO DMBA 2014
PROJETANDO COMUNIDADES INTERCULTURAIS

Mohammed Bilal é um cativante storyteller, produtor e personalidade de TV. Como Diretor Executivo do Complexo Afro-americano de Arte e Cultura, Bilal supervisiona um instituto dinâmico que foca empoderar a comunidade através da expressão cultural e artística afro-centrada, meios, educação e programando e inspirando crianças e jovens a servir como agentes de mudança.

> **QUE PROBLEMA COMPLEXO VOCÊ TEM PAIXÃO EM RESOLVER?**

UM CHAMADO PARA **TRANSFORMAR**

A VIDA CORPORA
ROMPA O

Justin Lokitz
Designer de Estratégia

Se eu tivesse que transmitir uma dica para as empresas em que trabalhei, bem como para meu antigo eu, seria esta: comece a projetar hoje. Comece a projetar para clientes. Comece a projetar modelos de negócios e propostas de valor. Comece a projetar estratégias para o futuro. Apenas comece. Embora eu nem sempre tenha pensado assim.

O COMEÇO

Antes de me matricular no programa de MBA em Design (DMBA) do California College of the Arts (CCA), trabalhei para grandes empresas de software B2B, como Oracle, Hexagon e Autodesk, durante quase 15 anos. Nessas empresas, eu tive diversas funções, desde engenheiro de vendas até engenheiro de software, a gerente de produto e estrategista. Essas empresas focadas em produto (vs. focadas em cliente) costumavam falar sobre coisas como documentos de requisitos de mercado (MRDs), documentos de requisitos de produto (PRDs) e mapas de produtos. Especificamente, na Autodesk, onde eu era o gerente de produto sênior, a maioria das coisas funcionava em ciclos de produto de um ano, que eram baseados em mapas de produto de cinco anos.

Entretanto, à medida que a Autodesk fazia jogadas grandes e transformadoras para a nuvem, foi ficando claro que a empresa precisaria mudar para melhorias complementares ao longo de um ciclo de lançamento contínuo. Pessoalmente, também, eu fiquei frustrado pelo que parecia ser um jogo de adivinhação interminável e, muitas vezes, fútil. Eu sabia que havia maneiras melhores de desenvolver software.

Na época em que comecei a considerar fazer meu MBA, práticas de design, como desenvolvimento enxuto e ágil, estavam ficando populares. Mesmo na Autodesk, grupos como o meu começaram a mudar para metodologias de desenvolvimento ágil. À medida que continuava a conduzir meus mapas de produto para frente, li muito sobre design thinking como forma de construir produtos melhores. E, é claro, eu também sabia que

não queria só construir produtos — eu queria construir produtos importantes.

TRANSFORMANDO-SE EM UM DESIGN THINKER

A maioria das pessoas busca uma graduação em negócios para aumentar suas oportunidades de trabalho. Eu não era diferente. Sendo um funcionário interno, eu certamente queria ficar conhecido na Autodesk. Mas, como empreendedor, também estava intrigado com o mundo de possibilidades fora da Autodesk, especialmente quando o cenário tecnológico em São Francisco e no Vale do Silício explodiram.

Ao buscar programas de MBA que tinham algum foco empreendedor, encontrei o programa DMBA no CCA. O que chamou minha atenção foi a promessa de que alunos de DMBA realmente praticariam design thinking com lentes nas implicações estratégicas naquele lugar, em vez de apenas aprender a teoria por trás desses termos populares.

UM CHAMADO PARA **TRANSFORMAR**

> **EU VI DESAFIOS DE GRANDES EMPRESAS E OPORTUNIDADES EM MINHA VIDA PROFISSIONAL QUE ERAM MAIS OU MENOS ESCONDIDOS PARA A MAIORIA DAS PESSOAS**

Em apenas dois anos, cada grupo de alunos desenvolveria modelos de negócios e estratégias para/com, pelo menos, seis clientes e projetos reais em um ambiente (relativamente) seguro (para fracassar). Eu fui fisgado.

Na Autodesk, eu tinha que manter um grande navio de software em circulação. Dessa forma, eu geralmente não tinha a oportunidade de trabalhar em vários projetos diferentes ao mesmo tempo — e eu certamente não poderia me dar ao luxo de falhar em muitos deles. Então, matriculei-me no programa de DMBA.

MOMENTO SURPRESA

Minha jornada pessoal pelo DMBA foi um pouco diferente da maioria dos meus colegas. Primeiro, eu era mais velho do que 99% do meu grupo — a maioria deles estava na casa dos 20 anos; eu estava (bem) no final dos meus 30. Eu também estava bem longe do meu eu mais criativo. Tendo trabalhado para empresas gigantes e focadas no produto por muito tempo, as poucas habilidades de design que eu tinha haviam sido enterradas no meu subconsciente. Entretanto, a diferença de idade entre meus colegas e eu não foi o que me surpreendeu mais. Em vez disso, fiquei mais surpreso com como muitos designers extraordinariamente talentosos e criativos haviam se matriculado no DMBA. Nem precisa dizer, em um programa que foca o design, eu estava um pouco intimidado. Mas eu sabia que minha contribuição era de igual valor: experiência.

Depois de quebrar o gelo através de momentos de surpresa bem posicionados, fui capaz de reconstruir minha abordagem de negócios e de vida de uma maneira totalmente nova. Na verdade, no segundo mês do programa, minha mentalidade havia mudado tanto que eu via desafios de empresas grandes e oportunidades em minha vida profissional que estavam mais ou menos escondidos para quase todo mundo na empresa, exceto os designers.

MUDANÇA DE PARADIGMA

Então, como isto aconteceu? Como as lentes de design permitem que se possa ver coisas que os outros não veem? Como já mencionei, o programa de DMBA no CCA é desenvolvido acerca da ideia central de que qualquer coisa e tudo pode (e deve) ser projetado. Claro, todos sabemos que produtos, sites e/ou serviços podem ser projetados. Mas inovações, negócios e até futuros também podem, usando as mesmas ferramentas, habilidades e técnicas. Processos de design fornecem estruturas essenciais que focam as necessidades do cliente, bem como prototipar e validar suposições antes de construir produtos. E quando você começa a ver exemplos reais desta maneira de pensar, como Airbnb, Uber, Amazon, Procter & Gamble e muitas outras organizações com modelos de negócios (deliberadamente projetados) inovadores e de mudança de paradigma, você simplesmente não pode desver ou desaprendê-los. Para mim, isto aconteceu no mês dois, em um curso chamado "Estúdio de Inovação", lecionado por Lisa Kay Solomon.

À medida que eu substituía meu próprio conhecimento de negócios com novas ferramentas, habilidades e mentalidade, percebi que minhas próprias experiências (de vida e profissionais) só haviam acrescentado à minha habilidade de aplicar a prática do design thinking em tempo real. Lá na Autodesk, eu usava novos óculos com lentes de design, que não me ajudaram em nada com inovações centradas em pessoas com minhas equipes. Trabalhei com meus colegas de design para testar constantemente nossas suposições usando protótipos simples e muitos questionamentos. Também joguei fora cada apresentação que já dei e desenhei uma nova linguagem visual que usei para facilitar (o que chamo agora de) conversas estratégicas (sem muito "blá-blá-blá"). A cada novo dia, meu conjunto de ferramentas aumentava.

As inovações que desenvolvemos (usando princípios de design thinking centrados no cliente), para os produtos que eu estava gerenciando na época, também foram de mudança de paradigma. Na verdade, algumas dessas inovações técnicas têm patentes pendentes — o que é um bom benefício do design centrado no cliente. ∎

ESCALE ≫ CASO ≫ **UM CHAMADO PARA TRANSFORMAR**

EU VEJO ~~PESSOAS~~
~~MENTALIDADES~~ MORTAS

Em 2015, saí da Autodesk para abrir um escritório para a Business Models Inc., em São Francisco. No último ano, trabalhei com uma grande variedade de clientes, desde grandes fabricantes de automóveis até organizações sem fins lucrativos e empresas de big data, e vejo o quanto de ajuda elas precisam.

Como meu próprio paradigma de design mudou tão fundamentalmente, meu trabalho, muitas vezes, envolve ajudar outras pessoas a mudar suas mentalidades (e processos). Elas mudam de focar dois estágios de produto — ideia para executar — a adotar uma mentalidade de cliente primeiro, centrada no design. Juntos encontramos necessidades, cocriamos ideias, validamos suposições e as colocamos em prática de maneira contínua.

Confie nas ferramentas e processos de design. Claro, projetos nem sempre serão bem-sucedidos. Mas com a mentalidade certa (de designer) e o foco (no cliente) você saberá como iterar no futuro. Minha dica número um para os clientes: comece a projetar hoje. Comece a projetar para clientes. Comece a projetar modelos de negócios e propostas de valor. Comece a projetar estratégias para o futuro.

SÓ COMECE!

INTRODUÇÃO AO **NÍVEL DE PRONTIDÃO DE INVESTIMENTO**

Seja você um investidor comandando uma incubadora, um empreendedor de startup ou um gerente de uma grande empresa, vai querer entender as métricas que diferenciam um projeto, produto ou empresa de sucesso de uma sem sucesso bem cedo no processo.

INTUIÇÃO NÃO É SUFICIENTE

Durante muito tempo, investidores e gerentes corporativos querendo julgar se um projeto de desenvolvimento ou startup era uma aposta saudável tinham que confiar na intuição. Isto exigia uma constituição forte. Mais frequentemente, as únicas métricas à disposição eram qualitativas, como demonstração de produtos, plataformas de slide e a equipe de projeto. Certamente, o instinto de algumas pessoas é melhor que de outras. Mas como Steve Blank afirma: "Não há maneira objetiva disponível para ajudar a julgar."

O NÍVEL DE PRONTIDÃO DE INVESTIMENTO

Hoje, a maioria dos projetos, produtos e empresas está construída sobre uma torre de dados. E se pudéssemos usar os dados para qualificar e quantificar a progressão e o sucesso de um projeto, produto ou empresa? Na verdade, nós podemos.

O Nível de Prontidão de Investimento, desenvolvido por Steve Blank, permite que qualquer um compare projetos, produtos e empresas — de maneira simples e direta — com outros na empresa ou portfólio de investimento.

O HOMEM QUE MUDOU O JOGO

Ao longo deste livro explicamos que projetar negócios melhores trata de reunir a equipe certa, adquirir as habilidades e mentalidade certas e aplicar as ferramentas e processos adequados no momento ideal. Na prática, essas qualidades parecem ser inteiramente intangíveis; como podem ser mensuradas por qualquer métrica além do sucesso ou fracasso final de seu empreendimento?

Curiosamente, treinadores norte-americanos de beisebol tinham essa crença até 2002. Como mostrado no filme *O Homem que Mudou o Jogo*, que é baseado no livro de não ficção de mesmo nome de Michael Lewis, de 2003, o treinador do Oakland A, Billy Beane, tirou vantagem das métricas analíticas de desempenho dos jogadores para montar uma equipe que competisse com sucesso contra competidores bem mais ricos e poderosos.

Usando análise estatística de porcentagens de rebatidas e de base, Beane provou que os dados forneciam uma maneira melhor de determinar sucesso ofensivo do que as qualidades que a maioria das outras equipes buscava (e pagava), como velocidade e contato (com a bola). Como resultado, a equipe conseguiu economizar dezenas de milhões de dólares contratando jogadores de beisebol de um mercado aberto — totalmente desconhecidos na época. Parece familiar, não? Ah, e os As passaram de ter o recorde de mais perdas para as playoffs em 2002 e 2003.

FAÇA VOCÊ MESMO

Para alcançar resultados da escala do design, você precisará da combinação certa de pessoas, habilidades, mentalidade e processo. O Nível de Prontidão de Investimento fornecerá a você a habilidade de jogar como o homem que mudou o jogo para calibrar como seu projeto, produto ou empresa está se saindo aplicando métricas para suas realizações.

Na próxima página, mostraremos a você como usar o Nível de Prontidão de Investimento para avaliar seu projeto de design de maneira fácil e conduzida pela métrica. ∎

Para mais informações, leia: *Startup: Manual do Empreendedor*, de Steve Blank.

ESCALE >> FERRAMENTA >> **NÍVEL DE PRONTIDÃO DE INVESTIMENTO**

ESTÁ NA HORA DE JOGAR COMO O HOMEM QUE MUDOU O JOGO!

Muitas decisões de investimento são tomadas com base em julgamentos rápidos, como uma "apresentação incrível", "a demonstração nos impressionou" ou "ótima equipe!" — relíquias do século XX da falta de dados reais disponíveis para startups e a falta de dados comparativos de um grupo ou portfólio. Esses dias chegaram ao fim.

Agora, temos ferramentas, tecnologia e dados para levar incubadoras e aceleradoras ao próximo nível. Startups podem provar sua competência mostrando aos investidores evidência de que há um modelo de negócios repetível e escalável. Podemos oferecer aos investidores as métricas para fazer isso com o Nível de Prontidão de Investimento.

É hora de os investidores jogarem como o homem que mudou o jogo!

Steve Blank
Empreendedor serial, autor e palestrante

FERRAMENTA **NÍVEL DE PRONTIDÃO DE INVESTIMENTO**

O Nível de Prontidão de Investimento foi criado por Steve Blank

Com o Nível de Prontidão de Investimento, você tem uma maneira de quantificar o progresso de um produto, projeto ou empresa para ajudá-lo a tomar decisões de investimento, seja você um líder de equipe, gerente ou investidor.

FOCO
defina o nível

± 15 MIN
sessão

EQUIPE
pessoas por grupo

Visite steveblank.com (conteúdo em inglês) e as postagens do blog de Steve Blank para saber mais sobre Nível de Prontidão de Investimento.

CATEGORIZE SUAS IDEIAS

Onde está o projeto, o produto ou a empresa em seu ciclo de vida? Como todas as ferramentas neste livro, o Nível de Prontidão de Investimento é projetado para permitir uma conversa estratégica rica, neste caso, usando um conjunto comum de métricas — relacionadas ao modelo de negócios do projeto, do produto ou da empresa em questão — como base para a conversa.

QUAL É A PRÓXIMA ETAPA?

O Nível de Prontidão de Investimento também é uma ferramenta prescritiva. Independentemente de onde seu projeto, produto ou empresa esteja no processo de design, o próximo marco fica imediatamente claro.

Muitos líderes de projetos, gerentes de produto e empreendedores só se importam em lançar o próximo produto ou fazer uma grande apresentação ou demonstração. Ao empregar o processo de design, no entanto, eles deveriam estar focados em maximizar o aprendizado.

Por quantas entrevistas, iterações, pivôs, recomeços, experimentos e produtos minimamente viáveis eles passaram? O que aprenderam com isso? E como isso influenciou suas decisões? Qual é a evidência apoiando a próxima etapa?

Estejam eles atualizando projetos ou fazendo apresentações para investidores usando o Nível de Prontidão de Investimento, o foco deveria ser em como reuniram evidências e como isto impactou sua compreensão dos modelos de negócios subjacentes.

LIÇÕES APRENDIDAS

> O Nível de Prontidão de Investimento fornece um conjunto de métricas "como estamos nos saindo".

> Ele também cria uma linguagem e métrica comuns que investidores, grupos de inovação corporativa e empreendedores podem compartilhar.

> É flexível o suficiente para ser modificado pelos modelos de negócios específicos da indústria.

> É parte de um conjunto de ferramentas maior para aqueles que gerenciam a inovação corporativa, aceleradoras e incubadoras.

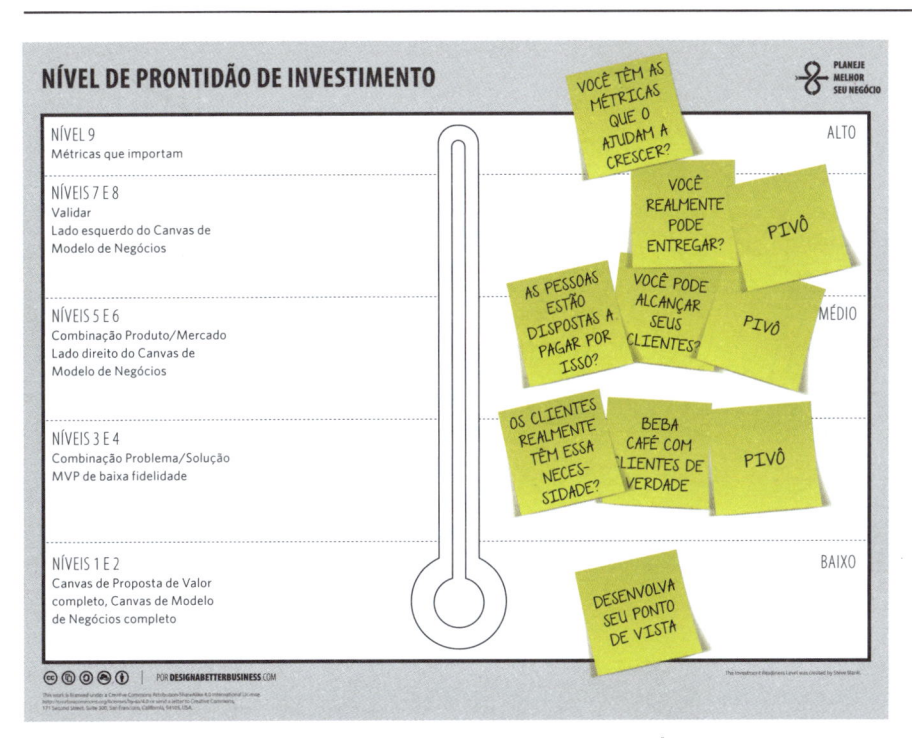

ESCALE >> FERRAMENTA >> **NÍVEL DE PRONTIDÃO DE INVESTIMENTO**

NÍVEL DE PRONTIDÃO DE INVESTIMENTO

NÍVEL 9
Métricas que importam

NÍVEIS 7 E 8
Validar
Lado esquerdo do Canvas de Modelo de Negócios

NÍVEIS 5 E 6
Combinação Produto/Mercado
Lado direito do Canvas de Modelo de Negócios

NÍVEIS 3 E 4
Combinação Problema/Solução
MVP de baixa fidelidade

NÍVEIS 1 E 2
Canvas de Proposta de Valor completo, Canvas de Modelo de Negócios completo

Post-its: Você tem as métricas que o ajudam a crescer? / Você realmente pode entregar? / PIVÔ / As pessoas estão dispostas a pagar por isso? / Você pode alcançar seus clientes? / PIVÔ / Os clientes realmente têm essa necessidade? / Beba café com clientes de verdade / PIVÔ / Desenvolva seu ponto de vista

ALTO / MÉDIO / BAIXO

NÍVEIS 1 E 2
Defina o que você quer começar ou mudar, preencha o Canvas de Modelo de Negócios e esclareça suas suposições.

NÍVEIS 3 E 4
Saia do escritório e entenda seu cliente. Obtenha citações que ilustrem descobertas e insights.

NÍVEIS 5 E 6
Descubra sua combinação de mercado e produto, entenda o fluxo de clientes, canais e como atrair e manter os clientes.

NÍVEIS 7 E 8
Entenda o lado esquerdo do seu modelo de negócios. Como você lidará com as partes-chave, como recursos e custos?

NÍVEL 9
Escale seu negócio e as mudanças que fez focando as métricas que importam.

DICA
Qual é sua jornada de aprendizado? Torne o Nível de Prontidão de Investimento específico para a empresa e a indústria. Observe o jogo dos números: o número de hipóteses e o de entrevistas.

DOWNLOAD
Faça o download do Canvas de Nível de Prontidão de Investimento em www.altabooks.com.br

CHECKLIST
☐ Você definiu seu Nível de Prontidão de Investimento.

☐ Você continua voltando e refinando seu Nível de Prontidão de Investimento.

PRÓXIMOS PASSOS
> Pense no que você quer fazer para alcançar o próximo nível.

> Encontre um investidor.

EXEMPLO **NÍVEL DE PRONTIDÃO DE INVESTIMENTO**

ENTÃO, VOCÊ TEM UMA IDEIA...
Quando você está começando com nada além de uma ideia, pode usar o Nível de Prontidão de Investimento para registrar seu progresso. Ou, se já tem uma startup estabelecida, use-a para descobrir qual é a próxima etapa. Prepare-se para uma viagem atribulada.

NÍVEIS 1 E 2: ESCLAREÇA SUAS SUPOSIÇÕES
Comece com seu ponto de vista. Preencha seu Canvas de Modelo de Negócios e Canvas de Proposta de Valor. Defina sua visão e seus critérios de design. Todos estarão cheios de suposições. Tente descobrir quais são as suposições mais arriscadas usando o Localizador de Suposição Mais Arriscada (página 202). Esclareça suas suposições!

NÍVEIS 3 E 4: ENCONTRE A COMBINAÇÃO PROBLEMA-SOLUÇÃO
Descubra se o problema existe entrevistando clientes em potencial. Tente realmente entender suas necessidades.

Faça o protótipo de um produto minimamente viável, com características suficientes (uma representação preliminar) para obter descobertas validadas (surpreenda-se com insights de clientes).

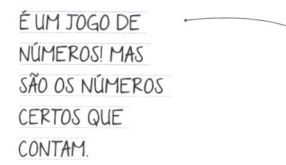

ESCALE >> FERRAMENTA EXEMPLO >> **NÍVEL DE PRONTIDÃO DE INVESTIMENTO**

O que os clientes querem e de que precisam? Eles estão dispostos a pagar por isso?

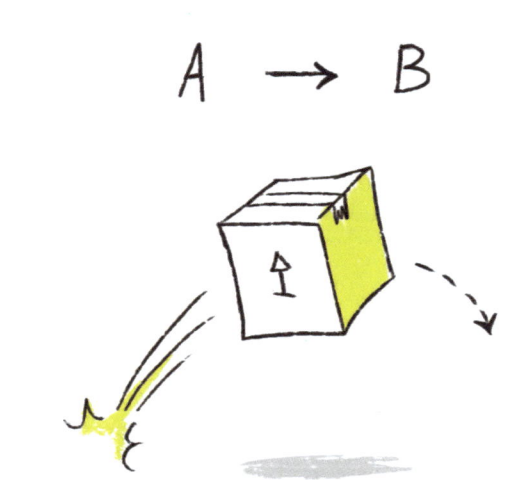

É um jogo de números! Mas são os números certos que contam.

NÍVEIS 5 E 6: VALIDE O LADO DIREITO

Valide o lado direito de seu Canvas de Modelo de Negócios. Valide a combinação de produto e mercado através de um produto minimamente viável. Valide sua proposta de valor, segmento de clientes, canal e relacionamento através de experimentos, testando constantemente sua próxima suposição mais arriscada.

NÍVEIS 7 E 8: VALIDE O LADO ESQUERDO

Por fim, é hora de desenvolver um produto viável mínimo de alta-fidelidade que esteja bem próximo do produto final. Agora, precisamos validar o lado esquerdo do Canvas de Modelo de Negócios: você realmente pode perceber, operacionalizar e entregar o que promete?

Valide os recursos-chave, as atividades-chave e os custos e faça diligência prévia de parceiros para se certificar de que esteja trabalhando com os parceiros certos.

NÍVEL 9: MÉTRICAS QUE IMPORTAM

Defina as métricas relevantes para sua startup e indústria serem bem-sucedidas ou estarem prontas para o investimento. As métricas certas são aquelas que mostram que você está no caminho certo, diferentemente das "métricas de vaidade", que dão a falsa sensação de segurança. Encontre métricas que correlacionam os pontos mais fortes com o crescimento do seu negócio e ajudem você a escalar! ∎

AGORA VOCÊ TEM...

> **SEU NÍVEL DE PRONTIDÃO DE INVESTIMENTO** DEFINIDO — P246

> UMA IMAGEM CLARA DA **PRÓXIMA ETAPA** — P248

PRÓXIMOS PASSOS

> **VOLTE PARA O LOOP** — P48
> Trabalhe no próximo nível de prontidão de investimento.

> **COMPARTILHE SUA JORNADA**
> Conte-nos sobre sua jornada online.

RECAPITULAÇÃO

A DESCONFIANÇA MATA A **INOVAÇÃO.**

ACELERADORES SÃO O NOVO **CAMPO DE CAÇA PARA ESCALAR.**

FUTUROS LÍDERES SÃO DESIGNERS.

SÓ COMECE!

UMA CORPORAÇÃO VÊ RISCOS ONDE **UMA STARTUP VÊ OPORTUNIDADES.**

PARA PESSOAS QUE EXECUTAM, **O PROCESSO DE INOVAÇÃO PARECE CONFUSO.**

ESCALE >> **RECAPITULAÇÃO**

PENSE GRANDE OU VÁ PARA CASA.

251

<<

NOVOS FUTUROS.
NOVAS EMPRESAS.
NOVAS PESSOAS.

"O mundo está mudando tão rapidamente que quando novos estudantes de faculdades se formarem, muito do que aprenderam será menos relevante e, em muitos casos, obsoleto. Isto significa que conhecimento e experiência não são mais o produto primário. Em vez disso, é muito mais valioso ter a habilidade de aprender e aplicar esses aprendizados em cenários novos e únicos."

// Jacob Morgan, *The Future of Work*

Quem imaginaria que, apesar do crescimento do meio digital pelo qual comunicamos, colaboramos, conectamos e acompanhamos informações, combinar ferramentas simples, como notas adesivas e marcadores, com habilidades e mentalidade de um designer, nos permitiria aproveitar a incerteza para projetar negócios melhores para o amanhã?

Nunca antes existiu um ambiente de negócios em que as empresas se misturavam apenas para acompanhar a mudança em torno delas. E a velocidade da mudança só aumenta. À medida que grandes empresas continuam a executar modelos de negócios conhecidos de seu passado, startups e outras empresas orientadas ao design desafiam o *status quo*. Conforme o fazem, indústrias inteiras emergem enquanto outras são destruídas.

ALÉM DO DIPLOMA

Nos últimos dois séculos, diplomas especiais e sagacidade de negócios foram a base pela qual grandes organizações cresceram e criaram novas categorias de mercado. Entretanto, habilidades práticas de design são muito mais procuradas do que aquelas que possuem apenas teorias de negócios.

Além disso, à medida que o mundo se torna mais conectado, as pessoas resolverão problemas e lidarão com as ambições humanas de maneiras inteiramente novas. E o farão através de colaboração e design. A mudança não virá mais de gênios solitários ou de conhecimento e experiência do indivíduo, mas da sabedoria da multidão. Afinal de contas, não se trata de trabalhar mais. Trata-se de trabalhar com mais inteligência.

PENSE E TRABALHE COMO UM DESIGNER

A maneira nova e mais inteligente de trabalhar é como um designer. Empresas que adotam o design aprenderão que o crescimento não vem de se afastar da mudança ou reduzir os custos continuamente para aumentar a margem de lucro. Em vez disso, ao empoderar pessoas a tomarem um ponto de vista centrado em seres humanos com um forte foco no cliente, equipes menores de pessoas serão capazes de realizar muito mais.

à medida que a internet continua a fornecer acesso aberto e instantâneo ao conhecimento — mais um fórum global para se conectar —, qualificações formais tornam-se cada vez menos importantes. Mesmo hoje, há muitos que desafiam a própria noção de obter conhecimento de negócios através da educação. Em um mundo em que qualquer um pode aprender a planejar, desenvolver, comercializar e vender um produto simplesmente assistindo a vídeos no YouTube, diplomas formais e pedigree estão se tornando menos importantes. Na verdade, a maré já está mudando: pessoas de hoje com

Essas empresas descobrirão oportunidades enormes em face à incerteza. Equipes multitalentosas de designers — as pessoas incomuns — criarão novos produtos e serviços que melhoram a vida das pessoas, bem como o planeta. As pessoas (designers) criando essas mudanças valorizarão a interação pessoal mais do que as mesas no escritório. Elas valorizarão iterações rápidas e cíclicas — entendendo, ideando, prototipando, validando e escalando — para estratégias lineares e monolíticas.

TUDO COMEÇA COM VOCÊ.

TUDO COMEÇA COM VOCÊ

A mudança em sua empresa, seu produto, seu serviço e sua mentalidade começa com você. A verdadeira mudança exige que assuma o papel de rebelde e saia de sua zona de conforto. Você pode começar pequeno ou grande. Para o que quer que faça, incorpore a mudança que quer ver em sua organização. Só assim ela pode realmente acontecer. ■

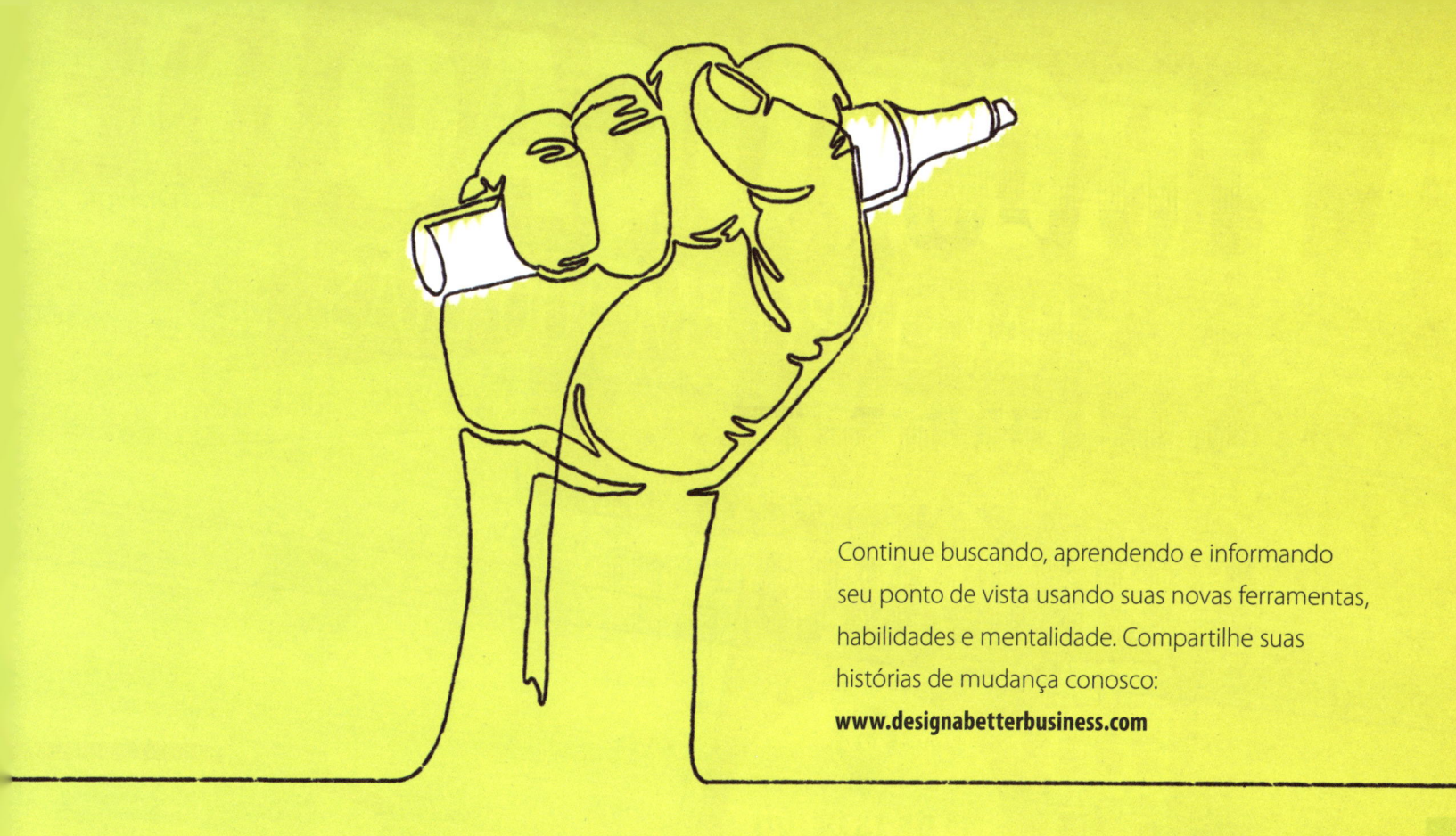

Continue buscando, aprendendo e informando seu ponto de vista usando suas novas ferramentas, habilidades e mentalidade. Compartilhe suas histórias de mudança conosco:
www.designabetterbusiness.com

A PRODUÇÃO DE UM LIVRO EM 100 DIAS

Escondidos em nossa "masmorra" por três meses em Amsterdã, a produção deste livro foi uma jornada por si só. Queremos compartilhar com você o processo confuso pelo qual passamos: seguindo nosso próprio loop duplo e matando nossos queridinhos. Recordando, vemos claramente que o loop duplo também aparece em nossa jornada de design — como deveria!

DIA 01

1º DE JANEIRO, 2016: DIA 1 (DE 100…)

Para mapear nossa visão, tivemos uma pequena sessão de equipe com o Canvas 5 Steps Vision® (página 60)

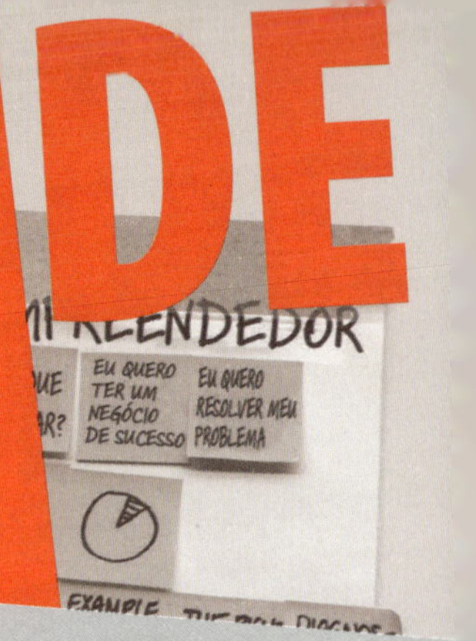

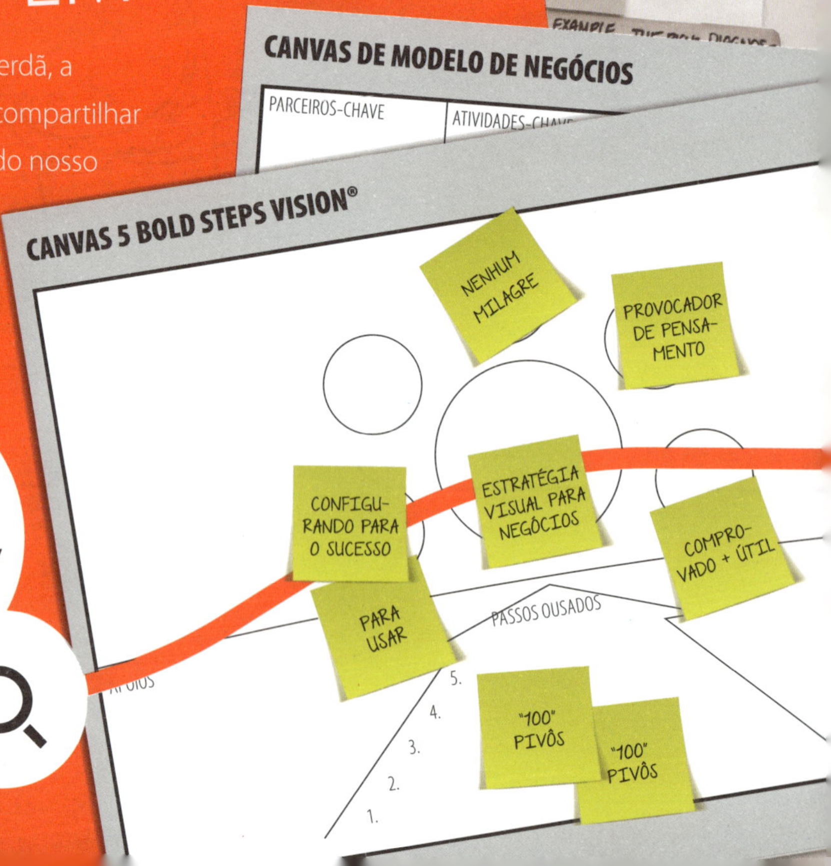

CRITÉRIOS DE DESIGN

ESSENCIAL
- SER PROVOCADOR DE PENSAMENTO
- INDUZIDO POR EXEMPLO COMPROVADO
- EXPERIÊNCIA PESSOAL/HUMANA
- SER PRÁTICO (FERRAMENTAS PESSOAL P.O.V.)
- ATRAIR PÚBLICO DE MASSA

IMPORTANTE
- SER LIGADO A TEORIA EXISTENTE
- SER ÚTIL COMO LIVRO-TEXTO
- ATRAIR ADOTANTES PRECOCES
- PONTO DE PARTIDA PARA MAIS

DESEJÁVEL
- TER CONTEÚDO ON-LINE ADICIONAL

EVITÁVEL
- SER UM "MILAGRE"
- SER COMPLETO
- ABORDAGEM TEÓRICA

DESIGN PRIMEIRO

Como este livro é sobre design, queríamos que ele fosse a parte principal do resultado final. Usamos uma abordagem pouco ortodoxa para fazer isso e começamos o trabalho pelo design. Cada página do livro começou em branco, com a equipe inteira usando notas adesivas definindo o conteúdo e as ideias para a aparência.

Nós trabalhamos visualmente e tínhamos as páginas em uma grande parede em nosso escritório, para que a equipe pudesse ver o fluxo e colocar notas adesivas com lembretes e ideias. Dessas páginas esboçadas, faríamos os designs de protótipos no InDesign. Só então o texto era escrito, adaptado o máximo possível ao espaço naquela página. E nós selecionaríamos entre esses protótipos, julgando-os nós mesmos ou tendo outros nos dando feedback primeiro.

BEBER VISUAL-MENTE!

"NÃO É OUTRO MILAGRE"

DESIGN E CONTEÚDO ANDAM DE MÃOS DADAS

DIA 10 — Traçando capítulos. Com notas adesivas na parede.

DIA 15 — Design inicial (fonte estabelecida, esquema de cores, quadro de humor).

DIA 28 — 48% concluído. Sessão de revisão.

HOW TO DESIGN BETTER BUSINESS

PRIMEIRA IMPRESSÃO
Nós prototipamos mais de 30 designs diferentes de capa e as colocamos em livrarias para as comparar com outros títulos. A amarela foi a mais visível. Também colocamos modelos de livros em lojas reais para ver a reação das pessoas.

AJUDE-ME! A ESTRUTURA DA ILHA É MUITO ENGENHOSA!

ILHAS
Para explicar a jornada de design, começamos com a metáfora das ilhas. As pessoas pareciam gostar, então, começamos a fazer designs detalhados.

Ainda assim, quando tínhamos que fazer um modelo do livro com a estrutura da ilha, os revisores acharam engenhoso demais. Era muito complexo contar a história com esta metáfora.

FERRAMENTA DE TOMADA DE DECISÃO

DIA 29
Sessão de revisão
Grande revisão de livro de navegação necessária.

Isso nunca funcionará
Capa Não Inventada Aqui
Já tentamos esta costa
Lugar da Zona de Conforto
Complacência
Queridinhos
Na Floresta
Alcance de Brainstorm
Torre de Marfim
Projeto de Formação
Chapéu Amarelo
Combinações Loucas
Brincando com Favoritos
Jogada Aleatória
Abertura
ILHAS DE OPÇÕES
Próxima Melhor Coisa
Zero
Parede de Ideias
IMAGINAR
Correntes Emocionais
Recife de Descobertas
START
GOAL

MATE SEUS QUERIDINHOS

Queríamos um livro que fosse facilmente navegável e tivesse uma estrutura clara, e nos esforçamos muito para fazer isso dar certo, ou foi o que pensamos. Por três vezes, nossos revisores nos disseram que estavam completamente perdidos no livro. E, por três vezes, tivemos que reestruturá-lo e mudar sua navegação. Cada vez aprendíamos mais e podíamos melhorar o produto. Tínhamos que jogar fora coisas boas para chegar lá.

TCHAU, ILHAS

OI, LOOP DUPLO

MATAR AS ILHAS :(

MATE SEUS QUERIDINHOS

VOLTANDO AO CAMINHO

DE VOLTA AO QUADRO DE DESENHO: LOOP DUPLO

DIA 30
Lidando com incertezas

DIA 33
De volta a 0% concluído
Recomeçar o design usando o (novo) loop duplo.

DIA 45
15% concluído
Finalizando o capítulo Entenda (novamente).

DIA 57
25% concluído
Terminando o capítulo Prepare.

- VERIFICAÇÃO DE ...
- VERIFICAÇÃO DE FINAL DE CAPÍTULO
- Nºs DE PÁGINAS
- REFERÊNCIAS/LIVROS
- BIOS & ROSTOS
- AGRADECIMENTOS
- CAPA
- ... DE ENCERRAMENTO/FIM DE CAP.
- FABRICAÇÃO DE ...
- PÁGINA COMERCIAL

AINDA NÃO FEITO

LOREM

IMAGENS

ACABAMOS SENDO LEITORES ATÍPICOS

OBSERVANDO REVISORES AO VIVO E NO GOOGLE HANGOUT

TODOS OS FORMULÁRIOS DE LIBERAÇÃO ESTÃO ASSINADOS?

PRECISAMOS DE MAIS EXEMPLARES

NÚMERO DE PÁGINAS

DIA 67
43% concluído
Finalizando o capítulo Ponto de Vista.

DIA 70
72% concluído
Finalizando todas as Ilustrações (planejadas).

DIA 77
82% concluído
Finalizando os capítulos Valide, Introdução e Prototipe.

DIA 82
6 modelos impressos
Para a próxima sessão de revisão.

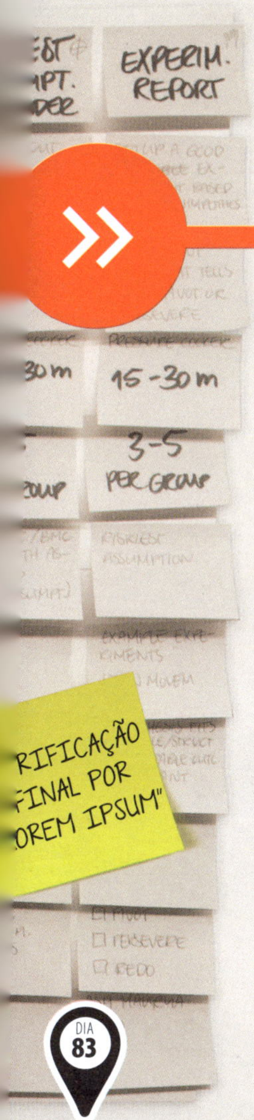

ESCALE

A última parte trata mais dos detalhes e de muito trabalho, dominada por listas de verificação, consistência e finalização de textos e imagens, deixando tudo perfeito.

NÃO É UM PROCESSO LINEAR

Projetar qualquer coisa, incluindo um livro, não é um processo linear. Não só em termos de iterações, pivôs e descoberta da direção certa, mas também em termos de planejamento e progresso.

O progresso é exponencial: o primeiro capítulo levou um mês inteiro. O segundo capítulo foi duas vezes mais rápido e, na reta final, reconstruímos o livro inteiro em uma semana. No começo, usamos muito do nosso tempo para decidir e explorar. No fim, o esquema estava totalmente claro. Sabendo disso, podíamos planejar o processo de design para finalizar no prazo!

VERIFICAR!

NOVAS FERRAMENTAS, HABILIDADES E MENTALIDADE PARA ESTRATÉGIA E INOVAÇÃO

PLANEJE MELHOR SEU NEGÓCIO

INCLUINDO INSIGHTS PESSOAIS E EXPERIÊNCIAS DE **30 DESIGNERS** E LÍDERES DE INOVAÇÃO

Escrito por Patrick Van der Pijl, Justin Lokitz e Lisa Kay Solomon
Projetado por Erik Van der Pluijm e Maarten Van Lieshout

ALTA BOOKS EDITORA

DIA 83
94% concluído
Finalizando o Capítulo Idealize.

DIA 92
96% concluído
Finalizando o Capítulo Escale.

DIA 93
98% concluído
Consolidando/excluindo páginas redundantes.

DIA 98
98,5% concluído
Limpando referências de páginas.

DIA 100
99,9% concluído
Finalizando o capítulo final.

PUBLICADO!

APÊNDICE

263

ÍNDICE

A–D

- CAPÍTULOS
- ESTUDO DE CASO OU EXEMPLO
- FERRAMENTA
- HABILIDADE

Nº

1871, O espaço de co-working com um toque especial	224
5 Bold Steps Vision®	60
7 habilidades essenciais	14

A

A mentalidade do fabricante	156
A suposição mais arriscada	200
A vida corporativa	240
Aart J. Roos, Não perca o sono por isso	59
Ad van Berlo, Pense como um designer	89
Administrando a energia	38
Adobe, A colmeia da inovação	229
Alexander Osterwalder, Não há cultura da ferramenta	23
Ash Maurya, Conduzindo experimentos enxutos	200
Autodesk, Prototipando o futuro	166

C

Canvas de Experimento	206
Canvas de Jornada do Herói	81
Canvas de Modelo de Negócios	118
Canvas de Proposta de Valor	108
Canvas de Storytelling	76
Canvas de Suposição Mais Arriscada	202
Canvas de Validação	208
Caso: 5 Bold Steps Vision®, ING Bank	62
Caso: Contando a história visual da Audi	78
CCA, Dominando a ambiguidade dos negócios	234
Como usar este livro	8
Conduzindo experimentos	198
Context Canvas®	112
Cover Story Vision®	66
Critérios de Design	70

D

Dan Roam, Esboçar é prototipar	175
David Sibbet, É como o jazz	39
Desafio do café	123
Dicas, Entendimento	122
Dicas, Ideação	150
Dicas, Prototipagem	178
Dicas, Storytelling	80
Dicas, Validação	212
Dicas, Visão	68
Diferentes maneiras de escalar	222
Domine a facilitação	36
Domine a ideação	130
Domine a observação	88
Domine a prototipagem	160
Domine a validação	186
Domine o questionamento	90
Dorothy Hill, Uma visão em uma página	65

ÍNDICE   E–N

E

Emmanuel Buttin, Sou o mestre do meu destino	53
Encontre seus embaixadores	31
Entenda o cliente	100
Entenda seu contexto	110
Entenda	84
Esboçando	174
Escale	216
Estatuto da Equipe	44
Exemplo A jornada de Abrella	210
Exemplo Canvas de modelo de negócios visual	120
Exemplo Context Canvas® BNP Paribas Fortis	114
Exemplo Critérios de design ING Bank	72
Exemplo Nível de prontidão de investimento	248
Exemplo Safári de cliente	104

F

Farid Tabarki, Curioso por natureza	111
Ferramentas de prototipagem	172
Finja antes de fazer	162
Frits van Merode, Tantos modelos de negócios	117

G

Gosparc, Mestre do pivô	190

H

Histórias de Entendimento	92
Histórias de Ideação	132
Histórias de Ponto de Vista	56
Histórias de Prototipagem	164
Histórias de Validação	188

I

Ideação do canvas de modelo de negócios	144
Idealize	126
Incerteza, sua arma secreta	10
Introdução à proposta de valor	106
Introdução ao modelo de negócios	116
Introdução ao nível de prontidão de investimento	244
Introdução ao storytelling	74
Introdução às ferramentas de ideação	140

J

Jornada do Cliente	102
Justin Lokitz, Eu vejo mentalidades mortas	243

K

Kevin Finn, Abra espaço para o pensamento profundo	131

M

Maaike Doyer, Só pegue o telefone!	101
Manda ver na ciência	204
Marc Wesselink, Lições sobre validação	187
Marcus Auerbach, Lavando a louça	37
Mate seus queridinhos	184
Matriz Criativa	142
Matriz de Inovação	148
Matter, O acelerador conduzido por design	230
Muki Hansteen-Izora, O contexto humano	107

N

Nancy Duarte, História com H maiúsculo	75
Nível de Prontidão de Investimento	246
Novos futuros, novas empresas, novas pessoas	252

ÍNDICE

O — W

O

O continuum da escala	220
O loop duplo	18
OneTab, Desenvolvendo modelos de negócios	196
Ouse dar um passo à frente	52

P

Parede de Ideias	146
Passes rápidos	24
Patrick de Zeeuw, Lugar certo, hora certa	223
Perguntas-gatilho	146
Planeje melhor seu negócio	16
Ponto de vista	48
Portfólio de modelos de negócios	121
Prepare como vocês trabalham (juntos)	40
Prepare seu ambiente	34
Prepare sua equipe	32
Prepare	26
Procure entender	86
Prototipando votos	161
Prototipe	154
Protótipo de papel	176
Próximos Passos, Entenda	124
Próximos Passos, Escale	250
Próximos Passos, Idealize	152
Próximos Passos, Ponto de Vista	82
Próximos Passos, Prepare	46
Próximos Passos, Prototipe	180
Próximos Passos, Valide	214

Q

Quando escalar	218
Quatro pivôs diferentes	186
QUBY e Eneco, Ficando juntos	228

R

RBS, Aceleradora corporativa de startup	226
Rens de Jong, Improvise como um campeão	41
Rob Fitzpatrick, Todo mundo mente	91
Roteiros	42
Ruud Hendriks, Lugar certo, hora certa	223

S

SEB LABS, A incubadora in-house	227
Seja sua própria cobaia	159
Seu ponto de vista	50
StartupBootcamp, O acelerador	225
Steve Blank, Está na hora de jogar como o homem que mudou o jogo	245
Sua primeira ideia é uma droga	185
Sua visão do futuro	58
Suas ferramentas	22

T

Toda jornada começa com preparação	28
Torne-se um designer	12
Torne-se um gênio criativo	128
Toyota Financial Services e as grandes ideias	134
Tudo começa com você	254

V

Valide	182

W

Wavin adora encanadores	94

ÍNDICE VISUAL DE FERRAMENTAS

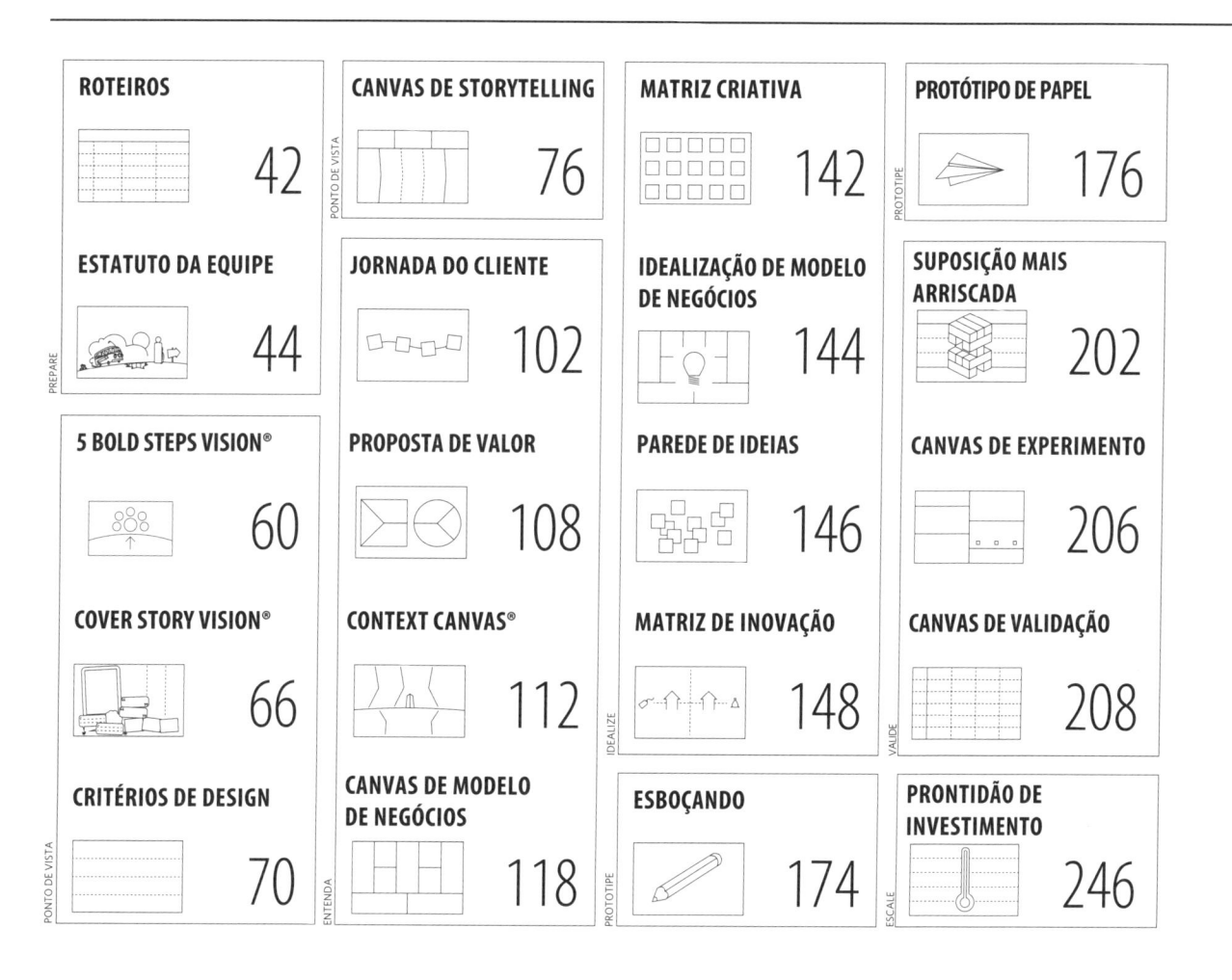

PREPARE
- ROTEIROS — 42
- ESTATUTO DA EQUIPE — 44

PONTO DE VISTA
- 5 BOLD STEPS VISION® — 60
- COVER STORY VISION® — 66
- CRITÉRIOS DE DESIGN — 70

PONTO DE VISTA
- CANVAS DE STORYTELLING — 76

ENTENDA
- JORNADA DO CLIENTE — 102
- PROPOSTA DE VALOR — 108
- CONTEXT CANVAS® — 112
- CANVAS DE MODELO DE NEGÓCIOS — 118

IDEALIZE
- MATRIZ CRIATIVA — 142
- IDEALIZAÇÃO DE MODELO DE NEGÓCIOS — 144
- PAREDE DE IDEIAS — 146
- MATRIZ DE INOVAÇÃO — 148

PROTOTIPE
- ESBOÇANDO — 174
- PROTÓTIPO DE PAPEL — 176

VALIDE
- SUPOSIÇÃO MAIS ARRISCADA — 202
- CANVAS DE EXPERIMENTO — 206
- CANVAS DE VALIDAÇÃO — 208

ESCALE
- PRONTIDÃO DE INVESTIMENTO — 246

267

REFERÊNCIAS E INSPIRAÇÕES

A IDEIA É BOA. E AGORA?
Scott Belsky, 2011

A NOVA INTELIGÊNCIA
Daniel Pink, 2006

A STARTUP ENXUTA
Eric Ries, 2011

BUSINESS MODEL GENERATION
Alex Osterwalder e Yves Pigneur, 2008

DESIGNING FOR GROWTH
Jeanne Liedtka e Tim Ogilvie, 2011

DE ZERO A UM
Peter Thiel e Blake Masters, 2014

FOUR STEPS TO THE EPIPHANY
Steve Blank, 2013

GAMESTORMING
Dave Gray, Sunni Brown e James Macanufo, 2010

LEAN ANALYTICS
Alistair Croll e Benjamin Yoskovitz, 2013

LIDANDO COM A INCERTEZA
Jonathan Fields, 2013

MOMENTS OF IMPACT
Liza Kay Solomon e Chris Ertel, 2014

NOCAUTE
Gary Vaynerchuck, 2016

O DILEMA DA INOVAÇÃO
Clayton Christensen, 2011

O HERÓI DE MIL FACES
Joseph Campbell, 1949

O LADO DIFÍCIL DAS SITUAÇÕES DIFÍCEIS
Ben Horowitz, 2014

RABISCOS NUM GUARDANAPO
Dan Roam, 2013

RESSONÂNCIA
Nancy Duarte, 2010

REUNIÕES VISUAIS
David Sibbet, 2013

RISE OF THE DEO
Maria Guidice e Christopher Ireland, 2014

SCALING UP
Verne Harnish, 2014

THE MOM TEST
Rob Fitzpatrick, 2013

TRACTION
Gino Wickman, 2012

UMA BELA PERGUNTA
Warren Berger, 2012

VALUE PROPOSITION DESIGN
Alex Osterwalder e Yves Pigneur, 2014

CONTRIBUIDORES--CHAVE

Joeri Lefévre (Ilustração)
Marije Sluis (Marketing & Vendas)
Moniek Tiel Groenestege (Legal & Produção)
Roland Wijnen (Teste e Conteúdo de Ferramenta)

ESTUDOS DE CASO

Aart J. Roos
Ad van Berlo
Adam Dole
Alex Osterwalder
Andreas Søgaard
Ash Maurya
Dan Roam
David Sibbet
Dorothy Hill
Emmanuel Buttin
Emanuele Francioni
Farid Tabarki
Frits van Merode
George Borst
Kevin Finn
Maaike Doyer
Marc Wesselink
Markus Auerbach
Mattias Edström
Mohammed Bilal
Muki Hansteen-Izora
Nancy Duarte
Nathan Shedroff
Patrick de Zeeuw
Paul Wyatt
Peter De Keyzer
Rens de Jong
Richard van Delden
Rob Fitzpatrick
Ruud Hendriks
Scott Cross
Steve Blank
Sue Pollock

CONTRIBUIDORES

Baran Korkut
Ben Hamley
Diane Shen
Doug Morwood
Duncan Ross
Eefje Jonker
Eline Reeser
Leslie Wainwright
Maaike Doyer
Marc McLaughlin
Martine de Ridder
Matthew Kelly
Michael Eales
Steve Lin
Suhit Anantula
Tarek Fahmy
Vicky Seeley

REVISORES

Alexander Davidge
Andra Larin
Ann Rich
Arno Nienhuis
Bart de Lege
Bernard-Franck Guidoni-Tarissi
Bernardo Calderon
Boukje Vastbinder
Coen Tijhof
Colin Johnson
Daniel Schallmo
David Sibbet
Debbie Brackeen
Emmanuel Dejonckheere
Erik Prins
Ernst Houdkamp
Evan Atherton
Franzi Sessler
Freek Talsma
Geerard Beets
Gijs Mensing
Guy van Wijmeersch
Henk Nagelhoud
JP van Seventer
Jan & Renske van der Pluijm
Jappie Wietsema
Jim Louisse
Johan Star
Julian Thomas
Kevin Finn
Mandy Chooi
Marjan Visser
Matthieu Valk
Maurice Conti
Muki Hansteen-Izora
Nathan Shedroff
Lucien Wiegers
Patricia Olshan
Paul Reijnierse
Paul van der Werff
Petra Willems
Petra Wullings
Quint Zieltjens
Remo Knops
Rene Vendrig
Richard van Delden
Rik Bakker
Robert de Bruijn
Sander Nieuwenhuizen
Tako in 't Veld
Vincent Kloeth
Willem Mastenbroek
Yannick Kpodar

OS AUTORES

PATRICK VAN DER PIJL

Patrick é CEO da Business Models Inc. e produtor do best-seller mundial *Business Model Generation*. Ele é apaixonado por ajudar empreendedores, líderes, rebeldes e empresas a inovar seu modelo de negócios e planejar uma estratégia futura.

🐦 @patrickpijl   in ppijl

JUSTIN LOKITZ

Justin é um experiente designer de Estratégia e diretor administrativo do escritório de São Francisco da Business Models Inc. Ele aproveita sua experiência em vários setores industriais para ajudar empresas a planejarem modelos de negócios inovadores e sustentáveis e estratégias para o futuro.

🐦 @jmlokitz   in jmlokitz

LISA KAY SOLOMON

Uma estrategista de design e educadora executiva, Lisa cria experiências de liderança imersivas no MBA em Estratégia de Design no California College of the Arts e na Universidade Singularity. Ela é coautora do best-seller *Moments of Impact*.

🐦 @lisakaysolomon   in lisakaysolomon

OS DESIGNERS

271

MAARTEN VAN LIESHOUT

Maarten é sócio da Thirty-X. Ele aplicou o pensamento visual em um estágio precoce para uma fábrica de ideias holandesa, transformando ideias em experiências visuais e tangíveis. Ele sempre traz uma nova perspectiva para o jogo — e sempre estimula outros a se envolverem na ação.

@maartenvl   mvlieshout

ERIK VAN DER PLUIJM

Erik é fundador e diretor criativo da Thirty-X. Ele ama transformar coisas complexas em simples e encontrar a estrutura oculta das coisas. Ele mistura design, programação e estratégia, usando sua experiência de arte e design, inteligência artificial, jogos de computador e cena de startup.

@eeevdp   erikvdpluijm

JONAS LOUISSE

Jonas, um pensador visual de coração, começou como empreendedor e designer logo depois de receber seu mestrado em neuropsicologia. Ele ama usar suas habilidades de design e psicologia para colocar a mente em coisas complexas e trazer as pessoas para a mesma página.

@jonaslouisse   jonaslouisse

Impressão e acabamento:

Grupo SmartPrinter
Soluções em impressão